国家奶牛产业技术体系
奶 业 经 济 研 究 室

中国奶业经济研究报告 2010

刘玉满　李胜利　主编

中 国 农 业 出 版 社

图书在版编目（CIP）数据

中国奶业经济研究报告．2010／刘玉满，李胜利主编．—北京：中国农业出版社，2011.6
ISBN 978-7-109-15699-9

Ⅰ.①中… Ⅱ.①刘… ②李… Ⅲ.①乳品工业-经济发展-研究报告-中国-2010 Ⅳ.①F426.82

中国版本图书馆CIP数据核字（2011）第097448号

中国农业出版社出版
（北京市朝阳区农展馆北路2号）
（邮政编码 100125）
责任编辑 张 欣

中国农业出版社印刷厂印刷 新华书店北京发行所发行
2011年6月第1版 2011年6月北京第1次印刷

开本：700mm×1000mm 1/16 印张：18.75
字数：336千字
定价：40.00元

本书由：

现代农业产业技术体系建设专项资金　资助

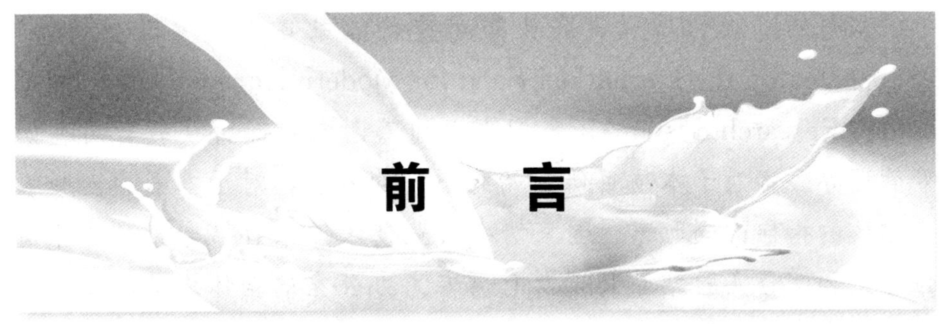

前 言

《中国奶业经济研究报告2010》是国家奶牛产业技术体系奶业经济研究室完成的第二部奶业经济研究年度报告。本报告收录了国家奶牛产业技术体系奶业经济研究室全体成员及首席专家办公室的部分成员在2010年取得的阶段性成果，这些成果都是在团队成员的实地调查和深入研究基础上形成的。成果的内容以我国奶业经济的发展为线索，以全球乳品市场的发展为背景；从宏观、微观两个层面对2010年我国奶业经济的发展及相关政策加以梳理，并在此基础上系统分析了各利益相关方在生产、加工、流通等环节的合作与博弈，以全局性的视角来审视我国的奶业经济发展。

本书的内容和结构在2009年报告的基础上做了一些调整，全书由六篇组成：第一篇为“奶业经济分析篇”，主要回顾、分析和总结2010年的奶业经济运行和发展状况，并对2011年的奶业经济发展做出展望；第二篇为“奶业区域经济篇”，主要介绍和分析2010年我国奶业的区域性发展、奶业主产区发展情况，并重点介绍了内蒙古和新疆两个主产省份的奶业发展情况；第三篇为“国外奶业经济篇”，收录了我们在2010年完成的对不同国家和地区的研究和考察报告；第四篇为“奶业经济调研篇”，收录了我们在2010年针对不同热点和焦点问题进行专题调研，并在调研基础上形成的调研报告；第五篇为“奶业经济研究篇”，收录了我们在2010年期间完成的一些基础性研究成果；第六篇为“奶业经济政策篇”，收录了2010年有关政府部门出台的相关奶业政策。

本书的出版由"现代农业产业技术体系建设专项资金资助"(Supported by the Earmarked Fund for Modern Agro-industry Technology Research System)。我们衷心地感谢农业部科技教育司和奶业管理办公室对于本项目研究始终不渝的关注，对于本书的出版缜密细致的指导；同时感谢国家奶牛产业技术体系首席专家、全体岗位专家和综合实验站站长以及首席专家办公室的全体成员，没有他们的大力支持和帮助本书成果的形成及出版是不可能的。书中的观点完全是作者本人的思想表达，并不代表任何组织。由于受到各种因素限制，书中的缺点、错误、甚至是谬误在所难免，恳请广大读者批评指正。

国家奶牛产业技术体系

奶 业 经 济 研 究 室

2011年4月

目 录

表 目 录

图　目　录

第一篇……………………

奶业经济分析篇

1　2010 年原料奶生产情况分析

□豆　明　孙兰欣

2010 年对于广大奶农来说是罕见的好年景，原料奶价格全年保持升势，虽然饲草料价格上涨吞噬了部分养殖利润，但总体上盈利不错，奶农积极性提高；另外，在各级政府的推动下，奶牛规模化水平继续提高，原料奶质量安全状况总体良好。在以上形势下，奶牛养殖业也扭转了“三聚氰胺事件”后的颓势，产量恢复正增长。

1.1　奶牛存栏稳定

由于原料奶价格自 2009 年 8 月份开始，一直处于增长过程中，大部分奶农收益增加，补栏积极，此外，有些龙头企业规模牧场建设力度大，积极进口奶牛，比如辽宁省，在辉山乳业的带动下，该省 2010 年进口奶牛 22 142 头，成为我国当年进口奶牛最多的省份，该省年末奶牛存栏比年初增加 3 万头，进口奶牛超过奶牛增量的 70%。当然，也有些奶农将手中的奶牛出售，离开了奶牛业，这在奶牛散养多、奶价增长缓慢的省份较明显。从总体上看，奶牛存栏稳定，据农业部预计，2010 年末，我国奶牛存栏 1 250 万头左右。

1.2　原料奶生产恢复增长

根据农业部行业统计数据，2010 年我国奶类产量 3 740 万吨，虽然仅上涨 0.2%，但标志着我国奶业基本克服了“三聚氰胺事件”的不利影响，重新走上正常的发展轨道。根据国家统计局发布的统计公报，2010 年，我国牛奶产量 3 570 万吨，同比增长 1.5%。

根据各省、市、自治区统计公报公布的数据，2010 年牛奶产量前 10 省份中，内蒙古产量稳定，为 905.2 万吨，增长 0.2%，占全国的 25.4%；黑龙江产量 552.5 万吨，同比增长 4.5%，占全国的 15.5%；河北省仍然下滑，为 439.8 万吨，同比下降 2.6%，占全国的 12.3%；河南 290.9 万吨，同比增长 3.2%，占全国的 8.1%；山东增长 7.1%，达到 253.1 万吨，占全国的 7.1%；陕西 137.5 万吨，同比下降 7.9%，在前十省份中降幅最大，占全国的 3.9%；新疆 128.6 万吨，同比增长 6.4%，占全国的 3.6%；辽宁 121.2 万吨，同比增长 10.2%，占全国的 3.4%；宁夏 84.6 万吨，同比增长 4.2%，占全国的 4.2%；山西 73.2 万吨，同比增长 1.0%，占全国的 2.1%。

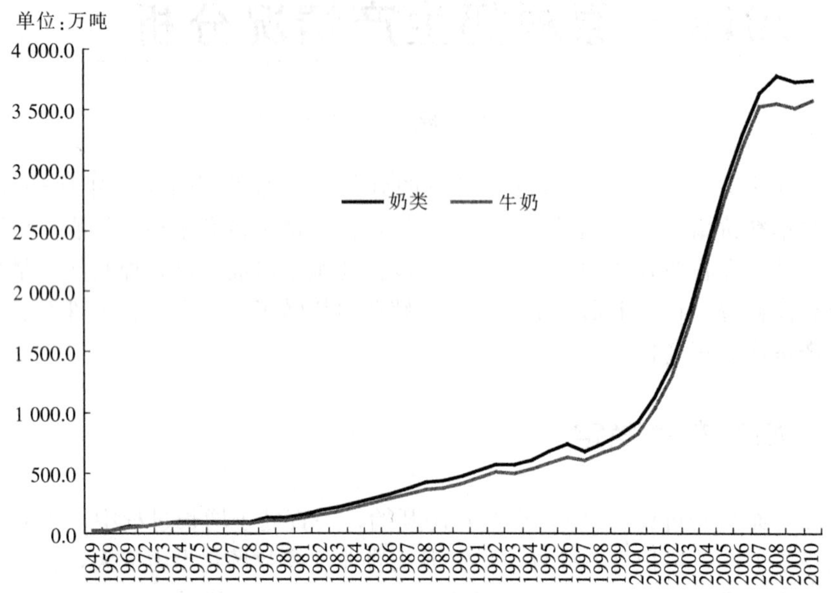

图 1.1　我国原奶产量增长情况

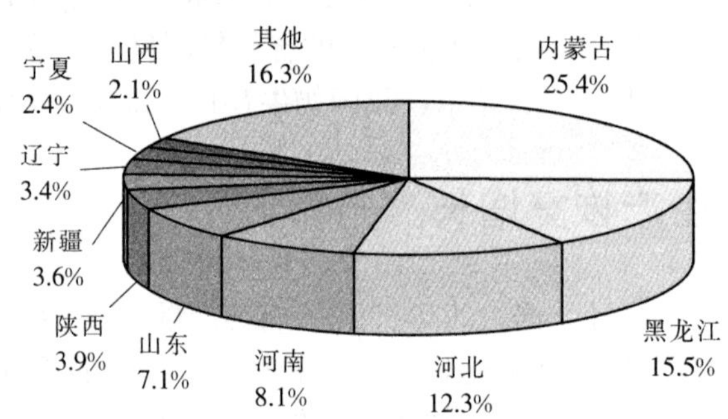

图 1.2　我国主要省份原料奶生产情况

1.3　规模化比例进一步提高

“三聚氰胺事件”后，在各级政府的推动和政策支持下，在乳品企业积极的参与下，我国奶牛养殖业规模化进程加快。根据据全国畜牧总站统计的数据，2003 年，我国奶牛存栏 20 头以上的规模养殖比例 27.38%，到 2008 年达到 36.05%，5 年时间仅提高了 8.67 个百分点，2009 年为 42.58%，据农业部最新预计，2010 年该比例将达到 47%，两年时间提高了 11 个百分点，规模化进程明显加快。

1.4 原料奶价格上涨贯穿始终

据农业部定点监测，2010年我国原料奶价格始终处于上升的趋势中，在当年发布的50周监测数据中，只有1周下降。这在我国奶业发展史上都是罕见的，行业第一次没有了淡旺季之分。2010年12月29日，内蒙古、河北等10个主产省原料奶价格3.14元/千克，比1月6日的2.66元/千克上涨18.05%。如果算上南方非主产省，价格将更高。

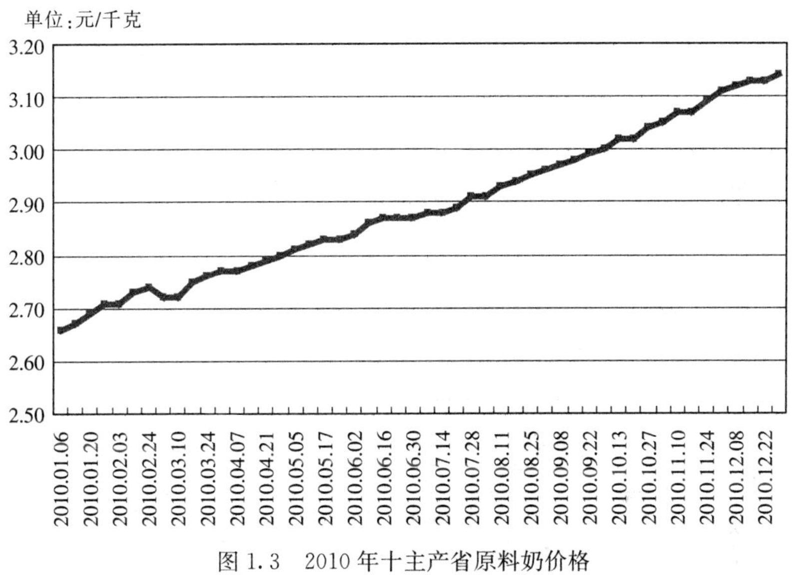

图1.3 2010年十主产省原料奶价格

1.5 原料奶质量

“三聚氰胺事件”后，在各级农业部门的努力下，生鲜乳收购站以及运输车辆都得到了妥善的管理，生鲜乳收购站从设备到管理制度都得到了极大提升，同时，经历过“三聚氰胺事件”后，奶农的质量安全意识有了较大提高，生鲜乳质量安全状况较好。

2010年，全国13 503个生鲜乳收购站100%实现持证收购，机械化挤奶率达到87%；农业部共抽检生鲜乳样品7 406批次，奶站4 778批次，运输车2 628批次，三聚氰胺全部符合临时管理限量值规定，没有检出皮革水解蛋白等违禁添加物质，生鲜乳质量安全状况总体良好。

从整个监管的角度，奶站问题应全部纳入监管。为防止部分已取缔的个体私营奶站死灰复燃，农业部于 2010 年 10 月份发出《农业部关于开展全国生鲜乳收购站拉网式检查的通知》，进一步净化了生鲜乳收购市场。

1.6 养殖效益

全年处于涨势的原料奶价格给奶农带来了稳定的收益，虽然饲草料价格也在上涨，但全年来看，能够盈利的奶农占绝大多数。

从大宗饲料原料玉米和豆粕来看，玉米价格涨幅在 12%左右，豆粕价格 2010 年前 7 个月处于下降趋势中，年底恢复至年初水平，两者涨幅均小于原料奶价格。而进口苜蓿干草的月度进口价格虽然涨跌不一，但幅度也不大，7 月价格最高，但比 1 月份涨幅也只有 8.30%，也低于原料奶价格涨幅。这种走势保证了奶农的利润。

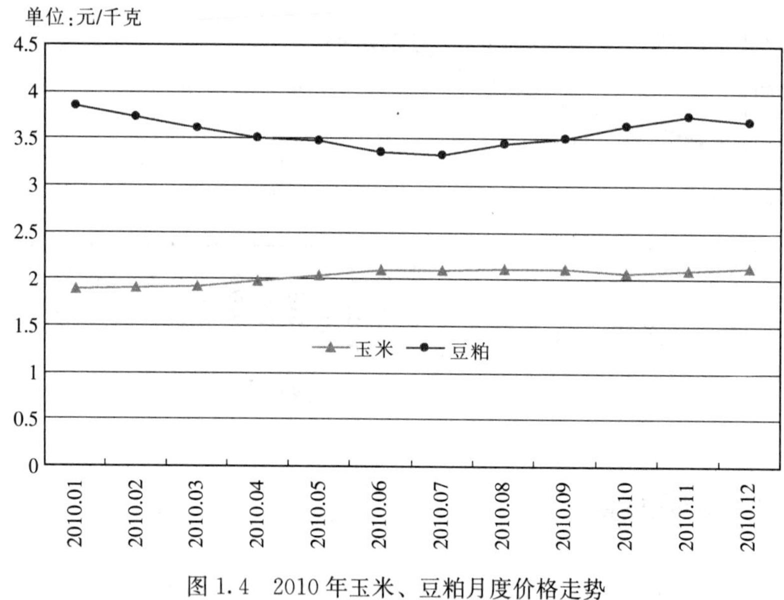

图 1.4 2010 年玉米、豆粕月度价格走势

据农业部有关负责人透露，从全国奶农养殖效益来看，5 吨左右的奶牛平均盈利 1 500～2 000 元。

从各地总结来看，2010 年奶牛养殖业盈利普遍较好。内蒙古东部盟市散养户每头奶牛年纯收入 3 000 元左右，规模养殖场每头奶牛年纯收入 5 000 元左右；中部盟市散养户每头奶牛年纯收入 1 500 元左右，规模养殖场每头奶牛年纯收入 3 000 元左右；西部盟市散养户每头奶牛年纯收入 2 000 元左右，规模养殖场每头奶牛年纯收入 3 500 元左右。黑龙江省上半年原奶价格较低，奶

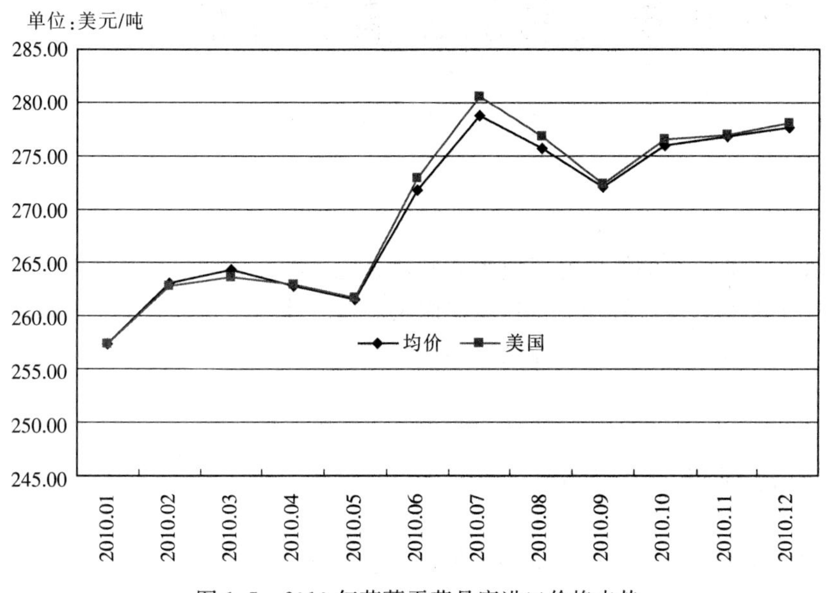

图 1.5 2010 年苜蓿干草月度进口价格走势

牛养殖亏损严重，7 月份实行交易参考价和政府指导价相结合的生鲜乳购销价格定价机制后，养殖效益得到提升。河北省中等规模的牛场，一头盈利 2 000 元左右。山东省一头奶牛年平均盈利 3 000 元。河南开封等地饲养一头奶牛年盈利在 5 000 元左右。陕西一头泌乳牛盈利 4 000 元左右。宁夏银川奶牛日单产 18 千克牛奶的普通牛场，一头奶牛盈利 3 000～4 000 元，高产牛场盈利更多。辽宁省每头奶牛年盈利 2 000～3 000 元。上海一头成母牛年盈利 2 500 元左右。

2　2010 年乳品加工情况分析

□豆　明　孙兰欣

乳品工业全年的发展好于奶牛养殖业。乳制品产量增幅高于原料奶，主要原因在于部分内地产奶粉、进口奶粉以及进口乳清粉作为乳品工业原料进入加工环节，造成重复统计；行业销售额增幅高于乳制品产量增幅，主要原因在于原料价格上涨，企业调整了终端销售价格。

2.1　乳制品生产情况

根据国家统计局数据，全国规模以上乳品企业 2010 年液态奶、干乳制品产量增幅均超过 10%，远远超过原料奶增幅仅 0.2%的水平，这说明大量进口奶粉被用于加工业，此外，我国内地生产的部分奶粉也被用作乳制品加工原料，存在重复统计的问题。

2010 年液态奶产量 1 845.59 万吨，增长 11.10%

根据国家统计局数据，全国规模以上乳品企业 2010 年液态奶产量 1845.59 万吨，同比增长 11.10%。

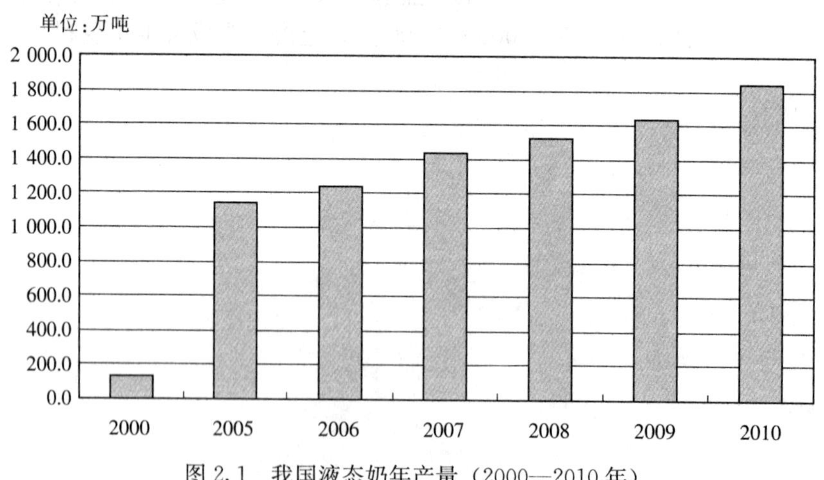

图 2.1　我国液态奶年产量（2000—2010 年）

从各省来看，液态奶产量下降的省份有天津、内蒙古、江苏、浙江 4 个，其中，内蒙古是主产区，主产 UHT 奶，降幅达 12.77%。

2010 年，共有 6 个省份液态奶年产量超过 100 万吨，其中内蒙古 308.92 万吨，占全国总产量的 16.7%；河北 229.40 万吨，占 12.4%；山东 220.09 万吨，占 11.9%；黑龙江 116.93 万吨，占 6.3%；陕西 112.16 万吨，占 6.1%；河南 106.45 万吨，占 5.8%。

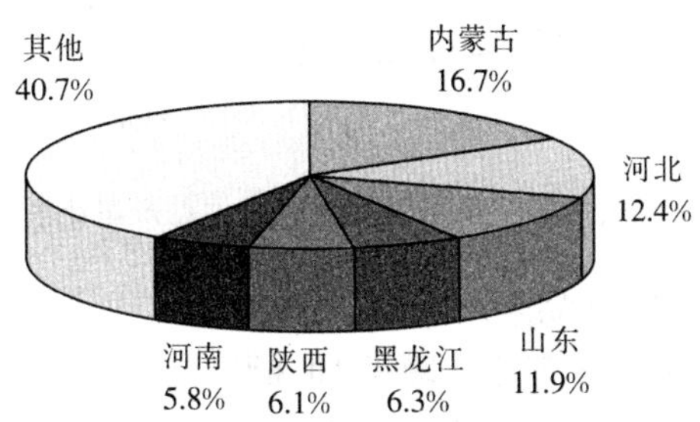

图 2.2　我国主要省份液态奶产量占总产量比重（2010 年）

2010 年干乳制品产量 313.80 万吨，增长 11.65%

2010 年，全国规模以上乳品企业干乳制品产量 313.80 万吨，同比增长 11.65%。

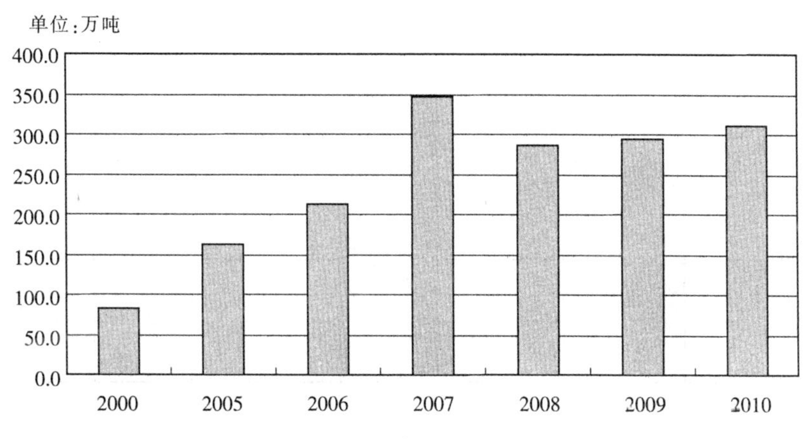

图 2.3　我国干乳制品年产量（2000—2010 年）

从各省全年产量来看，下降的省份有 7 个，其中河北为主产区。

2010 年，干乳制品产量超过 10 万吨的省份有 7 个，其中黑龙江产量 66.97 万吨，占全国总产量的 21.3%；内蒙古 36.44 万吨，占 11.6%；陕西 35.81 万吨，占 11.4%；山东 29.56 万吨，占 9.4%；河南 26.24 万吨，占 8.4%；河北 26.04 万吨，占 8.3%；四川 12.08 万吨，占 3.8%。

除了以上省份外，非原料奶主产省的浙江、广东、安徽干乳制品产量也较高，分别达 8.46 万吨、广东 7.95 万吨和 6.11 万吨，应该是大量进口奶粉、

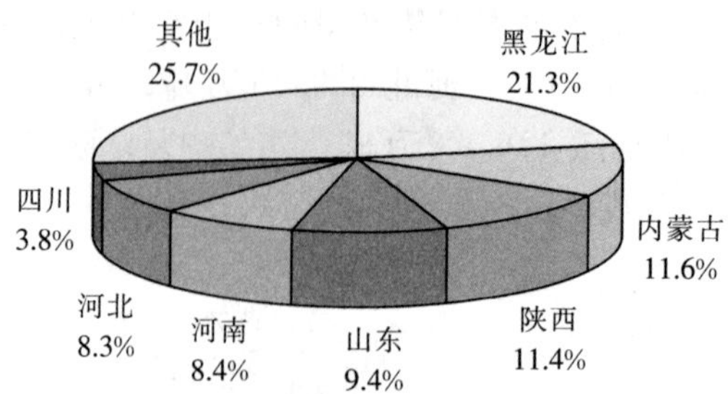

图 2.4　我国主要省份干乳制品产量占总产量比重（2010 年）

乳清粉作为原料进入了乳品生产环节。

2010 年奶粉产量 140 万吨，增长 10.6%

2010 年，全国规模以上乳品企业奶粉产量 140.0 万吨，增长 10.6%。

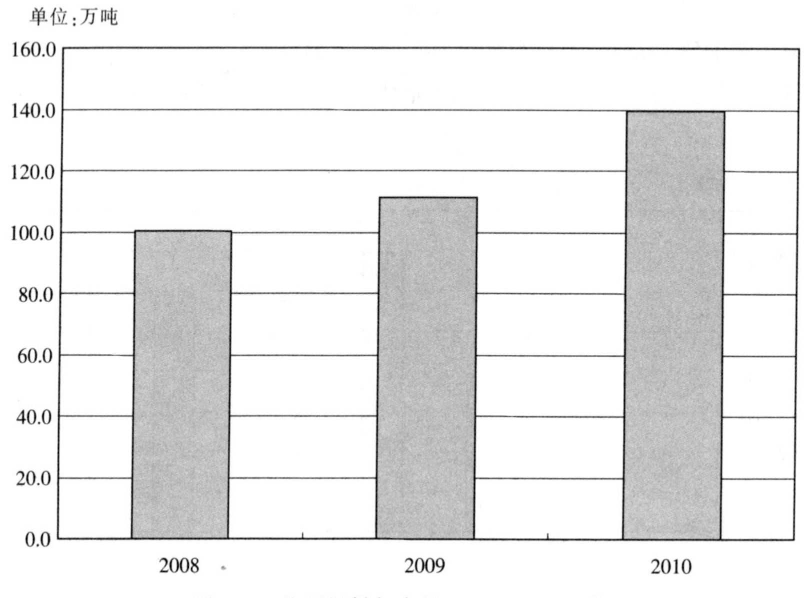

图 2.5　我国奶粉年产量（2008—2010 年）

2.2　行业经济运行情况

行业全年销售额预计 1 920 亿元，增长 20%左右。由于原料奶以及白糖、包材等价格增长，乳品销售额增长率高于乳制品产量。初步估计，2010 年全年乳业销售额为 1 920 亿元，增长 20%左右；利润总额接近 100 亿元，增长 13%左右。

与 1—8 月份统计数据相比，1—11 月份，进入统计范围的企业增加了 5 家，共 828 家，而亏损企业再次减少，少了 10 家，共 181 家，占总企业数的

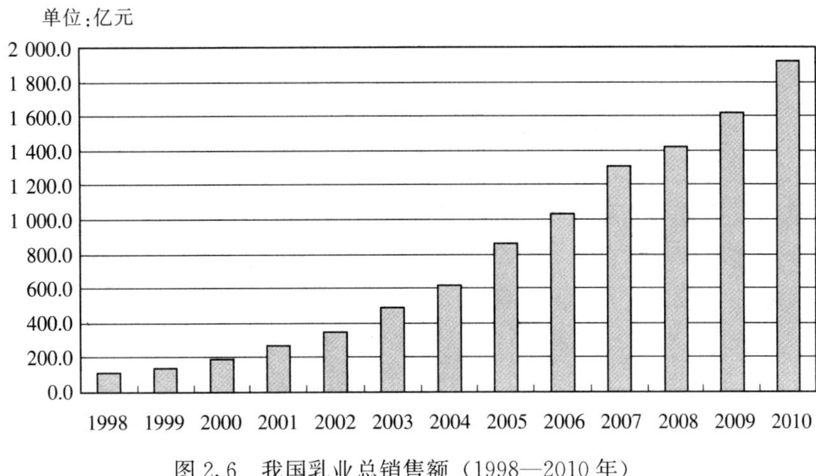

图 2.6　我国乳业总销售额（1998—2010 年）

21.86%，亏损企业亏损总额同比减少 16.85%，与今年 1～8 月份该指标增加 18.02%相比，经营状况有很大改善。

1～11 月份，规模以上乳品企业实现销售收入 1 725.85 亿元，同比增长 18.32%，增幅继续略微扩大，加上销售成本、销售费用增幅都在下降，因此，利润总额重新获得正增长，达到 89.01 亿元，增长 10.22%。

表 2.1　2010 年规模以上乳品企业 1～11 月份经济指标

	单位	全国	同比（%）	1～8 月同比（%）
企业数	个	828		
亏损企业数	个	181		
亏损企业亏损总额	亿元	9.03	−16.85	18.02
销售收入	亿元	1 725.85	18.32	18.02
销售成本	亿元	1 358.71	21.78	23.13
销售费用	亿元	221.28	12.25	23.27
产品销售税金及附加	亿元	4.94	−12.43	−0.04
管理费用	亿元	53.73	10.22	9.46
财务费用	亿元	6.80	1.89	−13.75
利润总额	亿元	89.01	10.22	−1.02
资产总计	亿元	1 249.10	14.00	17.33
负债合计	亿元	701.59	13.48	12.78
从业人员数	人	221 759	2.88	4.13

来源：国家统计局。

从国家统计局公布的 4 次数据来看，1～2 月、1～5 月、1～8 月、1～11 月销售利润率分别为 5.32%、4.62%、4.95%、5.16%，说明由于原料价格上涨，企业经营一开始受到了较大影响，但随着经营策略调整，有效控制了成本，全年盈利较好，估计全年销售利润率在 5.20%左右。

2.3 主要企业经营情况

从主要企业公布的全年业绩来看，大企业盈利状况较好，二线企业中，新上市企业盈利较好，已上市多年的业绩下滑，国外上市的三大企业全部亏损。

大企业：蒙牛 2010 年销售额 302.65 亿元，增长 17.7%，净利润 12.37 亿元，增长 10.89%；伊利 2010 年销售额 296.66 亿元，增长 21.96%，净利润 2.77 亿元，增长 20.00%。光明 2010 年销售额 95.72 亿元，增长 20.51%，净利润 1.94 亿元，增长 58.7%；雅士利 2010 年销售额 29.54 亿元，增长 14%，净利润 5.02 亿，增长 24%。

二线企业：新上市的环球乳业增长较好，销售额 9.22 亿元，增长 80.8%，净利润 2.61 亿元，增长 95.24%。而已上市多年的企业中，三元靠出售分厂盈利，澳优业绩下滑，皇氏乳业增速仍然较快。三元收入 25.7 亿元，增长 8.10%，净利润 5 146 万元；澳优 2010 年销售额 5.79 亿元，下降 7.1%，净利润 1.10 亿元，下降 39.5%；皇氏乳业销售额 4.11 亿元，增长 34.80%，净利润 5 693 万元，增长 35.81%。

国外上市企业：西安银桥、飞鹤乳业以及圣元均亏损。西安银桥销售额 18.08 亿元，增长 7.3%，净亏损 1.12 亿元；飞鹤销售额 17.33 亿元，下降 5.2%，净亏损 6 552.47 万元。

圣元财务年度报告还未公布，不过，其业绩可以肯定为亏损。

表 2.2 主要上市公司情况

（单位：亿元）

企业	销售额	增长	净利润	增长
伊利	310		7	
蒙牛	302.65	17.7%	12.37	10.89%
光明	95.72	20.51%	1.94	58.7%
雅士利	29.54	14%	5.02	24%
三元	25.72	8.10%	0.51	
西安银桥	18.08	7.3%	−1.12	
飞鹤乳业	17.33	−5.2%	−0.66	
环球乳业	9.22	80.8%	2.61	95.24
澳优	5.79	−7.1%	1.10	−39.5%
皇氏乳业	4.11	34.80%	0.57	35.81%

数据来源：各公司年报。

3　2010年乳品消费情况分析

□韩　杨

乳品在经历2008年的“三聚氰胺事件”与国际金融危机叠加影响形势下，国内消费者对乳品安全信心丧失，对乳品需求明显下降，乳品市场一度萎缩，在经历2009年乳品消费需求的恢复性增长之后，2010年乳品消费受国际乳品市场价格上涨和奶业质量安全事件回流的影响，国内乳品消费减弱，乳品消费呈现出多元化、区域乳品差异显著、城乡二元乳品格局、质量安全成为影响消费需求的重要因素等特征。

3.1　乳品消费需求减弱，消费需求呈现多元化趋势

从乳品消费需求量来看，2010年我国居民的鲜乳品、奶粉和酸奶的人均消费量分别为13.98千克、0.45千克、3.67千克，比2009年分别降低6.24%、6.25%、8.02%（见表3.1），乳品消费需求去年有所减弱。2010年我国居民在四季度乳品消费中（见表3.2），鲜乳品和酸奶都在第二、三、四季度的消费量上都低于2009年同期；而奶粉则是在第一、二、三季度低于2009年同期；尽管奶粉在第二、三季度消费量低于2009年同期，但其消费支出却略高于2009年同期，在不同程度受奶粉高价影响。

表3.1　2010年我国居民乳品分品种消费情况

	消费量（千克/人）	同比（%）	消费支出（元/人）	同比（%）
鲜乳品	13.98	−6.24	103.72	1.57
奶粉	0.45	−6.25	41.47	0.53
酸奶	3.67	−8.02	29.85	0.57

数据来源：国家统计局，《奶业统计年鉴》计算。

表 3.2　2010 年四季度我国居民乳品消费情况

[单位：元/（人・年），千克/（人・年）]

季度	奶及奶制品		鲜乳品				奶粉				酸奶			
	支出	同比（%）	数量	同比（%）	金额	同比（%）	数量	同比（%）	金额	同比（%）	数量	同比（%）	金额	同比（%）
一	50.19	5.75	3.81	1.87	27.68	8.29	0.12	−7.69	11.14	1.27	0.80	5.26	6.34	10.84
二	48.90	−1.41	3.40	−8.85	24.99	−0.83	0.11	−8.33	10.32	1.47	0.96	−10.28	7.79	−4.53
三	52.11	1.22	3.36	−9.19	24.99	−1.11	0.10	−9.09	9.75	0.62	1.09	−6.03	8.86	−0.78
四	47.27	−0.69	3.41	−8.82	26.06	−0.11	0.12	0.00	10.26	−3.12	0.82	−7.87	6.86	−0.15

数据来源：国家统计局，《奶业统计年鉴》计算。

从乳品消费支出来看，自 2002 年以来，乳品消费支出持续增加（见图 3.1），但消费支出增幅在 2010 年大幅降低，2010 人均乳品支出 198.47 元，较 2009 年的 196.14 元仅提高 1.19%，受通货膨胀影响，乳品消费支出真实水平略低于 2009 年，乳品消费支出也呈现减弱态势。

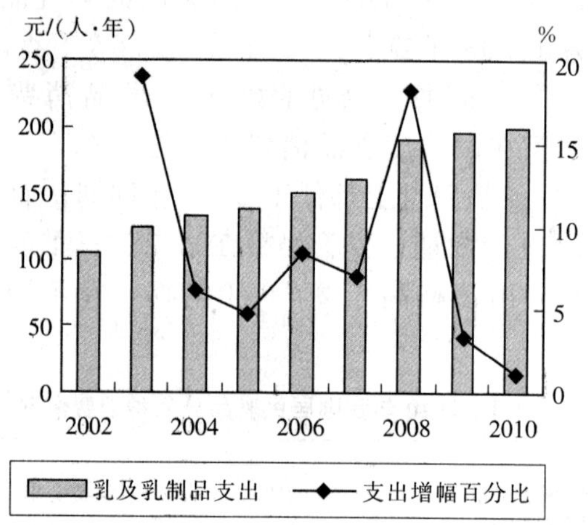

图 3.1　2002—2010 年人均乳及乳制品消费支出变化趋势

数据来源：国家统计局，《奶业统计年鉴》计算。

从乳品消费支出和消费量结构来看，目前乳品消费结构比较单一，主要消费品种为鲜乳、奶粉和酸奶，对于奶酪、黄油和炼乳等其他乳品消费量很少。2010 年，人均消费鲜乳、奶粉、酸奶及其他乳制品支出分别为 103.72 元、41.47 元、29.85 元与 23.43 元，分别占乳品消费支出的 52.26%、20.89%、15.04%和 11.81%（如图 3.2）；居民的鲜乳、奶粉和酸奶的人均消费量分别为 13.98 千克、0.45 千克、3.67 千克（如图 3.3），分别占三者之和的 77.24%、2.49%和 20.27%。尽管在奶粉的消费支出占乳品消费较大比例，但由于奶粉价格较高，奶粉消费量并不明显。鲜乳消费支出与消费量分别占乳品消费支出和消费量的比例呈现逐年下降的趋势，奶粉、酸奶及其他乳品的消费支出和消费量占乳品消费支出和消费量比例呈现逐年增长的趋势，乳品消费逐渐呈现多元化格局（见图 3.4 和图 3.5）。

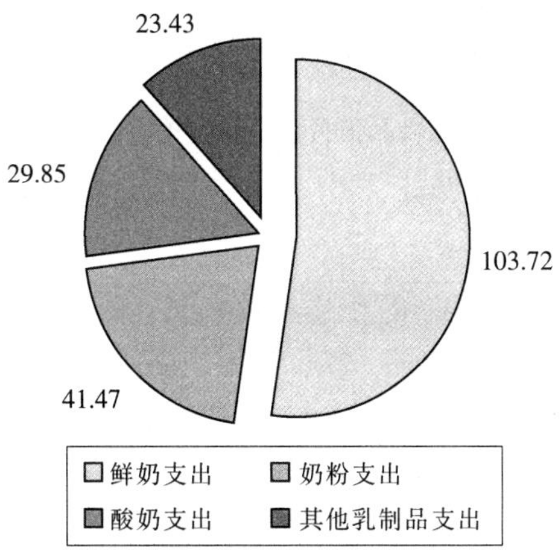

图 3.2　2010 年人均乳品消费支出结构［单位：元/（人·年）］

数据来源：国家统计局，《奶业统计年鉴》计算。

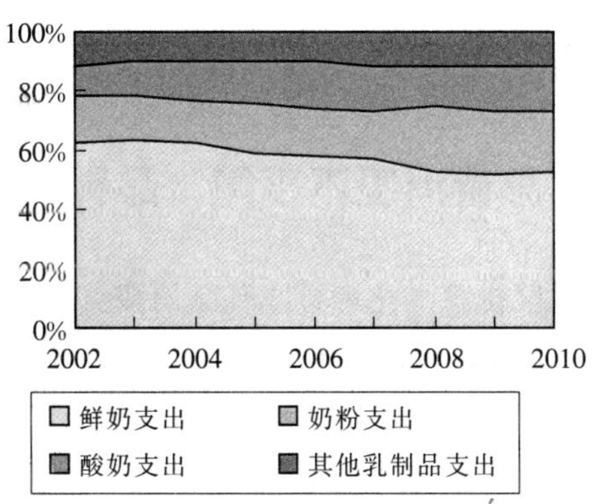

图 3.3　2002—2010 年人均乳品消费支出结构变化

数据来源：国家统计局，《奶业统计年鉴》计算。

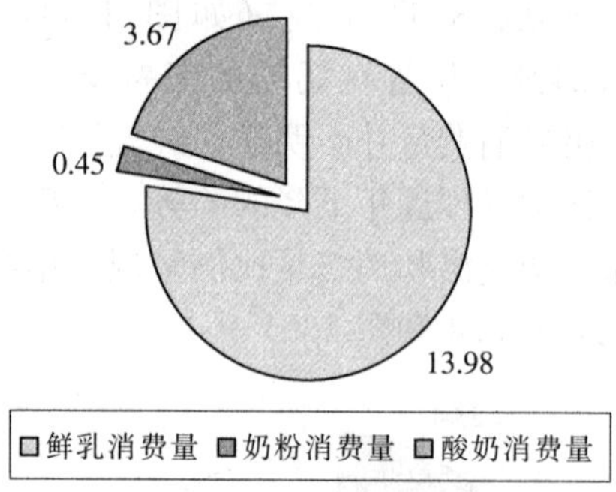

图 3.4　2010 年人均乳品消费量结构［单位：千克/（人·年）］
数据来源：国家统计局，《奶业统计年鉴》计算。

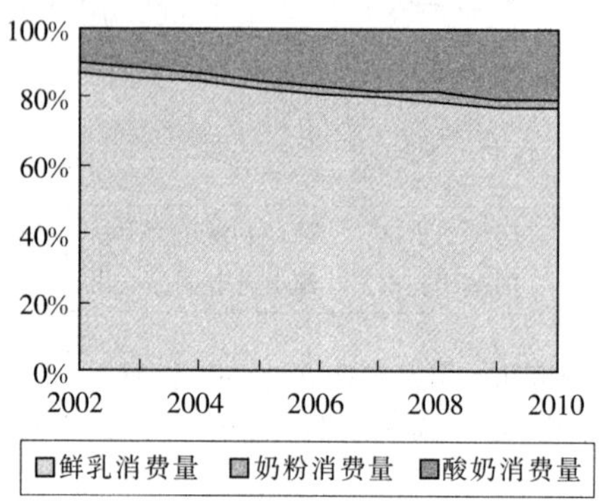

图 3.5　2002—2010 年人均乳品消费量变化结构
数据来源：国家统计局，《奶业统计年鉴》计算。

3.2　区域间乳品总量消费不平衡，品种消费差异显著

从乳品消费量的地区排序变化来看，乳品消费支出超出本年度全国平均支出（198.47 元）的十二个地区中（上海，北京，西藏，安徽，天津，重庆，江苏，山东，陕西，浙江，广东，四川，比 2009 年少 2 个），居前十位的有 6 个是东部经济发达省区（见表 3.3），较 2009 年情况虽然发生变化（前十位有 8 个是东部省区），但依旧没有改变我国东部经济发达地区是乳品消费的主要集中地区，充分反映出我国乳品消费存在区域间不均衡的基本特征。

从乳品消费的地区分布来看（见表 3.3），与 2009 年比，乳品消费支出较多的地区依旧以直辖市以及东部、中部、南部经济发达地区为主，消费支出最多的上海地区的人均消费高达 410.27 元，较 2009 年人均最多消费 361.73 元

高出 13.42%，略有不同的是中部浙江消费支出进入前十，较 2009 年消费支出排序有所提升；从鲜乳消费地区分布来看，2010 年鲜乳的消费支出和消费量的地区排名差异变化不大，但鲜乳最高消费支出由 2009 年上海地区的 219.09 元降低到 215.16 元，最高消费量由 2009 年山西的 24.75 千克变为 2010 年北京地区的 22.24 千克；从奶粉消费地区分布来看，奶粉消费支出由 2009 年支出最多的广东地区人均消费支出 96.81 元变化为 2010 年的海南地区人均消费最高为 95.88 元，奶粉消费量由 2009 年消费最高西藏地区的人均 1.44 千克降低到 2010 年消费量最高海南地区的人均 1.26 千克；从酸奶消费地区分布来看，酸奶消费支出地区依旧为北京地区，但消费支出额由 2009 年的人均支出 81.59 元提高到 2010 年的 91.5 元，最高消费量由 2009 年北京的 8.64 千克提高到 2010 年安徽的 9.29 千克。由此，可以看出，乳品消费需求逐步呈现鲜乳、奶粉消费减少，酸奶消费增加的趋势。

表 3.3　2010 年我国乳品分品种消费前十地区情况

[单位：元/（人·年），千克/（人·年）]

乳及乳制品		鲜乳				奶粉				酸奶			
前十	支出额	前十	支出额	前十	消费量	前十	支出额	前十	消费量	前十	支出额	前十	消费量
上海	410.27	上海	215.16	北京	22.24	海南	95.88	海南	1.26	北京	91.5	安徽	9.29
北京	371.04	北京	167.4	宁夏	22.1	广东	82.07	安徽	1.2	上海	75.05	北京	9.1
西藏	310.55	江苏	146.04	青海	22.05	上海	74.06	西藏	1.16	安徽	73.06	上海	6.81
安徽	241.78	山东	145.8	上海	22.02	北京	73.84	重庆	0.7	西藏	54.74	青海	6.17
天津	236.06	天津	140.94	山东	21.9	安徽	65.16	四川	0.68	青海	44.6	西藏	5.44
重庆	234.68	重庆	140.67	新疆	21.8	浙江	61.23	青海	0.66	天津	40.37	宁夏	5.29
江苏	234.1	陕西	127.17	天津	20.41	四川	59.53	广东	0.66	辽宁	37.29	河北	5.12
山东	225.43	福建	121.14	甘肃	19.8	重庆	44.08	陕西	0.57	陕西	33.13	陕西	5.04
陕西	224	宁夏	113.04	陕西	19.41	福建	41.49	北京	0.5	重庆	33.04	辽宁	4.8
浙江	219.84	江西	107.69	重庆	17.83	陕西	37.03	湖南	0.48	山东	30.95	重庆	4.61

数据来源：国家统计局，《奶业统计年鉴》汇总。

从乳品消费的城市分布来看，根据 2010 年全国 36 个大中城市城镇居民奶类消费监测数据显示（如表 3.4），乳品消费支出较多的城市依旧是以上海、北京等一线城市和东部、中部、南部诸如合肥、南京、杭州、成都等省会城市为主。尽管鲜乳、奶粉和酸奶前十大中城市居民消费支出排名并不相同，但鲜乳和奶粉城市消费支出分布大体区域都以东南沿海为主，比较突出的乳品生产区的消费支出和消费量显著。从鲜乳品消费看来，呼和浩特的鲜乳虽然支出额较少，但其人均消费量达到 23.76 千克，消费量排名第 7；从奶粉消费看来，拉萨和西宁奶粉虽然消费支出较少，但其人均消费量分别达到 1.58 千克和 1.01 千克，消费量排名分别第 2 和第 5；从酸奶消费来看，石家庄作为主产区也是主销区，其酸奶人均支出额达 59.16 元，人均消费量达到 9.84 千克，消费量排名第 3，而乳品主产区的银川和拉萨虽然消费支出较少，但其酸奶人均消费量分别达到 8.31 千克和 6.51 千克，消费量排名分别为第 4 和第 8。无论从乳品消费支出还是消费量上来看，城市间乳品消费差异显著。

表 3.4　2010 年大中城市（前十）城镇居民乳品分品种消费情况

［单位：元/（人·年），千克/（人·年）］

乳及乳制品		鲜乳				奶粉				酸奶			
前十	支出额	前十	支出额	前十	消费量	前十	支出额	前十	消费量	前十	支出额	前十	消费量
上海	410.27	南京	232.18	银川	32.22	海口	123.99	海口	2	合肥	105.1	合肥	13.78
北京	396.36	上海	215.16	南昌	27.98	深圳	121.95	拉萨	1.58	北京	99.26	北京	9.85
合肥	346.51	福州	193.19	南京	27.01	成都	113.14	深圳	1.12	上海	75.05	石家庄	9.84
南京	344.04	重庆	182.02	成都	26.07	宁波	107.07	合肥	1.01	石家庄	59.16	银川	8.31
宁波	337.56	北京	181.01	青岛	24.7	厦门	92.28	西宁	1.01	西宁	56.62	西宁	7.25
杭州	333.08	青岛	177.26	北京	24	杭州	89.35	成都	0.88	青岛	54.87	青岛	6.94
成都	322.74	杭州	173.3	呼和浩特	23.76	合肥	81.38	长沙	0.88	沈阳	54.36	上海	6.81
深圳	321.97	宁波	172.99	福州	23.39	广州	79.82	厦门	0.72	太原	50.57	拉萨	6.51
青岛	316.35	贵阳	170.41	重庆	23.2	北京	76.52	南昌	0.68	杭州	47.74	沈阳	6.09
广州	309.04	成都	165.88	兰州	23.09	上海	74.06	上海	0.67	大连	45.78	太原	6.09

数据来源：国家统计局，《奶业统计年鉴》汇总。

3.3　城乡二元乳品消费格局持续，农村乳品消费需求有待提升

从乳品人均消费量看来，自 2002—2010 年城市人均鲜乳消费一直远高于全国人均鲜乳消费，而农村鲜乳消费虽然以较快速度增长，但人均鲜乳消费绝对量一直在低水平徘徊（见图 3.6）。由于我国农村经济不发达，人均收入低，习惯于传统食品等原因，农村居民的奶制品消费趋势呈现绝对量较低。目前除牧区自产自销以外，奶制品消费主要集中于大城市城镇居民。乳品消费的城乡二元格局短时间内难以改变。随着我国国民经济的不断发展，人民生活水平日益提高，家庭的膳食结构得到普遍改善，对乳品的消费量呈明显上升趋势。尽管农村液态奶和奶粉的消费市场都处于较慢的发展趋势，但中国农村人口数量

巨大，只要能够有效的提高农村居民收入，未来农村乳品消费需求潜力很大。

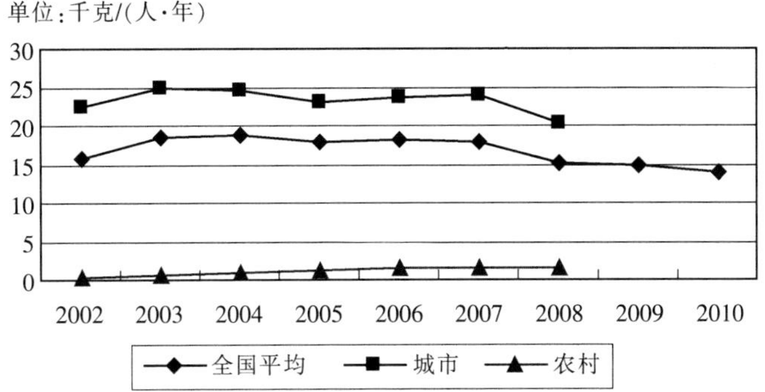

图 3.6　2002—2010 年城市与农村人均鲜乳消费量趋势

数据来源：国家统计局，《奶业统计年鉴》。

从农村乳品消费分布格局来看，2010 年农村乳品消费依旧是以经济发达地区诸如北京、上海、江苏、浙江等收入水平高、农村城镇化水平也高的地区的农村居民以及乳品主产的牧区诸如呼和浩特、西藏、新疆等牧区集中的居民消费为主，广大农区的居民乳品消费仍然较低。从农村乳品消费支出增长速度来看，中西部地区的湖南、湖北、贵州等对乳品支出大幅度增长，而东部发达地区的上海、北京、福建、浙江等则缓慢增长。这种乳品支出的变动，一定程度上预示着我国乳品消费需求市场由东部发达地区向中、西部地区转移的趋势。这一方面说明，东部大城市的市场已经逐渐趋于饱和；另外一方面也说明，要想缩小城乡间乳品消费二元格局的差异，重点在于发展中、西部广大农村乳品消费市场。

3.4　乳品消费群体集中，质量安全成为影响乳品消费的关键因素

从乳品消费群体分布来看，2010 年，乳品消费群体仍然集中在老年人和婴幼儿。对于液态奶和酸奶而言，城市中的大众居民逐渐提高对乳品营养认识、改变膳食结构，逐渐提升对液态奶、酸奶及其他乳制品的消费需求，而农村居民的鲜乳消费支出虽然有所提升，但消费量很少；对于奶粉而言，主要集中在城市和农村的老年人和婴儿群体。

从乳品质量安全情况来看，继 2010 年 1 月在陕西、上海、山东发现“三聚氰胺”问题奶粉回流，7 月甘肃、青海和吉林再现“三聚氰胺超标乳制品事件”后，乳品质量安全问题严重影响了整个乳品行业信誉的恢复，使国内一些

乳品企业受到很大的冲击，消费者对国内生产乳品仍存在较大的信任危机，消费者尤其担忧婴幼儿奶粉质量安全问题。因此，部分经济收入较高的消费群体对乳品的质量要求提高，趋向于购买国外名牌产品，选择购买国内生产的进口奶源奶粉或通过网购等方式购买国外原装奶粉。因此，质量安全成为影响乳品消费的关键因素。

4　2010 年奶业贸易情况分析

□ 胡冰川

整体而言，2010 年中国乳品[①]国际贸易呈现进口急速增长，出口继续下滑的基本格局，进出口非对称格局日趋突出。其中，乳品总进口额为 19.7 亿美元，较 2009 年增长了 92%；而乳品总出口额为 0.44 亿美元，较 2009 年下降了 23%。其中主要原因在于①2010 年，中国牛奶产量为 3 570 万吨，增产 1.5%，增产速度相对需求较为缓慢；②国内奶粉消费者对国产奶粉质量的信心不足；③WTO 框架下奶粉进口关税的下调；④中国—新西兰自由贸易区建立带来进口奶粉关税的下降。

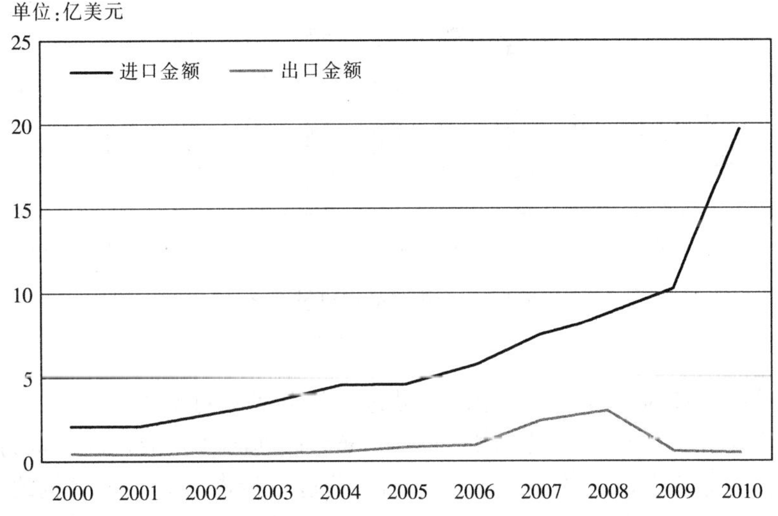

图 4.1　乳品进出口金额变化

数据来源：中国海关。

① 指海关统计 HS0401－0406 税号下产品。

4.1 进口

4.1.1 进口量

2010 年，中国乳品总进口量为 74.5 万吨，较 2009 年增长了 24.9%。其中，液态奶进口量为 1.6 万吨，较 2009 年增长了 24.2%；奶粉进口量为 41.7 万吨，较 2009 年上涨了 67.8%；酸奶进口量为 0.12 万吨，较 2009 年减少了 21.2%；乳清进口量为 26.5 万吨，较 2009 年减少了 8.4%；奶油进口量为 2.3 万吨，较 2009 年减少了 17.6%；乳酪进口量为 2.3 万吨，较 2009 年增长了 35%[①]。

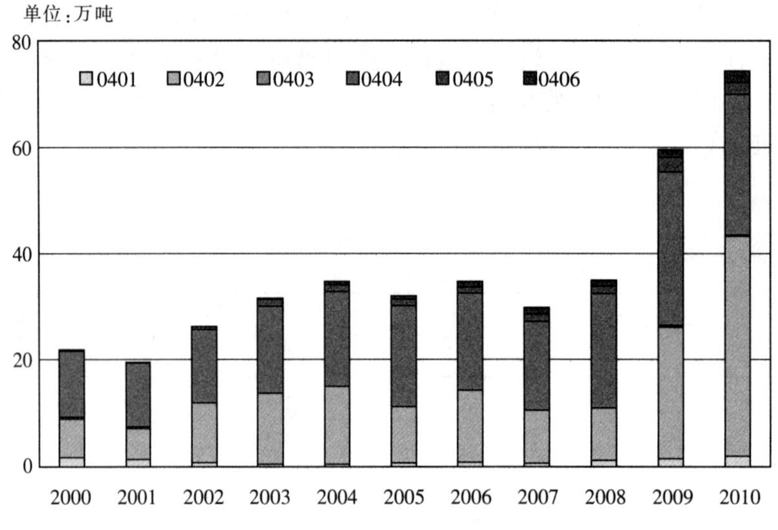

图 4.2 中国乳品进口量变化

数据来源：中国海关。

从乳品进口的分类来看，中国乳品进口的分类相对集中，2010 年，奶粉进口量为 41.7 万吨，占乳品总进口量的 56%；其次为乳清，进口量为 26.5 万吨，占乳品总进口量的 36%。奶粉和乳清进口量占总乳品进口量的 92%。此外，液态奶进口占乳品总进口量的 2%，酸奶进口占乳品进口量不足 1%；奶油进口占乳品进口量的 3%，乳酪进口占乳品进口量的 3%。

① 其中：液态奶指海关统计 HS0401 下产品；奶粉指海关统计 HS0402 下产品；酸奶指海关统计 HS0403 下产品；乳清指海关统计 HS0404 下产品；奶油指海关统计 HS0405 下产品；乳酪指海关统计 HS0406 下产品。本文中产品名称和海关编码间关系为对应关系，以下不再冗述。

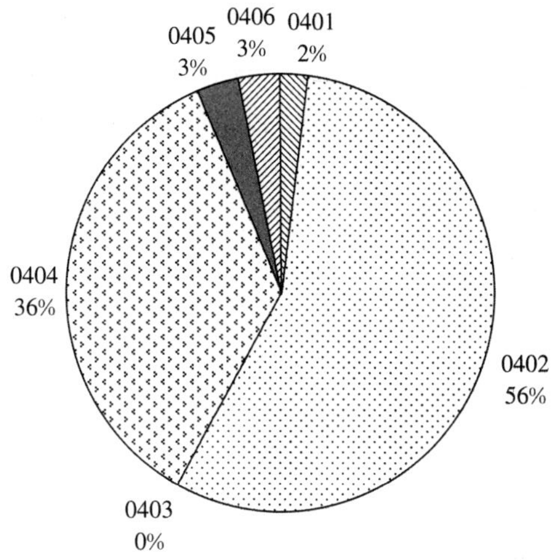

图 4.3　2010 年中国乳品进口量分类情况

4.1.2　进口金额

2010 年，中国乳品总进口金额为 19.7 亿美元，较 2009 年增长了 91.2%。其中，液态奶进口额为 0.3 亿美元，较 2009 年增长了 42.9%；奶粉进口额为 14.0 亿美元，较 2009 年增长了 138.8%；酸奶进口额为 0.04 亿美元，较 2009 年减少了 5%；乳清进口额为 3.4 亿美元，较 2009 年增长了 21.3%；奶油进口额为 0.9 亿美元，较 2009 年增长了 39.1%；乳酪进口额为 1.1 亿美元，较 2009 年增长了 51.5%。

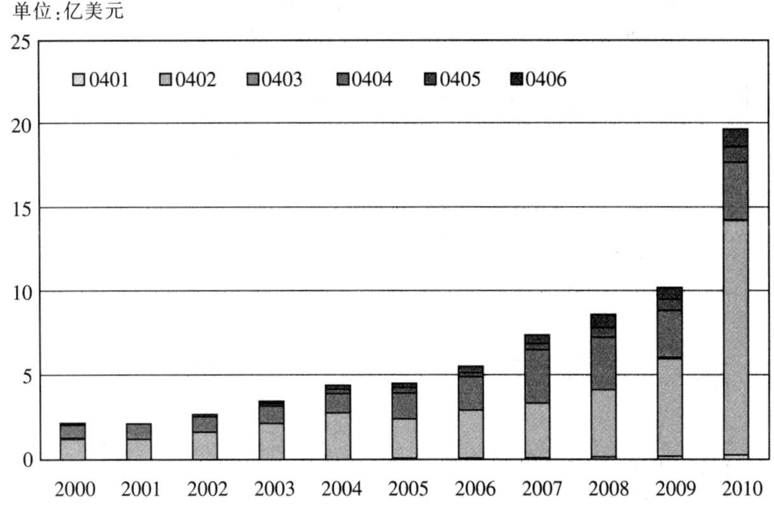

图 4.4　中国乳品进口额变化

数据来源：中国海关。

从乳品进口的分类来看，与进口量集中相对应的，中国乳品的进口额分类也相对集中。2010 年，奶粉进口额为 14.0 亿美元，占乳品总进口额的 71%；其次为乳清，进口额为 3.4 亿美元，占乳品总进口额的 18%。奶粉和乳清进口额占总乳品进口额的 89%。此外，液态奶进口占乳品总进口额的 1%，酸奶进口占乳品进口额不足 1%；奶油进口占乳品进口额的 5%，乳酪进口占乳品进口额的 5%。

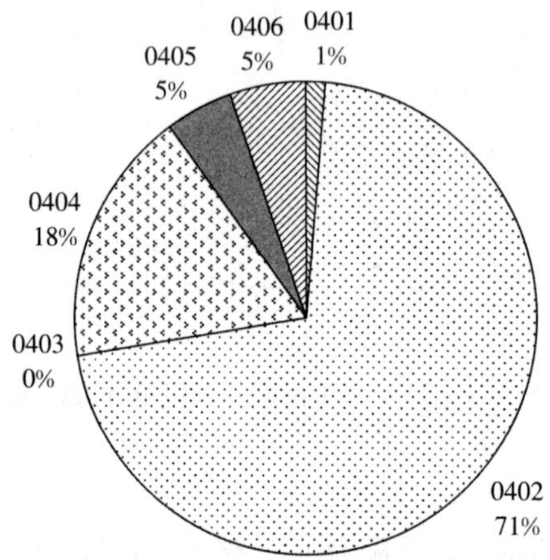

图 4.5　2010 年中国乳品进口额分类情况

4.2 出口

4.2.1 出口量

2010 年，中国乳品总出口量为 3.4 万吨，较 2009 年减少了 8.1%。其中，

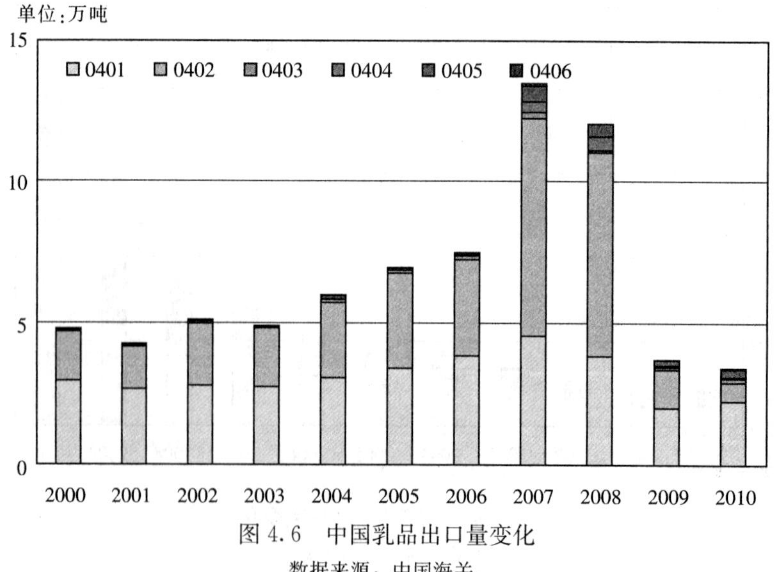

图 4.6　中国乳品出口量变化

数据来源：中国海关。

液态奶出口量为 2.2 万吨，较 2009 年增长了 12.3%；奶粉出口量为 0.6 万吨，较 2009 年减少了 52.2%；酸奶出口量为 0.1 万吨，较 2009 年增长了 41.3%；乳清出口量为 0.05 万吨，较 2009 年增长了 49.3%；奶油出口量为 0.3 万吨，较 2009 年增长了 48.5%；乳酪出口量为 0.02 万吨，较 2009 年增长了 71.2%。

从乳品出口量的分类来看，中国乳品出口的分类也较为集中，2010 年，液态奶出口量为 2.2 万吨，占乳品总出口量的 67%；其次为奶粉，出口量为 0.6 万吨，占乳品总出口量的 19%。液态奶和奶粉出口量占总乳品出口量的 86%。此外，酸奶出口占乳品总出口量的 3%，乳清出口占乳品出口量的 1%；奶油出口占乳品出口量的 9%，乳酪出口占乳品进口量的 1%。

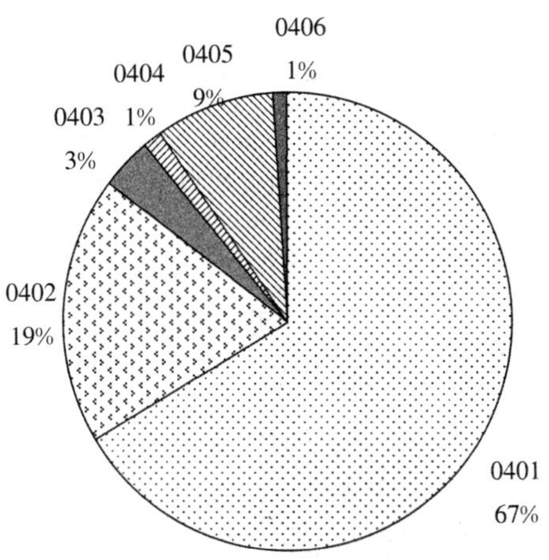

图 4.7　2010 年中国乳品出口量分类情况

4.2.2　出口金额

2010 年，中国乳品总出口额为 0.4 亿美元，较 2009 年减少了 22.6%。其中，液态奶出口额为 0.16 亿美元，较 2009 年增长了 19.9%；奶粉出口额为 0.15 亿美元，较 2009 年减少了 58.1%；酸奶出口额为 0.01 亿美元，较 2009 年增长了 7.9%；乳清出口额为 0.008 亿美元，较 2009 年增长了 146.7%；奶油出口额为 0.1 亿美元，较 2009 年增长了 94.1%；乳酪出口额为 0.01 亿美元，较 2009 年增长了 98.3%。

从乳品出口额的分类来看，与出口量分类较为集中所不同的是，出口金额的分类相对分散。2010 年，液态奶出口额为 0.16 亿美元，占乳品总出口量的 36%；其次为奶粉，出口额为 0.15 亿美元，占乳品总出口额的 35%。液态奶和奶粉出口额占总乳品出口额的 71%。此外，酸奶出口占乳品总出口额的 3%，乳清出口占乳品出口额的 2%；奶油出口占乳品出口额的 22%，乳酪出口占乳品进口量的 2%。

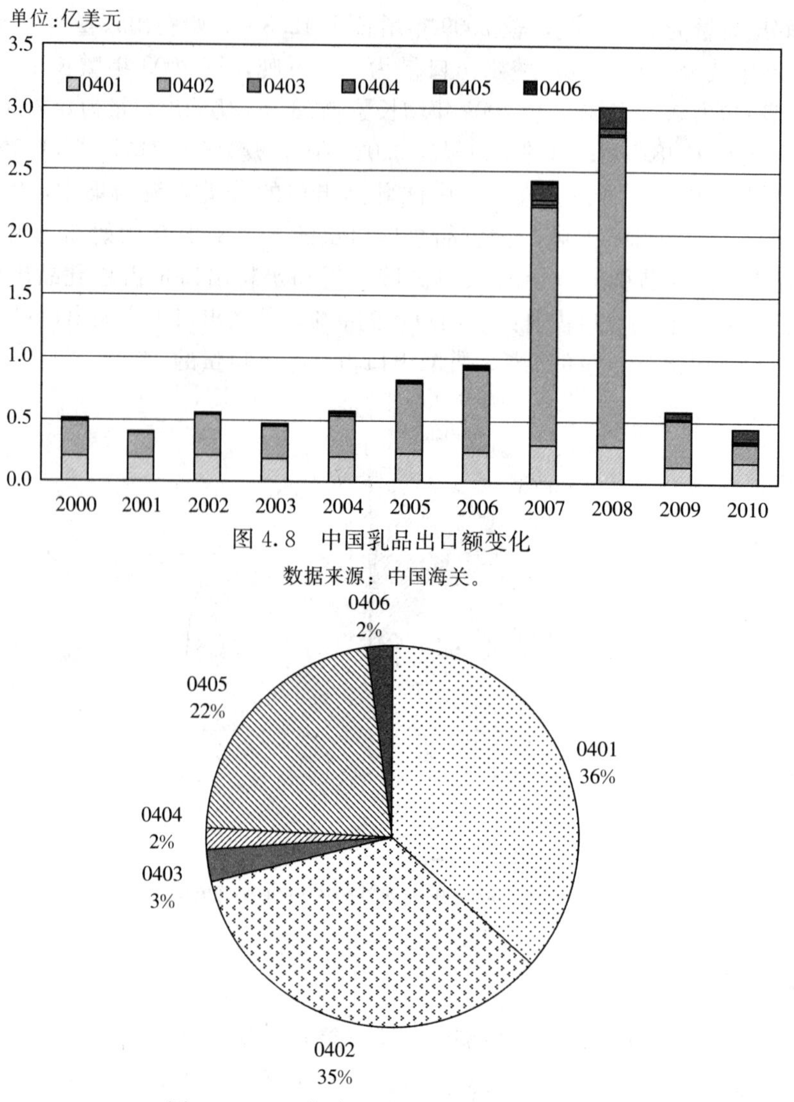

图 4.8　中国乳品出口额变化

数据来源：中国海关。

图 4.9　2010 年中国乳品出口额分类情况

4.3　价格

整体上来看，由于中国乳品进出口贸易的非对称性，乳品进出口价格也存在很大差异。一般来说，乳品进口价格要高于乳品出口价格；同时，在乳品出口中，由于部分产品的贸易量较小，因此其价格波动往往并不具有规律。

4.3.1　液态奶

2010 年，中国液态奶进口平均价格为每吨 1 774 美元，较 2009 年的每吨

1 542 美元上涨了 15%。从具体运行状况来看，2010 年液态奶进口价格在 1～3 月，进口价格从每吨 1 518 美元上涨至 1 891 美元；4～9 月，液态奶进口价格保持相对稳定；10 月进口价格上涨至每吨 2176 美元，11 月以后持续回落。

2010 年，中国液态奶出口平均价格为每吨 711 美元，较 2009 年每吨 666 美元上涨了 6.8%。具体来看，1～8 月，液态奶出口价格小幅上涨，但仍保持相对稳定；9～11 月间，液态奶出口价格从每吨 722 美元上涨至 810 美元，12 月出口价格回落至每吨 735 美元的水平。

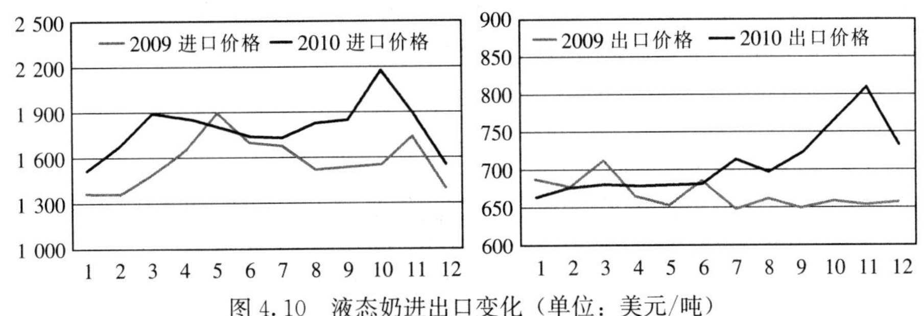

图 4.10　液态奶进出口变化（单位：美元/吨）

4.3.2　奶粉

2010 年，中国奶粉进口平均价格为每吨 3 344 美元，较 2009 年的每吨 2 352美元上涨了 42%。从具体运行状况来看，1～8 月，进口奶粉价格不断上涨，从 1 月的每吨 2 725 美元上涨至 8 月的 3 873 美元，随后持续下降，至 12 月，进口奶粉价格已经回落到每吨 3 313 美元。

2010 年，中国奶粉出口平均价格为每吨 2 390 美元，较 2009 年每吨 2 723 美元下降了 12%。具体来看，一季度，奶粉出口价格有所下降，从 1 月的每吨 2 368 美元下降至 3 月的 1 872 美元，4 月恢复到每吨 2 543 美元，随后出口价格尽管有所波动，但是整体相对较为稳定。

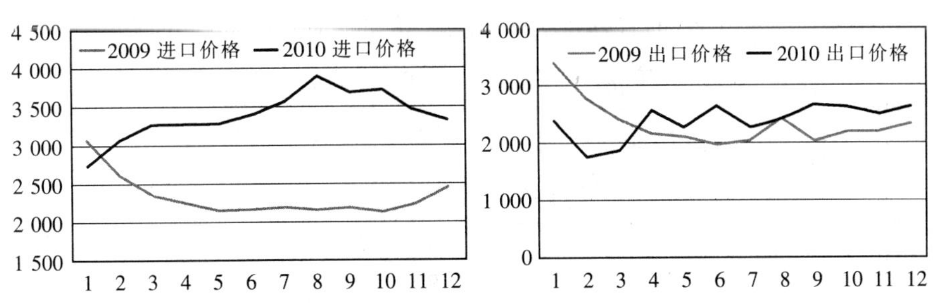

图 4.11　奶粉进出口变化（单位：美元/吨）

4.3.3 酸奶

2010 年，中国酸奶进口平均价格为每吨 3 397 美元，较 2009 年的每吨2 819 美元上涨了 21%。从具体运行状况来看，由于季节性因素 2 月进口价格上涨至每吨 4 420 美元，随后不断震荡下跌；8 月进口价格回落到每吨 2 887 美元；第四季度，酸奶进口价格又有所回升，12 月进口价格为每吨 3 461 美元。

2010 年，中国酸奶出口平均价格为每吨 974 美元，较 2009 年的每吨1 276 美元下跌了 24%。由于酸奶出口贸易量极小，因此出口价格受到季节性因素影响较为明显，除此之外，酸奶出口价格相对较为稳定。

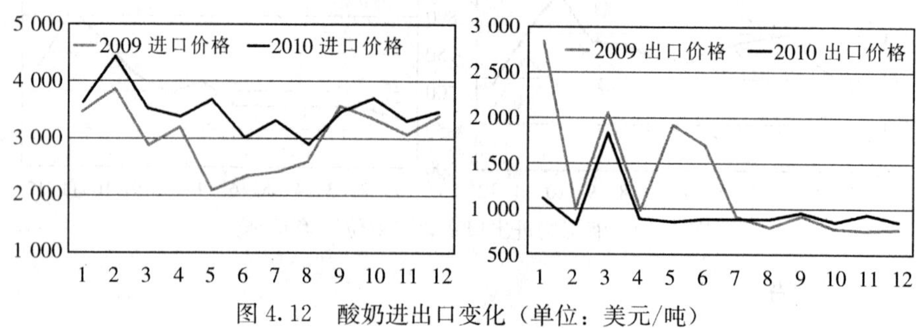

图 4.12　酸奶进出口变化（单位：美元/吨）

4.3.4 乳清

2010 年，中国乳清进口平均价格为每吨 1 304 美元，较 2009 年的每吨 984 美元上涨了 32%。从具体运行状况来看：1～5 月，乳清进口价格保持相对稳定；6～8 月，乳清进口价格所有上涨，从每吨 1 386 美元上涨至 1 485 美元；9 月以后，乳清进口价格逐步回落，11 月进口价格已经回落至每吨 1 137 美元，12 月价格又回升至 1 266 美元。

2010 年，中国乳清出口平均价格为每吨 1 771 美元，较 2009 年的每吨 1 072 美元上涨了 65%，由于乳清贸易额较小，因此其价格在很大程度上不具有可比性。

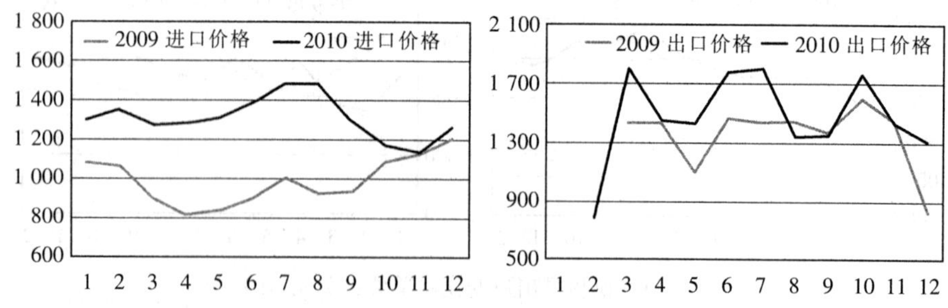

图 4.13　乳清进出口变化（单位：美元/吨）

4.3.5　奶油

2010 年，中国奶油进口平均价格为每吨 3 898 美元，较 2009 年的每吨 2 310美元上涨了 69%。从具体运行状况来看：一季度，奶油进口价格有所上涨，每吨价格从 2 881 美元上涨至 3 918 美元；二季度，奶油价格保持稳定；三季度奶油进口价格进一步上涨，每吨从 4 184 美元上涨至 4 769 美元；四季度进口奶油价格有所回落，12 月进口价格为每吨 4 408 美元。

2010 年，中国奶油出口平均价格为每吨 3 200 美元，较 2009 年的每吨 2 449美元上涨了 31%。具体而言，1～10 月奶油出口价格震荡走高，从 1 月每吨 2 783 美元上涨至 10 月的 4 960 美元，随后便逐步回落，12 月，奶油出口价格为每吨 3 455 美元。

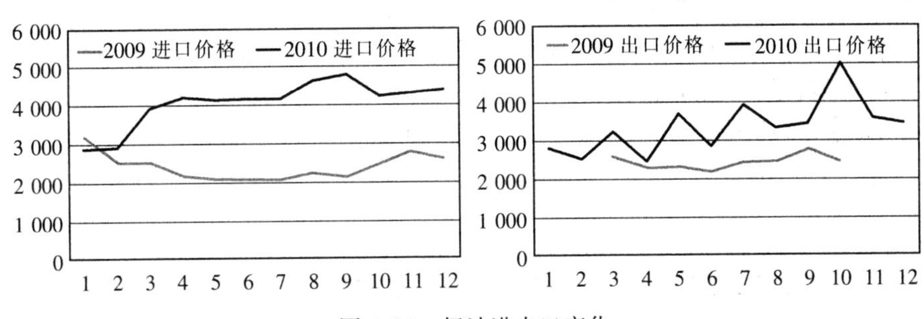

图 4.14　奶油进出口变化

4.3.6　乳酪

2010 年，中国乳酪进口平均价格为每吨 4 600 美元，较 2009 年的每吨 4 113美元上涨了 12%。从具体运行情况看，2010 年乳酪进口价格持续走高，从 1 月的每吨 4 027 美元上涨至 12 月的 4 995 美元。

2010 年，中国乳酪出口平均价格为每吨 4 820 美元，较 2009 年的每吨 4 161美元上涨了 16%。同样地，由于出口贸易规格相对较小，因此其出口价格的月度运行状况并不具备规律性和可比性。

4.4　奶粉进口集中度

一直以来，中国奶粉进口来源国的集中度很高，新西兰、澳大利亚、美国、德国和法国是中国奶粉进口最主要的 5 个来源国，中国进口的奶粉约 95%都是来自上述 5 国。2010 年，来自上述 5 国的进口奶粉总量为 38.62 万吨，占中国奶粉进口总量的 93%。在上述来源国中，最大的来源国为新西兰。

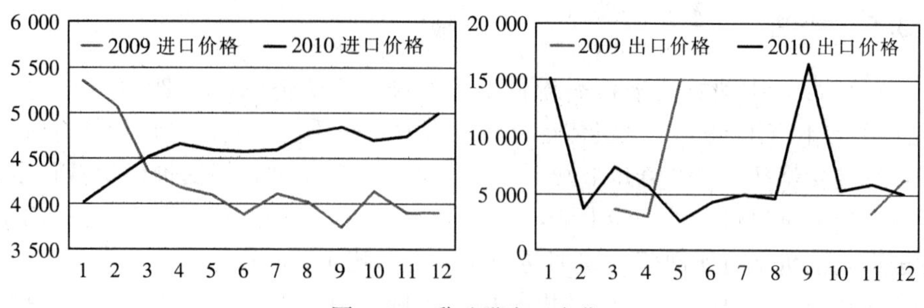

图 4.15　乳酪进出口变化

2010 年，中国从新西兰进口的奶粉总量达到 33.68 万吨，占进口总量的 80%。根据 2005 年以来的数据，中国从新西兰进口奶粉，最少的年份为 2008 年，占总进口量的 50%；其余几年，都在 70%以上。

其原因在于：①从生产和消费结构来看，新西兰是全球最大的全脂奶粉出口国，中国是最大的全脂奶粉进口国，这也是导致中国奶粉进口集中度高的最重要原因；②从贸易关系来看，由于双边自由贸易区的实施，对于从新西兰进口乳品，从 2008 年 10 月 1 日开始逐年降税，这也是促进中国向新西兰进口奶粉的一个因素。

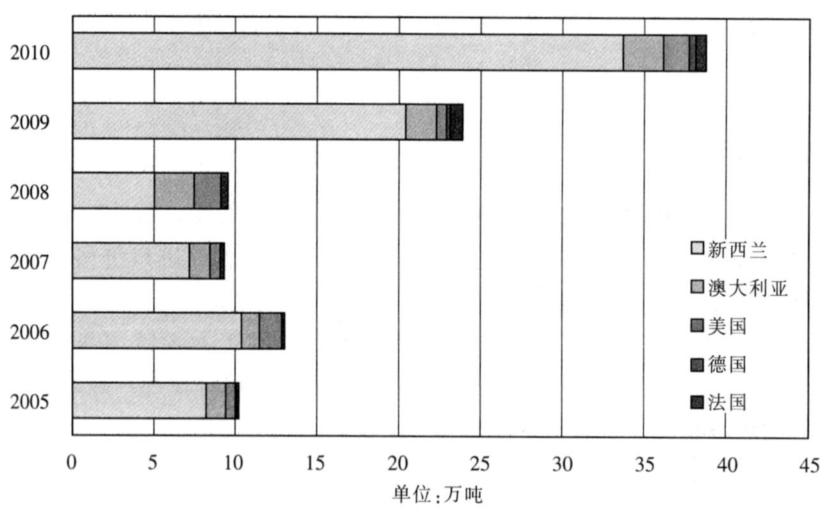

图 4.16　奶粉进口集中度

5　2010 年奶业发展特点、问题及建议

□刘玉满

5.1　2010 年奶牛产业发展特点和问题

总体而言，2010 年我国奶业已进入全面恢复时期，乳品生产和加工均实现了较快增长。乳品进口大幅度增长，增幅远高于 2009 年。但是，乳品质量安全的阴影继续笼罩着乳品市场。

5.1.1　产业发展全面复苏

2010 年中国奶业已经走出由于受“三聚氰胺事件”影响而陷入的低谷，整个行业实现了全面复苏。具体表现在：①乳制品产量实现了两位数增长。1～11 月份全国乳制品产量达 1 953.95 万吨，同比增长 10.55%，其中，液体乳 1 670.13万吨，同比增长 10.08%；干乳制品 283.81 万吨，同比增长 13.44%；②原料奶价格一路走高。2010 年 1 月内蒙古、黑龙江等 10 个主产省份生鲜乳月度平均价格 2.68 元/千克，11 月 10 日内蒙古、河北等 10 个奶牛主产省（区）生鲜乳平均价格已达 3.07 元/千克，部分省市的原料奶价格高达 3.8～4.0 元/千克，预计全年原料奶价格涨幅可能超过 15%；③乳品市场零售价格全面上涨。从年初开始部分企业就开始提价，之后不断有企业跟进。到 10 月份后，乳品消费进入旺季，涨价浪潮更是接连不断。价格涨幅一般在 3%～10%之间；④乳品企业利润总额实现正增长。1～11 月份，规模以上乳品企业实现销售收入 1 725.85亿元，同比增长 18.32%，利润总额达到 89.01 亿元，增长 10.22%。

5.1.2　产品进口远超预期

2010 年的奶业全面复苏主要是由于国内消费市场的恢复性增长拉动了进口需求，这说明“三聚氰胺事件”的消极影响已经渐渐远去，消费者信心不断增强。但是，“三聚氰胺事件”对奶业生产的滞后影响尚未结束，短期内原料奶生产难以恢复到正常水平。另一方面，年内各地爆发的动物疫情也使全年的奶业生产增长速度放缓。换言之，2010 年全国乳品市场需求增长速度快于生产供给增长速度，因此，出现了原料奶市场供给短缺的局面。原料奶的供给短缺直接导致了奶牛、奶粉和苜蓿进口的急剧增长。2010 年 1～11 月份，奶牛

进口 8.63 万头，全年估计将进口 10 万头左右，全年进口总量相当于 2009 年的 2.5 倍；同期，奶粉进口总量也创历史新高，已达 37 万吨，预计全年进口总量可能突破 40 万吨，将比 2009 年增长 60%以上；1—11 月份，苜蓿进口 20.94 万吨，同比增长 224.47%。

5.1.3 食品安全困扰依旧

2010 年奶牛产业发展并不平静，食品安全问题依旧困扰着奶牛产业的健康发展。先是 2010 年初，陕西金桥乳业和上海熊猫乳业被曝售出"三聚氰胺奶粉"；7 月份，甘肃、吉林、青海等地再度被曝部分奶粉三聚氰胺严重超标；8 月份，一则关于"武汉三女婴可能因食用圣元奶粉而性早熟"的网络消息轰动全国，接着江西奉新、山东临沂、广东湛江等地也先后传出婴儿可能因食用圣元奶粉而激素检测超标的消息。就"圣元奶粉事件"，卫生部专门召开了新闻发布会，宣布了 42 份圣元奶粉样本未检出外源性性激素，内源性雌激素和孕激素的检测结果也符合标准。但这些负面消息再次打击了消费者对国产乳制品的消费信心，给国内奶牛产业持续发展蒙上一层阴影。

5.2 2011 年奶牛产业发展趋势分析

2011 年，我国奶牛产业将继续保持良好发展势头，奶牛存栏量和奶类总产量都将继续保持稳定增长。但是，由于原料奶供给仍然存在缺口，乳品进口、特别是奶粉进口将继续增长，而且进口总量将会创历史新高。奶牛产业发展面临的主要问题，在短期内很难克服，将继续影响我国奶业整体水平的提高。

5.2.1 原料奶产量将实现平稳较快增长

2011 年，消费者信心将进一步增强，国内市场对乳品需求将进一步增长。乳品市场供给短缺情况将有所缓解，但是，供不应求的基本格局不会改变，因此，生鲜奶价格仍将在高位上运行。与此同时，各级政府对奶业的扶持力度将继续加大，这些扶持政策仍将集中在奶牛饲养小区的改扩建、生鲜乳收购站的升级改造和生鲜乳的质量安全控制、奶牛良种补贴、农机具补贴等几个方面。由于市场需求的拉动和利好政策的推动，奶牛存栏头数将进一步增长，原料奶产量将实现平稳较快增长。高端液态奶的市场份额将继续扩大，并将成为拉动乳品市场增长的一大亮点。由于生产高端液态奶可以获得超额利润，在巨大经济利益驱动下，品牌企业建设规模化牧场，打造自己的奶源基地的热情将继续高涨，以便为高端液态奶生产提供更多优质奶源。

5.2.2　乳品进口将继续放量增长

2011年，中国奶业发展将受到国内宏观经济走势、人民币汇率变化、生产成本和价格以及乳品质量安全等主要因素影响。①国内乳品市场需求将持续走高。国家发改委已经把2011年的国内生产总值（GDP）增长目标设定在8%左右，国民经济的高速增长必然会拉动居民的乳品消费随之上升。然而，国内原料奶的市场供给能力有限，乳品供给仍存缺口。②人民币汇率将继续坚挺。由于美国、欧盟等发达国家在经历国际金融危机后的经济复苏缓慢，这就决定了2011年人民币对主要发达国家货币的汇率将继续保持升值态势。受其影响，乳品进口将变得相对便宜，因此，国内乳品企业有增加进口的经济动力。③国内乳品生产成本将继续上升。由于饲料、资本、劳动力等要素价格将继续上升，原料奶和乳制品的生产成本将继续走高。在国内生产成本不断上升的压力之下，进口乳品将显得更加便宜。④乳品质量安全问题仍将影响消费者信心。由于管理体制和机制等方面存在问题，国产乳品的质量安全问题仍将是影响国内消费者购买行为的主要因素，进而给洋奶粉留下足够的市场竞争空间。由于受以上四大因素影响，2011年全国奶粉进口总量将超过2010年的水平，并有可能逼近或超过50万吨大关。

5.2.3　产业发展面临的主要问题难获突破

我国的奶牛产业正处于转型阶段，发展中面临诸多问题，这些问题可归结为体制性问题、政策性问题和技术问题。体制性问题具体表现在：①产业化经营模式先天不足，“企业＋奶站＋农户”三足鼎立的经营模式难以形成经济上的良性互动；②加工行业合理的区域化布局尚未形成，企业间恶性竞争难以避免；③加工产能过剩，乳品质量安全隐患难依然在。政策性问题具体表现在：①“良种”补贴与“良法”补贴间的政策失衡；②“硬件”扶持与“软件”扶持间的政策失衡；③“制度建设”与“组织建设”间的政策失衡。技术性问题具体表现在：①相关技术需改进，包括奶牛场经营管理技术、奶牛营养代谢病预防与控制技术、奶牛场两病净化技术以及牛场粪污处理、氮磷以及温室气体（甲烷）的减排技术；②奶牛品种利用过于单一，乳肉兼用品种以及奶水牛和奶山羊待发展；③种草养牛需鼓励，种养结合模式待推广。我国奶业发展所面临的三大难题很难在2011年取得实质性突破，破解难题需待时日。

5.3　2011年奶牛产业发展建议

奶牛养殖综合生产力水平低是我国与发达国家之间存在的主要差距。因此，2011 年我们应该把主要精力和资源放在发展奶牛高效养殖方面，实现奶牛高效养殖是发展现代奶业的关键措施。

5.3.1 为奶牛高效养殖提供优质青粗饲料

2010 年我国奶业的发展得益于各级政府出台的一系列扶持奶业发展政策，这些政策对乳品市场的恢复起到了至关重要的作用。但是，到目前为止，这些政策仅局限于良种补贴、设备补贴及饲养小区的改建、扩建等“硬件”扶持。然而，从技术层面上看，我国奶牛产业面临的主要问题之一就是优质青粗饲料不足，特别是优质玉米青贮和牧草严重不足。2011 年，我们应借鉴发达国家的经验，处理好奶牛养殖业与种植业之间的关系，应出台相应的配套政策，在扶持规模化养殖的同时，鼓励和扶持“种养结合”型的产业发展新模式。①把奶业纳入国家粮食安全体系，保证种植全株玉米青贮和优质牧草的农民能够如同种粮农民一样享受国家各项同等优惠政策；②为奶牛养殖协调配套土地，为种草养牛提供足够的土地资源，各级土地管理部门应发挥积极作用；③在有条件的地方，扶持发展全株玉米青贮和优质牧草生产专业合作社，在奶牛养殖密集区尤其应加大对这类合作社的扶持力度，让种植专业合作社为奶牛养殖小区提供服务。

5.3.2 为奶牛高效养殖提供技术支撑

奶牛养殖本身属于技术密集型的行业，奶牛的高效养殖更是需要科学技术做后盾。这些技术包括动物繁育、饲料营养、疫病控制、成本控制等关键技术。①重视选种选配。牛群的遗传基础对养殖效益具有基础性的决定作用，只有具有高产基因的个体才能表现出高产性能。因此，各级政府应鼓励生产者购买优质冻精。不仅如此，在使用优质冻精时，还要注意选配问题。②重视饲料营养。为了实现高效养殖，应保证牛群的营养供应。在有条件的地方，应鼓励生产者做全株玉米青贮，饲喂紫花苜蓿，采用全混日粮，保证奶牛营养均衡。只有均衡的营养，才能保证牛群的持续高产。③重视牛场防疫。疫病控制是规模化牛场的头等大事，疫病风险是规模化牛场面临的最大风险。做好牛场疫病控制工作的关键措施就是防止把病牛牛场引进牛场，同时做好防疫免疫工作。④重视实行成本控制，重点做好两件事：一是控制固定资产投入，二是青粗饲料尽量本地化。

5.3.3 为奶牛高效养殖培育现代农民

奶牛高效养殖需要多方面的技术知识和管理经验，需要一个能够把育种技术、营养技术、防疫技术以及成本控制技术进行有效集成的现代农民。所谓

“现代农民”就是“有文化、懂技术、会经营”，能够胜任发展现代奶业这一时代重任的职业化农民。但是，当前我国绝大多数从事奶牛养殖的农民仍属于传统农民，他们由于缺乏相应的科学技术和管理经验，致使劳动生产率非常低下。因此，在转型过程中，如何把传统农民培育成现代农民，是发展现代奶业所面临的一个重大课题。我国奶业正处于由传统散养向规模化养殖过渡的转型时期，规模化养殖只有与现代农民有机结合才能实现高效养殖。因此，我国奶牛养殖环节的现代化需要培育大批的现代农民。培育现代农民需要大量资源投入，为大批的传统农民提供“教育”和“培训”。“教育”应该包括文化教育和职业教育。文化教育是基础教育，是针对整个农民群体的，其目的是为了提高农民的文化素质。职业教育是专业知识教育，是针对农民中的不同群体的，其目的是为了培育职业化农民。“培训”主要是专业技能和新技术培训，包括机械操作、设备维修、饲料配方、疫病控制、成本控制，等等。各级政府应把培育现代农民作为长期扶持奶牛产业发展的一个战略性目标。

6 2010 年奶业技术研究进展

□ 李胜利等

6.1 国际奶牛产业技术研发进展

6.1.1 奶牛全基因组选择技术研究

2010 年，奶牛育种领域中最大的热点是全基因组选择技术的应用。北美的全基因组选择参考群体约有 5 万余头奶牛个体的基因组数据信息（包括约 1.2 万头验证公牛和近 4 万头母牛）。欧洲的法国、德国、荷兰和北欧合作建立了欧洲奶牛全基因组选择参考群体数据库（Euro - Genomics）（1.6 万头左右验证公牛）。全基因组选择技术可以对后备种公牛进行早期选择，提高选择准确性和选择强度，降低后裔测定规模和数量，提高育种和选择效率。但就目前情况看，全基因组选择技术还存在一些问题，主要是选择的可靠性相对较低，只有 70%左右。随着研究的深入，全基因组选择技术在奶牛遗传评定中将会起到更重要的作用。另外，对种公牛携带一些隐性有害基因（如 CVM、BLAD、DUMP）的分子检测技术已经广泛应用于种公牛的选择和奶牛育种中，大大降低了种公牛携带和扩散隐性有害基因的可能性，降低了育种风险。

6.1.2 奶牛育种目标和选择指数的改变

在现代奶牛育种中，各国的育种目标和使用的选择指数也不断调整。美国和加拿大通常每 5 年调整一次。近几年奶牛育种目标中，除生产性状和体型性状外，对一些功能性状和健康性状给予了更多关注，奶牛育种更加强调平衡育种理念，世界各国育种者更加关注与奶牛群生产寿命密切相关的有效体型性状，以及与产品质量相关的体细胞数（SCC）性状。SCC、产犊难易（CE）、泌乳速度（Milking Speed）、生产寿命（Herd-life）等性状在综合选择指数中的权重都有所增加。有关功能性状、繁殖性状和健康性状的遗传研究也越来越多，值得我们注意。

6.1.3 XY 精子分离技术研究与推广应用

XY 精子分离和性别控制技术一直是奶牛繁殖技术的研究热点，美国 XY 公司的 XY 精子分离技术不断成熟，在全世界许多奶牛育种公司得到应用，包括美国 ABS 公司、环球公司（WWS）、加拿大 SEMEX 公司、ALTA 遗传公司、荷兰 HG 公司、丹麦 DANSIRE 公司等等。目前美国 XY 公司独家制造的 SX-MoFlo 精子分离机的分离速度可以达到 4 000～6 000 个/秒有效 X 或 Y 精子，每支性控冻精含有分离精子 200～230 万个/0.25mL，产犊的性控准确率在 90%以上，每台精子分离机的性控冻精年生产量为 3 万～4 万支，但由于生产成本比较高，分离后精液的受胎率相对较低，在推广应用方面还受到一定限制。

6.1.4　犊牛与后备牛饲养管理标准研究

美国犊牛与后备牛协会公布了荷斯坦牛 Gold Standard Ⅰ（出生至 6 月龄）和Ⅱ（6 月龄至初产前），分别从发病率、死亡率、生长率与营养、畜舍设计、疫苗与寄生虫控制、配种标准和怀孕牛管理等方面建立了推荐标准，指导奶农进行犊牛与后备牛饲养与管理。该协会正着手建立其他奶牛品种犊牛与后备牛饲养管理推荐标准。

6.1.5　碳水化合物营养研究

Ranathunga（2010）的试验结果表明，干酒糟及其可溶物（DDGS）的饲粮纤维可部分替代奶牛日粮中的（玉米）淀粉而不影响奶产量和乳成分。从经济角度考虑，用 DDGS 和大豆皮可作为能量饲料来部分替代玉米，以节约成本。Gencoglu 等（2010）研究在低淀粉日粮（RS－）、正常淀粉（NS－）和低淀粉日粮添加外源淀粉酶（RS＋）对高产奶牛泌乳性能的影响，结果表明低淀粉日粮添加淀粉酶能提高日粮转化率，提高经济效益。

Roche 等（2010）通过改变围产期奶牛日粮中结构性碳水化合物（SC）与非纤维性碳水化合物（NFC）比例，研究对泌乳和激素代谢的影响。结果表明产前改变 SC/NFC 比例并不会改变奶牛代谢，但是产后改变比例会影响瘤胃发酵、糖异生和乳成分含量。

6.1.6　赖氨酸和蛋氨酸互作效应研究及蛋白质需要量研究

Swanepoel 等（2010）用“Amino cow”、“CPM Dairy”、“Shield”三种模式来判断奶牛的限制性氨基酸，结果表明，甲硫氨酸、异亮氨酸和赖氨酸是主要限制性氨基酸，“Shield”模式表现出赖氨酸和蛋氨酸之间有较紧密的相互作用，并且与生产性能有较高的相关性。Wang 等（2010）研究发现添加赖氨酸或蛋氨酸明显提高了血液中赖氨酸和蛋氨酸浓度，可见赖氨酸和蛋氨酸同时添加具有协同效应。

Ghelich Khan 等（2010）给初产奶牛饲喂高粗蛋白（20.3%、21.8%、24.4%）日粮，结果发现，随日粮 CP 水平的增加，DMI 显著增加（17.53、

18.02、20.58 kg/d，P ＜ 0.05）；产奶量有增加的趋势（35.98、36.87、42.27 kg/d，P ＝ 0.11）；乳脂率显著降低（4.65%、4.51%、3.86%，P ＜ 0.01）。Broderick 等（2010）在不同 CP 水平（12.9%、15.8%、18.2%、20.2%，DM）的日粮中添加蛋氨酸，结果表明，CP 为 15.8%或以上时，产奶量不再增加。

6.1.7 瘤胃能氮平衡研究

See 等（2010）用三种不同能氮同步指数日粮饲喂 3 头瘘管奶牛，结果表明高同步指数日粮提高了荷斯坦奶牛微生物蛋白质合成量，减少了总氮排出量。Berthiaume（2010）比较苜蓿草中非结构性碳水化合物（NSC）含量差异对瘤胃发酵和微生物蛋白合成的影响。结果表明苜蓿草中增加 NSC 含量促进了葡萄糖发酵并加强了瘤胃中微生物氮的合成。

6.1.8 脂肪（脂肪酸）对奶牛生产性能和繁殖性能的影响

Kazama（2010）指出瘤胃中灌注亚麻油或者亚麻壳降低了 4%标准乳产量和消化率，但乳中有益脂肪酸的浓度增加。Zachut（2010）研究发现，饲喂围产期奶牛 C18：3n－3 可增加干物质采食量和产奶量、降低乳脂率、改善能量平衡。但乳脂中 C18：3n－3 富集程度受限，与乳脂产量和产奶量呈负相关。十二指肠灌注富含 a-亚麻酸的游离脂肪酸提高乳脂含量，并且显著改变乳脂组成（Khas－Erdene，2010）。

Zachut（2010）指出日粮中 n－3 脂肪酸浓度影响卵泡大小，增加卵细胞的卵裂速率，影响血液和卵巢的脂肪酸组成。Tyagi（2010）研究表明添加 2.5%过瘤胃脂肪可以提高产奶量，缩短子宫复旧时间，降低人工授精引起的子宫炎和胎盘滞留的发病率。奶牛日粮中添加共轭亚油酸（CLA）可以缩短空怀期（Medeiros 等，2010）。

6.1.9 瘤胃微生物多态性研究

Popova（2010）改进了提取瘤胃食糜高质量 DNA 和 RNA 的技术程序。Kong（2010）采用寡核苷酸探针荧光定量杂交技术分析了瘤胃食糜液相和固相的微生物群落变化。Callaway（2010）采用细菌标签编码 FLX 扩增焦磷酸测序法研究了饲喂不同水平干酒糟及其可溶物的牛瘤胃和粪便中细菌多态性。Witzig（2010）用体外法研究了不同玉米青贮和干草青贮比及日粮饲料颗粒对反刍动物瘤胃壁菌群和普雷沃杆菌的菌群结构变化影响。Hernandez－Sanabria（2010）采用体外培养法分析了和牛瘤胃发酵参数及饲料转化效率有关的特定细菌的 PCR-变性梯度凝胶电泳图谱的相关性。Frey（2010）对泌乳奶牛瘤胃，十二指肠，回肠和粪便中微生物群落进行了比较研究。

6.1.10　建立生鲜乳质量安全风险评估体系

欧盟委员会建立了在欧盟框架内的食品与饲料快速预警系统（RASFF），使成员国在人类健康风险发生或存在潜在风险时互通消息，快速预警，以便采取相应的统一行动。新西兰的生鲜乳风险评估机构，每年对牧场的生鲜乳生产过程及生鲜乳的质量安全进行评估；德国联邦风险评估所负责对德国及欧盟地区的生鲜乳质量安全进行评估，不仅可以提前预测危害的发生，减少经济损失，保障消费者的健康，也可为政府管理部门制定政策和标准提供支持。

6.1.11　奶牛三聚氰胺代谢研究

继中国“三鹿奶粉事件”后，世界各国充分重视污染奶粉的三聚氰胺等物质。针对高剂量三聚氰胺在奶牛体内代谢残留及向生鲜牛乳中转移的规律开展了研究，取得了初步进展。给泌乳奶牛饲喂低剂量三聚氰胺的试验结果表明，来自饲料的三聚氰胺可在奶牛体内沉积，且肾脏中沉积量最多；同时，奶牛肝、肾及膀胱中三聚氰酸残留量高于其他组织，说明微量三聚氰酸残留可能来源于三聚氰胺在瘤胃的降解。

6.1.12　家畜温室气体排放量研究

联合国食品与农业组织（FAO）报告（2006）显示，温室气体排放量的18%来自家畜，甚至比运输所占比例还要高。美国加州大学戴维斯分校学者对此报告提出了质疑，其主要内容是FAO（Livestock's Long Shadow，2006）作者没有真正理解温室气体排放量计算方法，而且不同地区、不同国家来自于家畜和运输温室气体排放量存在较大差异。如美国2009年运输和电力温室气体排放量分别占26%和31%，而家畜排放量只占到3%左右；巴拉圭却由于运输和电力等行业不发达，畜牧成为其主要产业，导致其温室气体排放量占到50%以上。目前，FAO已经承认计算错误，并将重新按照地区和畜种进行计算，报告原作者已着手重新起草相关报告。

6.1.13　乳制品研究

2010年国际液态奶的研究集中于健康、活力和保健方面。主要是通过添加CLA、多不饱和脂肪酸（PUFA）、免疫蛋白、乳铁蛋白、脂肪球膜蛋白、乳寡糖和糖蛋白等具有保健功能的功能性乳品的开发。

配方奶粉方面，主要是婴儿配方奶粉营养成分的适应性研究，母乳化已经不完全是婴儿配方奶粉追求的主要目标，而是根据婴儿营养需求的特点针对性的设计适宜的配方。例如针对早产、低体重、过敏体质婴儿等开发专用配方奶粉，其次是针对乳基配料的应用开发专用奶粉，例如巧克力专用奶粉、冰淇淋专用奶粉、酸奶专用奶粉等。

奶酪生产方面，原料乳的膜过滤杀菌技术和超滤技术被广泛使用，膜过滤杀菌既保留了原料乳蛋白的营养成分又实现了有效除菌，超滤能够使奶中的蛋白和脂肪浓缩，而乳糖浓度不变。牛凝乳酶的产量不足是长期抑制干酪大规模生产的因素之一，研究表明，糯米酒凝乳酶是牛凝乳酶的良好替代物并有利于干酪的快速成熟。

6.2 国内奶牛产业技术研发进展

6.2.1 奶牛生产性能测定（DHI）

2010年农业部继续推进实施“中国奶牛群体遗传改良计划（2008—2020）”，在全国22个DHI测定中心继续实施生产性能测定项目，国家财政共安排2000万元补贴资金支持生产性能测定和推广工作。至2010年底，共有955个奶牛养殖场（小区）的35.84万头成年牛参加了生产性能测定，参测的荷斯坦奶牛平均胎次产奶量6 999.75千克，乳脂率3.67%，乳蛋白率3.23%，体细胞数46.65万个/mL，产奶量较2009年提高了106千克。

6.2.2 种公牛联合后裔测定

2010年中国奶业协会组织了第43批和第44批全国青年公牛联合后裔测定工作，共测定青年公牛134头。同时，黑龙江省家畜繁育指导站、河北省种公牛站、山东奥克斯种公牛站、宁夏家畜繁育中心、山西省种公牛站5家种公牛站成立了后裔测定北方联盟，合作进行青年公牛后裔测定工作，为推动全国公牛后裔测定起到重要作用。截至2010年，全国累计参加后裔测定的公牛已经达到1 341头，有生产性能测定记录的女儿总数达到240 070头，平均每头公牛女儿数为312头，育种值估计的可靠性显著提高。根据良种补贴项目需要，2010年重新修订了“中国奶牛性能指数（CPI）”，包括了生产性状、体型性状和体细胞性状等7个性状，并使用全国DHI测定数据库进行了种公牛的遗传评定。

6.2.3 奶牛全基因组选择技术研究

奶牛全基因组选择技术是目前奶牛育种中最受关注的研究课题，2010年中国农业大学动物科技学院在奶牛全基因组选择技术研究方面取得显著进展，目前已经在北京地区收集和测定了2 200多个奶牛个体有关性状的表型数据信息，主要包括产奶量、乳脂率、乳脂量、乳蛋白率、乳蛋白量、体细胞数等六个性状，利用50K的SNP芯片测定了每个个体的SNP基因型，并进行了SNP效应值估计，初步建立了全基因组选择参考群体数据库和选择技术平台。下一步将进一步扩大参考群体的数量，达到5 000头个体以上，并增加收集奶牛相关体型性状和繁殖性状，进一步完善中国荷斯坦牛全基因组选择技术平台，争取在2012年种公牛遗传评定中应用。

6.2.4 XY精子分离与奶牛性别控制技术研究

2010年全国使用的XY分离的性控冷冻精液约40万～50万剂，性控冷冻精液产母犊率可达到90％以上，推广效果良好，很受奶牛养殖者的欢迎。特别是2010年，内蒙古赛科星繁育生物技术公司在引进美国XY公司分离机的基础上，重点进行XY精子分离技术流程、异种精子辅助受精、改善精子活力和存活时间等关键技术研发，建立了奶牛性控冻精生产新技术，显著提高性控冻精的生产效率以及性控冻精受胎率，通过特定的原精分离前处理方法和生产技术流程，使种公牛精液的分离利用率由30％提高到90％以上，解决了使用XY精子分离技术的种公牛利用率低的技术难题，大幅度降低了生产成本，实现了奶牛性控冷冻精液的产业化应用。

6.2.5 饲料营养价值评定与营养数据库建设

2010年，我国奶牛营养专家围绕奶牛营养数据库的建设开展了大量关于饲料营养价值评定的研究工作。系统的测定包括苜蓿干草、羊草、玉米青贮、麦秸和稻秸等奶牛饲料原料的常规成分、瘤胃降解率、小肠消化率等参数，评定饲料样品160余个，获得了大量的基础数据。李胜利（2010）系统的分析了我国苜蓿主产地不同收割期（现蕾期、初花期、开花期、盛花期）的苜蓿干草以及美国进口苜蓿干草和我国华北地区全株玉米青贮的养分含量及瘤胃降解率参数。李建国（2010）建立了奶牛主要饲料的小肠蛋白质消化率数据库。王中华（2010）提出了根据饲料常规养分含量估测产奶净能和小肠可消化蛋白质含量的方法，并开发出相应的饲料配方软件。张永根和曲永利等利用康奈尔净碳水化合物—蛋白质体系（CNCPS）评定东北地区40多种奶牛主要饲料原料的营养价值，并应用CNCPS模型测定或计算了各种饲料的生物学效价如净能、降解率和小肠可消化粗蛋白等。高民（2010）应用卢德勋教授提出的粗饲料分级指数建立、补充和完善了内蒙古地区651种奶牛常用粗饲料GI数据库，并系统研究了粗饲料品质的综合评定方法。这些基础数据对我国奶牛饲养标准的补充和完善有重要意义，为提高全国奶牛生产水平打下了坚实的基础。

6.2.6 饲料颗粒度评定研究

奶牛全混合日粮（TMR）的颗粒度与奶牛的产奶性能和健康状况密切相关。长期以来，我国规模牛场大多使用美国宾州筛，由于中国和美国奶牛日粮组成的差异，其筛分标准不适合中国的日粮。李胜利（2010）通过两种饲料颗粒分级筛（中国农业大学便携式颗粒度分级筛（BX－4）和美国宾州颗粒度分级筛（PSPS））对北京地区 11 个规模化奶牛场的 TMR 和玉米青贮进行筛分试验。结果表明，在粗饲料质量较差以及青贮铡切较长的情况下，我国牧场不能照搬美国宾州筛的 TMR 标准，而应根据我国的粗饲料实际情况，制订适合于中国饲料资源条件的青贮与不同生长和泌乳阶段奶牛的 TMR 分级标准。

6.2.7 奶牛日粮磷需要量研究

张晓明（2010）对全国 13 个省（自治区、直辖市）的 276 个牛场的奶牛日粮磷水平进行了调研，调查包含我国大部分奶业优势区域。统计结果表明，泌乳牛日粮磷水平有 83％超过 NRC 标准，1.7％超过我国国标，青年牛日粮磷水平有 73.9％超过 NRC 标准，3.6％超过我国国标。

李胜利利用 3 年时间（2008—2010）在北京三元综合试验站采用 3 个磷水平，分别为 0.35％、0.50％、0.65％（干物质基础）和刘建新（2010）在南方牛场采用 3 个磷水平 0.37％、0.47％和 0.57％（干物质基础）进行了饲养试验，得出了相似的结论，日粮中 0.35％的磷水平可以满足日产奶 25～30 千克的奶牛的生产需要，0.37％的磷水平可满足后备母牛对磷的需要。以上调研和试验结果表明目前我国奶牛日粮中的磷水平普遍高于需要量约 0.2 个百分点。

6.2.8 胆碱、维生素、氨基酸包被技术及需要量研究

研究建立了胆碱、烟酰胺、生物素、赖氨酸和蛋氨酸过瘤胃保护技术，过瘤胃产品逐步得到推广。包被胆碱、蛋氨酸、赖氨酸的过瘤胃率分别达到 61％、73％和 85％以上；包被蛋氨酸过瘤胃后释放率为 93.33％～95.00％，包被效果良好。

在泌乳早期奶牛日粮中添加包被胆碱，可使产奶量提高 2.40～3.72 千克/天，饲料转化率（奶料比）提高 9.22％～12.77％；在围产期奶牛日粮中添加，使产后 30 天产奶量显著提高 15.95％以上，日产奶量提高 4.68 千克。研究结果表明，围产期奶牛和泌乳早期奶牛日粮中过瘤胃胆碱的适宜添加量为 45 克/天和 40～60 克/天。王中华（2010）的研究结果表明，围产期奶牛烟酰胺、胆碱、生物素营养需要推荐量分别为每头每天补饲：6 克/天，50 克/天和

20 毫克/天；日产奶量 20～25 千克泌乳中期奶牛日粮赖氨酸从 0.45%提高到 0.58%，日粮粗蛋白可从 14.1%降低到 12.6%。

6.2.9　奶牛碳减排技术研究

王中华等（2010）通过试验研究建立了一种简便、可行的测定奶牛甲烷排放量的方法，即 SF6 示踪法，这种方法测定的甲烷产量与用呼吸测热室测定的结果没有显著性差异。另外，还开展了瘤胃调控及甲烷减排措施研究，如在奶牛日粮中添加莫能菌素、缩合单宁、海南霉素、刺蒺藜皂苷以及蒸汽压片玉米的使用等，这些研究具有显著的经济效益、社会效益和生态效益。

6.2.10　氨基酸及小肽的调控作用

周玉香等（2010）研究显示，颈静脉灌注中等水平丙氨酰谷氨酰胺（Ala-Gln）（每千克体重 0.68 克/天），连续灌注 7 天，可有效提高早期断奶犊牛骨骼肌蛋白质水平，空肠黏膜 DNA 含量以及骨骼肌和空肠黏膜 RNA 含量均显著增高，但对 Gln 需要量有一定的限度，过量补充只能造成 Gln 的分解代谢。赖氨酸在 0.8～1.6 mmol/L、蛋氨酸在 0.4～0.8 mmol/L 浓度范围内对体外培养的奶牛乳腺上皮细胞增殖的促进作用最明显，且在 48 小时时增殖作用最强（李喜艳等，2010）。

6.2.11　瘤胃微生物基因组研究及瘤胃微生物多样性研究

赵圣国等（2010）测定了功能酶克隆菌的 BAC 末端序列，并利用 NCBI Blast 系统对 BAC 末端序列进行分析。结果表明，大部分 BAC 末端序列与阪崎肠杆菌和环境中的微生物匹配度高，说明瘤胃中的微生物与其他环境中的微生物具有一定的相似性。胡盼（2010）分离、筛选出 2 株瘤胃厌氧菌，通过细菌形态学观察、生化试验结果和细菌 16S rRNA 基因序列的同源性分析，确定所分离的 2 株菌均为 Actinomyces ruminicola 菌株，并对其产酸能力和瘤胃体外发酵特性进行了研究。

6.2.12　奶牛疫病防控关键技术研究

东北农业大学王君伟教授在疫病防控技术研究方面取得重要进展，研制出了 4 种检测布病血清抗体的 ELISA 试剂盒和一种检测奶样的 ELISA 试剂盒，建立了与国际兽医组织（OIE）接轨的更加准确的布鲁氏菌病的大群跟踪和牛群鉴别技术，同时可以识别自然感染牛和疫苗免疫牛。在奶牛口蹄疫检测方面，建立了鉴别口蹄疫自然感染和疫苗免疫的口蹄疫病毒非结构蛋白表位肽 ELISA 试剂盒，并通过奶牛口蹄疫综合防控技术规范的实践，推荐规模化奶牛场免疫方案为每年 3～4 次免疫，使奶牛群体常年保持较高的免疫抗体水平（大于 80%）。

另外，还制订了《布鲁氏菌病监测技术规范》、《结核病监测技术规范》、我国东北地区规模化奶牛场口蹄疫综合防控技术规范、两种符合 OIE 标准的布鲁氏菌病 ELISA 试剂盒应用技术规范。这些方法的建立和规范的制订为我国大规模净化牛群提供了科学的方法和手段。

6.2.13 生鲜乳质量安全隐患指标检测技术研究

王加启等（2010）研究开发了生鲜乳皮革水解蛋白、麦芽糊精、过氧化氢、甲醛、硫氰酸根等 5 项指标的检测方法，形成了国家标准文本，并在农业部组织的对奶业重点生产地区安全隐患监测任务中作为标准方法应用。开发了生鲜乳中三聚氰胺的现场快速检测方法，可定性、定量检测牛奶样品中三聚氰胺的含量。另外，建立了生鲜乳及乳制品中的功能性成分乳铁蛋白含量的测定方法。

6.2.14 乳酸菌资源库的建立

在内蒙古农业大学张和平教授的领导下建成了国内最大的乳酸菌资源库，分离收集、分离鉴定的乳酸菌总计达 3388 株，同时益生菌 L. casei Zhang 的发酵剂和发酵乳制品实现了产业化，打破了国外的垄断局面。

6.2.15 功能性乳制品研发

2010 年开展了大量功能性乳品研发试验，如在牛奶中添加中草药产品（蜂花粉、枸杞提取物、红枣提取物、番茄红素、植物甾醇、阿胶等）；谷物与牛奶有机结合开发的代餐食品，如“黑牛奶（黑米＋牛奶）”、五谷牛奶等产品。

根据母乳的氨基酸模式和脂肪酸的结构组成，开发出结构油脂，高 α-乳白蛋白含量乳清蛋白等新的配料，生产出新一代的婴儿配方奶粉；应用水解乳清蛋白等配料开发低致敏性、易消化吸收的婴儿配方奶粉，并且部分研究机构和企业开始着手针对早产儿、低体重和过敏体质婴儿开发专供婴儿配方奶粉。

7　2011 年奶业经济展望

□ 胡冰川

7.1　宏观背景

2010 年，全球农产品价格在上半年小幅回落之后，下半年大幅上涨，并在年末逼近 2008 年 6 月的 20 年价格记录；2011 年 1 月更是全面突破了 2008 年 6 月记录水平。其主要原因可以归结为：①全球农产品市场供求偏紧，主要粮食的消费不断增长，库存消费比有所下降；②美元贬值使得以美元计价的产品价格上涨；③美国采取第二轮量化宽松货币政策提高了全球通货膨胀预期，使得大宗产品价格加快上涨。

7.1.1　全球食品价格

2010 年，全球粮食价格平均指数为 182.6，较 2009 年的 173.7 的水平上涨了 5%；而从月度运行上看，2010 年上半年全球粮食价格持续下跌，指数从 1 月的 170.3 下跌到 6 月 151.2，但是下半年却大幅反弹，12 月价格指数已经上涨到 237.8，较 2009 年同期上涨了 39%。2010 年，全球食用油价格也呈现出大幅上涨的势态，全年平均指数为 193，较 2009 年的 150 的水平上涨了 29%；同期，全球食糖价格指数也突破 2009 年的 257.3 历史记录，达到 302，价格水平上涨了 17%，其月度运行状况与粮食较为类似，在 2010 年上半年快速下跌，下半年大幅反弹。

图 7.1　全球食品价格指数

数据来源：FAO；其中，2002—2004 年平均指数为 100。

2010年，全球肉类价格不断上涨，其价格指数从2009年的132.9上涨到152.1，上涨了14%；同期乳品价格指数也从141.6上涨到200.4，上涨了42%；水产品价格[①]指数从159.3上涨到198.9，上涨了25%。

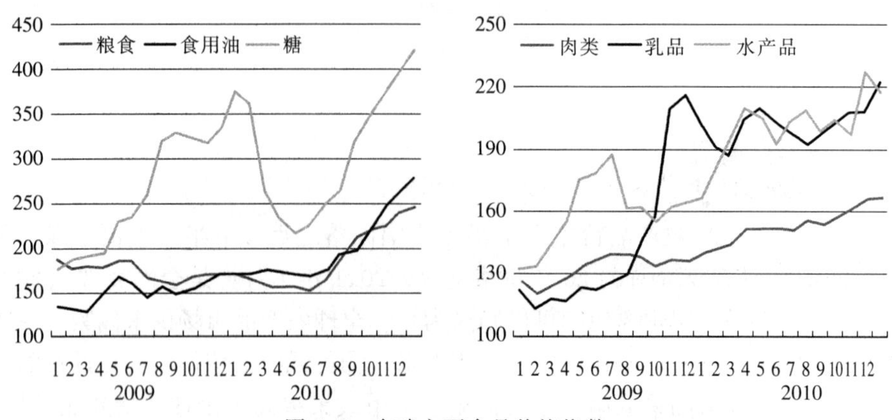

图7.2　全球主要食品价格指数

数据来源：粮食、食用油、糖、肉类、乳品指数来自FAO；水产品指数通过IMF公布的三文鱼价格计算得到。其中，2002—2004年平均指数为100。

7.1.2　中国食品价格

2010年，中国粮食价格平均指数为165.2，较2009年的150.1的水平上涨了10%；而从月度运行上看，2010年粮食价格持续稳步增长，指数从1月的158.7一路上扬，12月价格指数已经上涨到176.7，较2009年同期上涨了13%。2010年，中国食用油价格也呈现出较大的上涨幅度，全年平均指数为145.6，较2009年的136.4的水平上涨了7%；从月度运行上看，2010年上半年食用油价格指数有所下降，而下半年却加速上涨，2010年12月食用油价格指数上涨到170，较2009年12月价格水平上涨了18%。2010年，中国食糖价格指数也达到了225.4，较2009年价格水平上涨了49%；其月度运行状况与食用油较为类似，在2010年上半年快速下跌，下半年大幅反弹，2010年12月，食糖价格指数达到286.4，较2009年12月上涨了40%。

7.2　乳品市场基本格局

7.2.1　全球乳品市场

2010年，由于全球经济开始逐步复苏，全球奶业生产与贸易也显现出较

① 由于无法获得精确的水产品价格指数，将三文鱼全球价格作为水产品价格的指标。

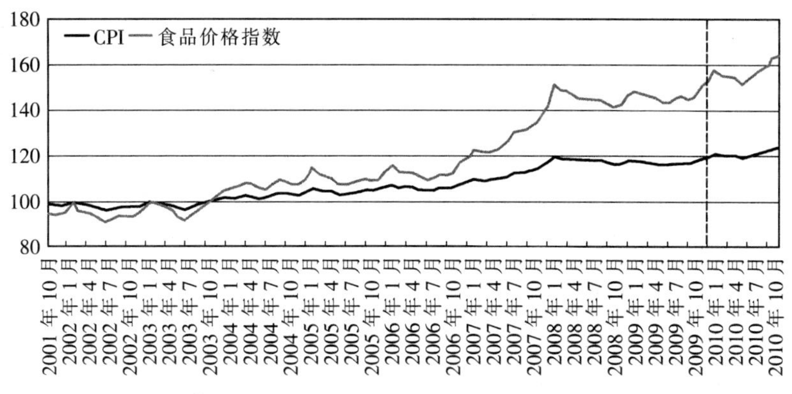

图 7.3　中国 CPI 与食品价格指数

数据来源：国家统计局；以 2002—2004 年平均指数为 100。

为强劲的增长。根据 FAO 最新数据，2010 年世界牛奶产量有望达到 7.1 亿吨，比 2009 年增长 1.6%[①]。其中：欧盟牛奶产量为 1.34 亿吨，比 2009 年增长了 0.4%；美国牛奶产量为 8 745 万吨，比 2009 年增长了 1.8%[②]；新西兰牛奶产量为 1 693 万吨，比 2009 年增长了 1.43%[③]；另外，各主要牛奶生产国均有不同程度的增产。

2010 年，全球乳品价格持续上涨。具体而言，从价格平均水平来看：全球黄油价格从 2009 年的每吨 2 335 美元上涨到 4 000 美元，上涨了 71%；乳酪价格从 2009 年的每吨 2 957 美元上涨到 3 994 美元，上涨了 35%；脱脂奶粉价格从 2009 年的每吨 2 254 美元上涨到 3 131 美元，上涨了 39%；全脂奶粉价格从 2009 年的每吨 2 400 美元上涨到 3 456 美元，上涨了 44%。今年全年价格的较快上涨一方面原因为美元对主要货币的贬值，另一方面为全球乳品消费市场的活跃。

2010 年，①全球黄油总出口量为 81 万吨，最主要的出口国和地区为新西兰与欧盟，分别出口了 45 万吨和 20 万吨，占全球总出口的 80%；最大的进口国为俄罗斯，进口量为 9 万吨。②全球乳酪的总出口量为 136.4 万吨，最主要的出口国和地区为欧盟、新西兰、澳大利亚、美国，其中欧盟出口量为 58 万吨，新西兰出口量为 28.5 万吨；最大的进口国为俄罗斯和日本，分别进口了 36.5 万吨和 20.5 万吨。③全球脱脂奶粉总出口量为 128.7 万吨，最主要的

① 资料来源：荷斯坦奶农俱乐部 http：//www. hesitan. com/cc? ID = nnyw _ gjny，24580&url= _ print

② 数据来源：USDA

③ 数据来源：新西兰奶业统计 2009－2010，新西兰的产奶季是由 7 月份第二年的 6 月。

出口国和地区为新西兰、欧盟、澳大利亚，其中新西兰出口了 35.5 万吨，欧盟出口了 35 万吨，澳大利亚出口了 12.5 万吨；最大的进口国为印度尼西亚、俄罗斯、墨西哥，分别进口了 20 万吨、18 万吨与 14.5 万吨。④全球全脂奶粉总出口量为 165 万吨，最主要的出口国为新西兰和欧盟，分别为 86 万吨与 43 万吨，最大进口国为中国，为 41.7 万吨。

7.2.2 中国乳品市场

2010 年，全年奶类产量达到 3570 万吨，增产 1.5%。2010 年，全年进口奶粉 41.7 万吨，占今年中国乳品总进口量的 56%；乳清进口量累计为 26.5 万吨，占今年中国乳品总进口量的 36%。从进口量角度，奶粉和乳清的进口占乳品进口的 92%；因此，中国乳品进口的产品结构较为集中，同时在具体产品中，奶粉已经成为中国进口量最大的乳制品。2010 年，原料奶收购价格不断上涨，从 1 月的每千克 2.68 元上涨至 12 月的 3.12 元，上涨了 16%。

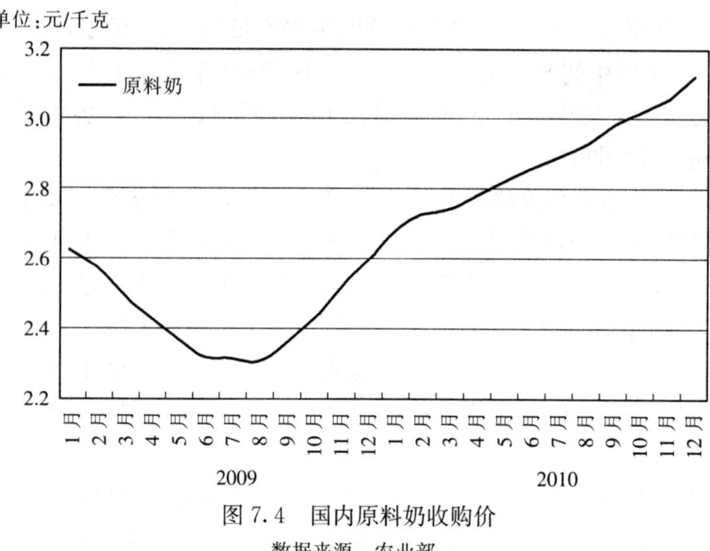

图 7.4 国内原料奶收购价

数据来源：农业部。

7.3 2011 年奶业经济展望

总体而言，2011 年全球乳品供需可能有所紧张，全球乳品价格存在进一步上涨空间。

7.3.1 成本进一步上涨

由于北非和西亚的政治形势不稳定，导致全球油价不断上涨，由此将推动全球农业生产成本的进一步增长；与此同时，由于油价上涨带来石油出口国收入快速增长，使得这些国家的食物需求进一步增长。另外，全球玉米、大豆价格也呈现出快速上涨的势态，使得全球畜牧业上游成本显著提高。综合此类因素，2011 年，全球奶业生产的成本面临的压力很大。

7.3.2　中国需求仍然强劲

尽管 2011 年中国经济增长速度将有所下调，但是仍将维持在一个较高水平；同时，中国政府也正着力改善民生，提高整体收入水平，缩小贫富差距，这也使得低收入群体的收入增长在政策层面具有一定的确定性。随着低收入群体收入水平的提高，膳食结构的优化也成为必然，根据已有研究结论，随着中国居民收入水平的进一步提高，乳品消费量将存在较大的增长潜力，据此，中国对乳品的需求仍然强劲。

7.3.3　中国乳品质量安全逐步提高，部分企业退出市场

当前国内对食品质量安全的关注日益提高，2008 年“三聚氰胺事件”以来，乳品质量安全问题对消费者信心的打击至今难以弥合。2011 年，政府将进一步致力于食品安全状况的改善，生产过程中的食品安全门槛将进一步提高，使得部分未能达到要求的乳品企业退出市场，在短期内将在一定程度上对原料奶收购以及下游乳制品市场带来压力。

7.3.4　中国国内生产成本进一步提高

在全球生产成本提高的大背景下，中国乳品企业的生产成本将进一步提高。与全球成本上涨相一致的，如上游原材料的成本提高；而当前中国正处于收入增长的宏观背景下，劳动力成本的上涨将在很大程度上推进奶牛饲养、乳品加工、终端销售环节的成本，使得国内生产成本进一步提高。

第二篇

奶业经济区域篇

1　奶业区域性发展分析

□李　静

1.1　我国乳制品生产的区域分布

2010年，各地对奶牛基地建设的热情不减，各企业在各地的扩张依旧，但是受低温、冻害及疫病的影响，我国的牛奶产量并没有大的增长。根据农业部行业统计，2010年我国奶类产量3 740万吨，仅上涨0.2%。但是从2010年原料奶价格一直上涨和原料奶紧缺程度看，很多国际组织估计的数据远远低于该数据，美国农业部估计中国牛奶产量只有2 910万吨，如果加上其他奶，也不足3 000万吨，新西兰恒天然集团也认为中国奶类产量不足3 000万吨。但是由于进口奶粉的大量增长，我国乳制品总的产量相比上年还是有很大增长。根据国家统计局数据，2010年，我国乳制品产量达21 593 939吨，比上年增长11.18%，见表1.1。

表1.1　2010年我国各省（市、区）的乳制品产量

	乳制品产量（吨）	增长（%）	其中：液体乳（吨）	增长（%）
总　计	21 593 939	11.18	18 455 900	11.10
北　京	522 974	0.31	499 464	0.22
天　津	265 780	−11.33	187 540	−29.53
河　北	2 554 356	14.64	2 294 003	21.18
山　西	500 258	5.86	436 594	2.16
内蒙古	3 453 633	−10.14	3 089 190	−12.77
辽　宁	1 015 517	9.43	995 767	8.92
吉　林	69 579	17.24	59 938	4.25
黑龙江	1 838 990	5.04	1 169 295	5.34
上　海	422 958	4.85	381 026	6.21
江　苏	1 001 871	2.14	963 536	−0.12
浙　江	307 600	−5.30	222 987	−9.28
安　徽	664 812	45.75	603 756	33.12
福　建	167 448	5.28	122 963	5.45

（续）

	乳制品产量（吨）	增长（%）	其中：液体乳（吨）	增长（%）
江　西	281 692	50.52	258 272	56.52
山　东	2 496 436	38.05	2 200 865	42.90
河　南	1 326 876	21.58	1 064 476	16.93
湖　北	577 249	18.44	531 021	20.10
湖　南	182 554	0.11	145 916	2.65
广　东	581 169	19.91	501 621	21.18
广　西	111 656	30.12	95 003	25.48
海　南	4 558	8.09	4 558	8.09
重　庆	125 842	−15.56	125 568	18.35
四　川	579 963	23.01	459 204	33.47
贵　州	44 025	8.15	43 780	8.12
云　南	310 038	7.73	303 495	9.30
西　藏	6 959	10.76	4 846	10.55
陕　西	1 479 692	28.10	1 121 602	30.92
甘　肃	143 419	38.92	132 510	40.23
青　海	118 951	95.60	91 583	71.22
宁　夏	134 115	−0.45	107 382	14.26
新　疆	302 970	19.26	238 141	19.64

其中，产量居前列的是：内蒙古、河北、山东、黑龙江、陕西、河南、辽宁、江苏、安徽、广东。前十名的产量占全部产量的 76%，2010 年，这前十名的地区的乳制品产量及增长情况见图 1.1。

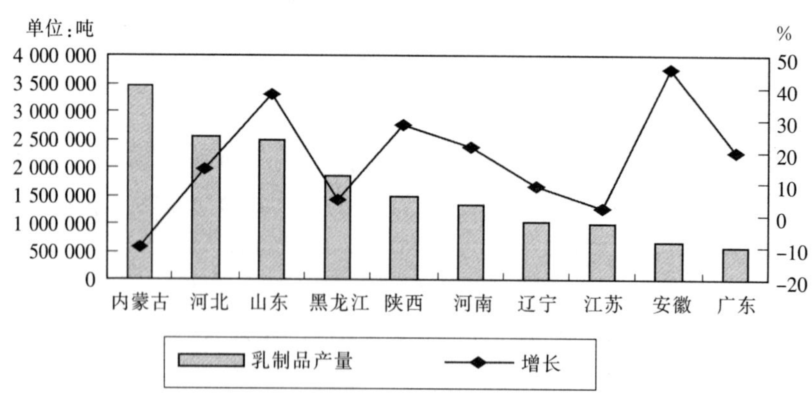

图 1.1　乳制品产量前十的省份

在乳制品产量中，液体乳的产量占 87.5%。2010 年液态奶产量 1 845.59 万吨，同比增长 11.10%，从地区看，下降的省区有天津、内蒙古、江苏、浙江 4 个，其中内蒙古是主产区。在液体乳的生产中，前十名的产量占全国产量的 76%，这前十名的产量及增长情况见图 1.2。

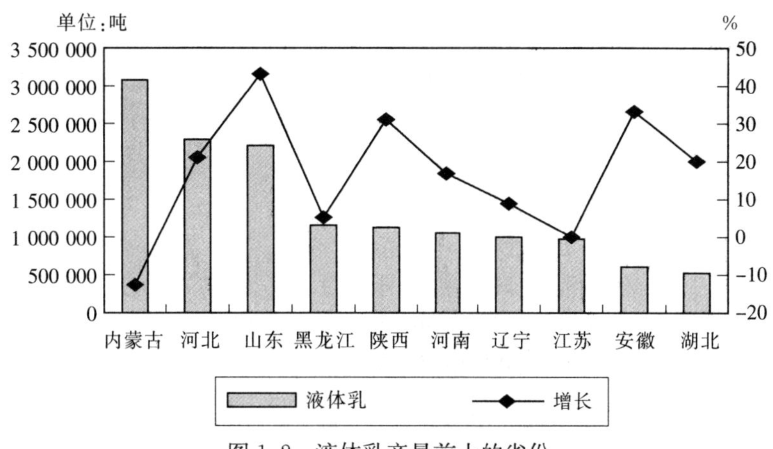

图 1.2　液体乳产量前十的省份

在全部乳制品产量中，2010 年干乳制品产量 313.80 万吨，同比增长 11.65%，其中，奶粉 140.0 万吨，增长 10.6%；从各省全年产量来看，下降的省份有 7 个，其中河北、宁夏为主产区。2010 年 1—11 月，干乳制品生产前十的地区的产量占全国产量的 79.5%。这前十的情况见图 1.3。

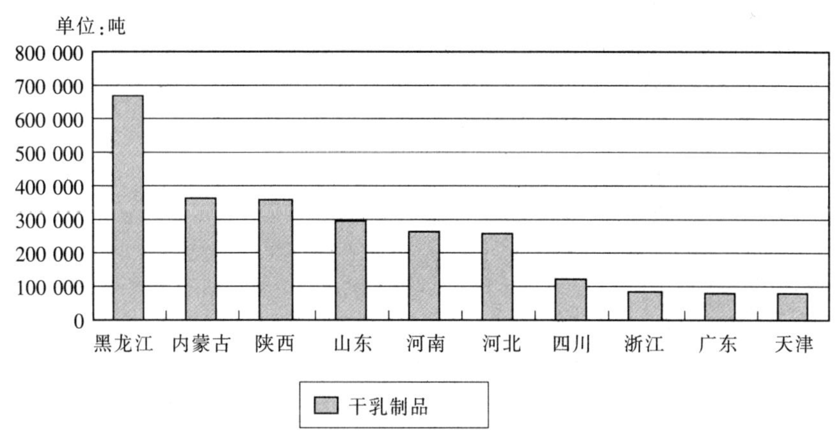

图 1.3　2010 年干乳制品生产前十的地区

对比图 1.2 和图 1.3，可以看出液体乳的生产大省（市、区）与干乳制品生产大省（市、区）是不一致的，其中比较重要的是四川、浙江、广东、天津没有出现在液体乳生产的前十中，而是出现在干乳制品的前十中。其中很重要的原因是浙江、广东、天津是我国奶粉进口的主要地区，见表 1.3。

1.2 奶业进口的区域分布

我国的牛奶产业对外依赖度较大，不仅是世界上最大的奶粉进口国，而且种牛、苜蓿草、玉米饲料等都有很大部分需要进口，尤其是种牛基本完全依赖于进口。

1.2.1 种牛进口的区域分布

2010 年 1—12 月全国进口种牛 90 837 万头，比 2009 年多进口 50 238 头，进口额为 19 888.22 万美元。进口的来源国是澳大利亚、新西兰、乌拉圭这三个国家，这些种牛进口的区域分布见表 1.2。

表 1.2 2010 年我国种牛进口区域一览表

（单位：头）

地 区	头数
辽 宁	22 142
黑龙江	16 955
山 东	13 089
陕 西	8 223
江 苏	5 956
安 徽	5 718
贵 州	3 883
河 北	3 748
四 川	3 000
北 京	2 583
湖 北	2 492
内蒙古	2 278
广 东	710
河 南	45
山 西	10
宁 夏	5

从表 1.2 看，辽宁、黑龙江、山东是三个进口大户，进口的头数分别占全

国总进口头数的 24.4%、18.7%、和 14.4%。

1.2.2　奶粉进口和出口的区域分布

2010 年我国奶粉进口 41.40 万吨，同比增加 67.77%，进口额 13.88 亿美元，同比增加 139.16%，其中从新西兰进口 336 489.02 吨、澳大利亚 24 760.62 吨、美国 14 487.11 吨、欧盟 28 251.11 吨。我国奶粉进口的区域分布见表 1.3。

表 1.3　2010 我国奶粉进口地区

国内进口地区	进口量（吨）	占比（%）
全国合计	414 039.80	
天　津	129 515.80	31.28
浙　江	74 540.28	18.00
广　东	71 279.13	17.22
上　海	47 928.07	11.58
山　东	25 074.66	6.06
内蒙古	19 533.75	4.72
北　京	16 213.09	3.92
江　苏	9 434.45	2.28
湖　南	7 133.15	1.72
黑龙江	5 299.00	1.28
福　建	2 393.00	0.58
河　北	2 288.93	0.55
辽　宁	1 904.44	0.46
湖　北	622.65	0.15
山　西	428.53	0.10
四　川	305.70	0.07
海　南	104.18	0.03
江　西	41.00	0.01

从表 1.3 看，2010 年，中国进口奶粉最多的地区是天津，进口量占全国进口量的 31.28%，其次是浙江，占 18.00%，第三名是广东，占 17.22%，第四名是上海，占 11.58%，四者合计占全部进口量的 78.08%。

2010 年，我国奶粉出口 2 969.70 吨，同比减少 69.50%，出口额 942.89 万美元，同比减少 69.45%，其中云南出口 1 322.93 吨、天津 810.63 吨、辽宁 183.58 吨、山东 171.40 吨、内蒙古 136.00 吨、广东 113.75 吨、黑龙江 96.13 吨、陕西 86.70 吨、北京 25.82 吨、上海 18.79 吨、四川 3.94 吨、

安徽 0.02 吨、江苏 0.01 吨。

1.2.3 乳清粉进口的区域分布

2010 年，我国共进口乳清粉 26.45 万吨，同比下降 8.40%，进口额 3.45 亿美元，同比增加 21.32%，其中，12 月进口 2.68 万吨，同比增加 25.40%，国内进口乳清粉的区域分布见表 1.4。

表 1.4 2010 年 12 月我国乳清进口的区域分布

国内进口地区	12 月进口量（吨）	占比（%）
合　计	26 780.43	
天　津	5 801.61	21.66
上　海	4 996.64	18.66
广　东	3 295.83	12.31
山　东	2 217.38	8.28
北　京	1 898.26	7.09
黑龙江	1 845.00	6.89
浙　江	1 619.06	6.05
辽　宁	1 463.50	5.46
福　建	1 234.79	4.61
云　南	1 155.90	4.32
江　苏	929.98	3.47
安　徽	106.25	0.40
江　西	106.25	0.40
河　北	100.00	0.37
内蒙古	10.00	0.04

从表 1.4 看，我国乳清粉进口的主要地区也是我国奶粉进口的主要地区，前四名分别是天津、上海、广东、山东，分别占进口总量的 24.56%、13.69%、12.94%和 11.50%，合计占全部进口的 62.68%。

1.3 奶制品企业的区域分布

根据国家统计局数据，2010 年我国乳制品加工企业逐步走出“三聚氰胺事件”的阴影，行业的利润比 2009 年有极大的改善。1—11 月份，进入统计范围的企业增加了 5 家，共 823 家，亏损企业数同比减少了 10 家，共 181 家，占总企业数的 21.86%，亏损企业亏损总额同比减少 16.85%。这些企业的地区分布情况见表 1.5。

表 1.5　我国乳制品加工企业的地区分布

（单位：万元）

	企业数	亏损数	资产总计	同比（%）	负债合计	同比（%）	利润总额
全　国	828	181	124 910 396	14	70 158 908	13.48	8 901 117
北　京	14	8	6 495 902	11.45	3 697 571	16.56	−26 453
天　津	12	3	1 475 136	25.26	1 018 847	19.23	6 874
河　北	58	16	6 438 470	−1.02	3 080 021	−7.39	627 959
山　西	25	6	2 813 102	14.01	1 482 653	14.84	135 603
内蒙古	82	14	29 365 305	13.84	19 539 961	10.23	1 019 084
辽　宁	29	5	5 726 102	15.5	1 177 707	13.49	94 686
吉　林	11	1	770 215	−33.61	301 615	−47.41	38 689
黑龙江	81	16	16 001 056	16.94	9 833 450	24.75	1 962 096
上　海	9	3	7151 419	4.4	3 679 991	15.72	1 295 928
江　苏	37	9	2 615 735	3.67	1 667 825	2.04	101 488
浙　江	25	7	1 977 545	11.19	1 234 171	13.99	66 504
安　徽	14	3	2 002 319	15.49	1 011 772	16.34	193 076
福　建	13	3	702 359	10.74	376 619	7.83	30 667
江　西	8	1	1 275 665	26.6	618 143	87.72	101 938
山　东	103	9	7 778 572	6.03	3 902 641	−3.39	1 029 922
河　南	55	2	2 528 908	5.35	994 343	39.24	437 249
湖　北	17	4	2 361 260	9.66	1 648 104	10.19	90 531
湖　南	17	3	2 813 187	37.46	1 364 195	33.43	123 981
广　东	28	5	6 621 027	15.96	3 204 276	10.99	1 036 834
广　西	15	4	2 005 361	106.78	776 883	27.14	119 329
海　南	0	1	37 461	3.78	23 588	−3.78	2018
重　庆	5	3	1 046 650	44.62	657 971	52.25	13 124
四　川	21	7	2 770 216	36.53	2 039 834	41.6	100 034
贵　州	0	1	1 038 012	60.55	908 057	62.22	6 734
云　南	12	7	1 233 526	10.75	622 326	20.3	86 324
陕　西	51	11	3 974 088	16.37	1 965 718	25.88	61 139
甘　肃	18	5	1 027 193	39.44	636 635	27.2	28 531
青　海	7	2	415 838	101.63	190 984	−76.16	33 887
宁　夏	20	11	1 613 096	7.31	1 031 805	20.52	15 780
新　疆	34	11	2 688 694	16.64	1 421 014	41.85	61 665

从表 1.5 看，山东省的企业数最多，达 103 家，内蒙古和黑龙江次之，分别是 82 和 81 家，但是，山东省的企业规模都不大，全部 103 家企业的资产是只有 77.79 亿元，而内蒙古、黑龙江虽然企业数量少，但主要是规模以上企业，企业资产分别是 239.65 亿元和 160.01 亿元。

1.3.1 乳品企业资产前十名的地区

乳品企业资产前十名的地区见图 1.4。

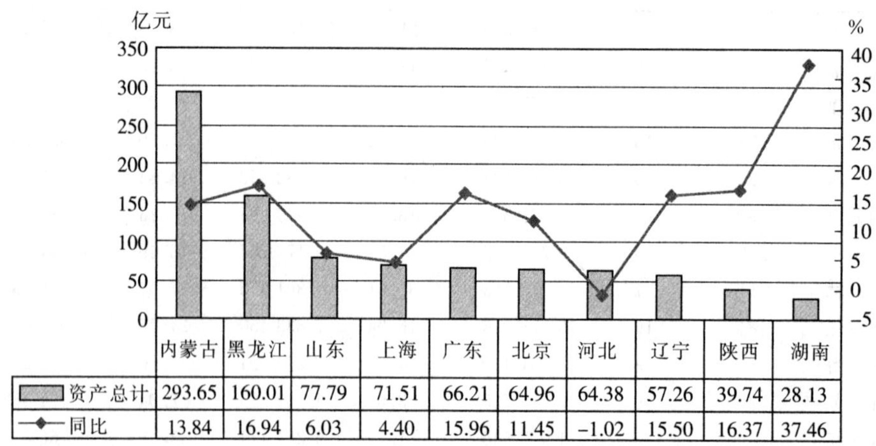

	内蒙古	黑龙江	山东	上海	广东	北京	河北	辽宁	陕西	湖南
资产总计	293.65	160.01	77.79	71.51	66.21	64.96	64.38	57.26	39.74	28.13
同比	13.84	16.94	6.03	4.40	15.96	11.45	-1.02	15.50	16.37	37.46

图 1.4 乳品企业资产总计前十名地区（2010 年 1—11 月）

从资产总额看，前两名内蒙古自治区和黑龙江省不愧为名符其实的乳制品大省，资产总额达 453.66 亿元，几乎是后 8 名资产总额之和（469.98 亿元）。但从增长率来看，湖南省的资产增长最快，达 37.46%，而河北省则是负增长 1.02%。

1.3.2 乳品销售收入前十名的地区

乳品销售收入前十名的地区见图 1.5。

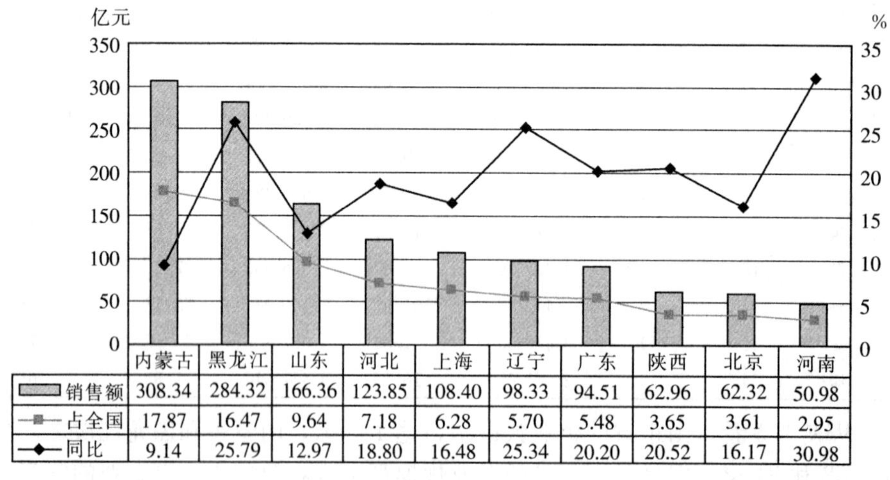

	内蒙古	黑龙江	山东	河北	上海	辽宁	广东	陕西	北京	河南
销售额	308.34	284.32	166.36	123.85	108.40	98.33	94.51	62.96	62.32	50.98
占全国	17.87	16.47	9.64	7.18	6.28	5.70	5.48	3.65	3.61	2.95
同比	9.14	25.79	12.97	18.80	16.48	25.34	20.20	20.52	16.17	30.98

图 1.5 乳品企业产品销售收入前十名地区（2010 年 1—11 月）

从销售收入看，销售收入前十的省区基本与资产前十的地区差不多。

1.3.3　乳品企业利润前十名的地区

但是，从利润情况看，资产多和销售收入多的地区企业赢利能力不一定强。见图 1.6。

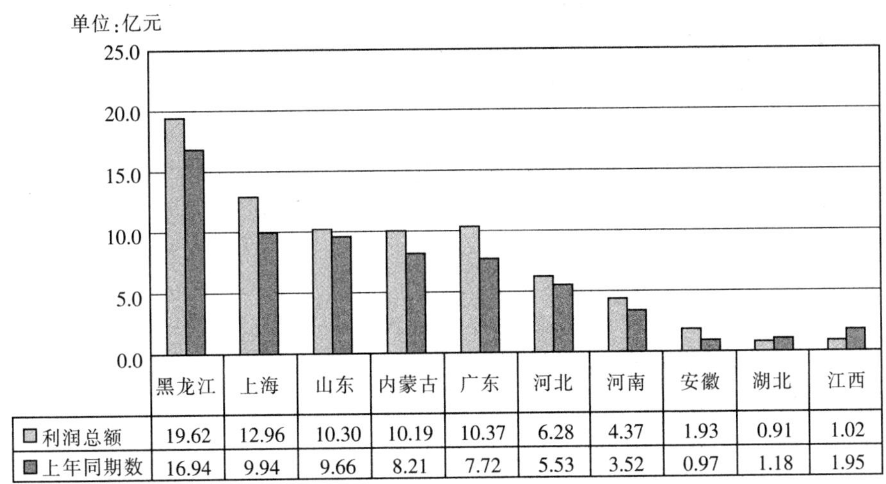

图 1.6　乳品企业利润总额前十名地区（2010 年 1—11 月）

从图 1.6、图 1.4、图 1.5 看，黑龙江省乳制品企业的赢利不仅最多，达 19.62 亿元，远高于内蒙古的 10.19 亿元，增长速度也最快，比上年增长 16.94%。北京、辽宁、陕西虽然是资产和销售收入前十名，但却不是利润前十名，尤其是北京市，2010 年 1—11 月居然从 2009 年的赢利 25 777 万元转变为 2010 年的亏损 26 453 万元，其主要原因是三元股份因整合三鹿集团破产资产而产生了大量亏损。

1.4　我国牛奶消费的区域分布

从总体上看，受经济条件制约和消费习惯影响，我国的乳制品消费水平还很低，人均奶及奶制品支出只有 198.47 元，只占到人均食品支出的 4.13%，未来消费增长空间还很大。从区域分布看，各地区的乳制品消费水平也相差很大。我国各地的乳制品消费见表 1.6。

表 1.6　2010 年中国各地的乳制品消费情况

（单位：元）

	食品支出	奶及奶制品支出	鲜乳品	奶　粉	酸　奶	其他奶制品
合　计	4 804.71	198.47	103.72	41.47	29.85	23.43
北　京	6 392.9	371.04	167.4	73.84	91.5	38.3

（续）

	食品支出	奶及奶制品支出	鲜乳品	奶　粉	酸　奶	其他奶制品
天　津	5 940.44	236.06	140.94	30.78	40.37	23.98
河　北	3 335.23	148.19	82.45	20.15	30.67	14.92
山　西	3 052.57	161.23	92	18.59	26.12	24.52
内蒙古	4 211.48	173.47	95.26	15.44	22.59	40.18
辽　宁	4 658	188.03	95.63	36.42	37.29	18.69
吉　林	3 767.85	109.85	53.05	20.87	20.07	15.87
黑龙江	3 784.72	137.02	65.96	18.96	20.52	31.58
上　海	7 776.98	410.27	215.16	74.06	75.05	45.99
江　苏	5 243.14	234.1	146.04	32.59	30.63	24.84
浙　江	6 118.46	219.84	105.15	61.23	27.32	26.14
安　徽	4 369.63	241.78	82.8	65.16	73.06	20.77
福　建	5 790.72	203.15	121.14	41.49	22.27	18.25
江　西	4 195.38	171.04	107.69	27.29	13.97	22.1
山　东	4 205.88	225.43	145.8	28.53	30.95	20.14
河　南	3 575.75	170.31	85.83	31.72	26.55	26.2
湖　北	4 429.3	146.55	84.13	30.48	22.32	9.63
湖　南	4 322.09	128.3	54.93	32.99	18.44	21.94
广　东	6 746.62	211.35	79.35	82.07	19.89	30.04
广　西	4 372.75	152.45	86.8	34.36	7	24.29
海　南	4 895.96	160.75	36.42	95.88	9.48	18.97
重　庆	5 012.56	234.68	140.67	44.08	33.04	16.9
四　川	4 779.6	203.04	104.67	59.53	20.87	17.98
贵　州	4 013.67	154.78	102.95	30.55	9.53	11.74
云　南	4 593.49	89.8	53.93	14.78	7.51	13.58
西　藏	4 847.58	310.55	39.98	31.23	54.74	184.6
陕　西	4 381.4	224	127.17	37.03	33.13	26.67
甘　肃	3 702.18	168.11	103.03	19.6	26.51	18.97
青　海	3 784.81	187.53	104.06	13.98	44.6	24.89
宁　夏	3 768.09	176.87	113.04	16.17	28.47	19.2
新　疆	3 694.81	164.52	104.52	16.46	25.04	18.49

从表1.6看，我国各地乳制品消费差距很大，消费水平最高的是上海，人均支出为410.27元，最少的是云南省，人均支出只有89.8元。我国人均乳制品消费前五名与后五名的地区见图1.7。

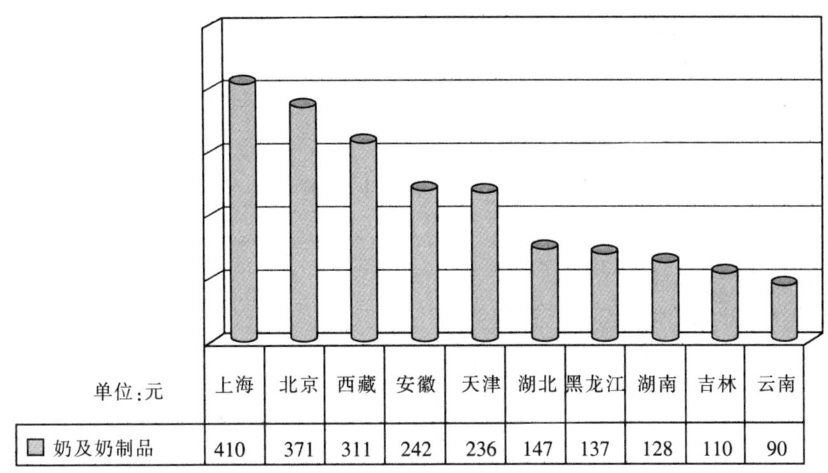

单位:元	上海	北京	西藏	安徽	天津	湖北	黑龙江	湖南	吉林	云南
奶及奶制品	410	371	311	242	236	147	137	128	110	90

图 1.7　我国人均乳制品消费前五名与后五名的地区

从图 1.7 看，我国乳及乳制品消费的前五名是上海、北京、西藏、安徽、天津，后五名是湖北、黑龙江、湖南、吉林、云南。黑龙江作为牛奶生产和加工大省，却是乳制品消费弱省，让人感到很是有些奇怪，而安徽省的消费水平位列第四，也有些让人出乎意料。

1.4.1　鲜乳品消费的地区差别

从图 1.8 看，鲜乳品消费的前五名分别是上海、北京、江苏、山东、天津，后五名的省区分别是湖南、云南、吉林、西藏、海南。第一名上海的人均消费额是最后一名海南的 5.9 倍。

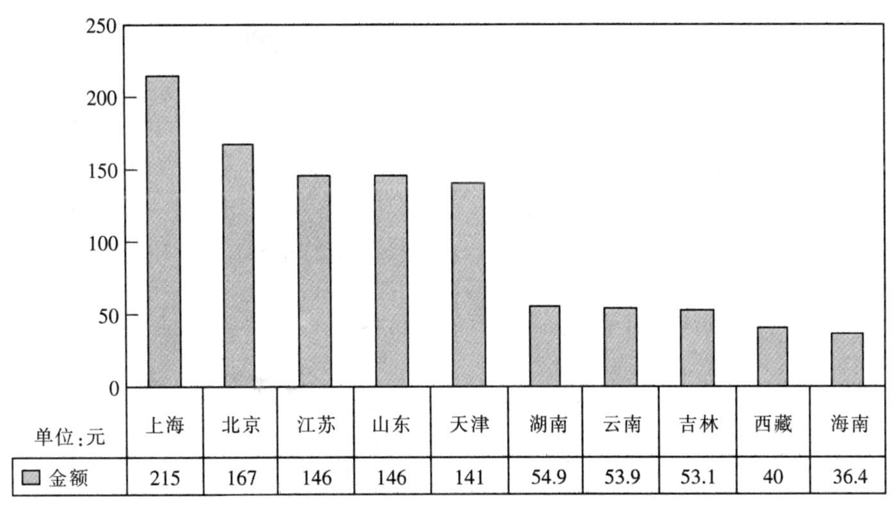

单位:元	上海	北京	江苏	山东	天津	湖南	云南	吉林	西藏	海南
金额	215	167	146	146	141	54.9	53.9	53.1	40	36.4

图 1.8　鲜乳品消费的前五名与后五名

1.4.2 奶粉消费的地区差别

从图 1.9 看，奶粉消费的前五名分别是海南、广东、上海、北京、安徽。后五名分别是新疆、宁夏、内蒙、云南、青海，第一名与最后一名的差距是 6.85 倍。而且，后五名主要是我国的少数民族聚集区。

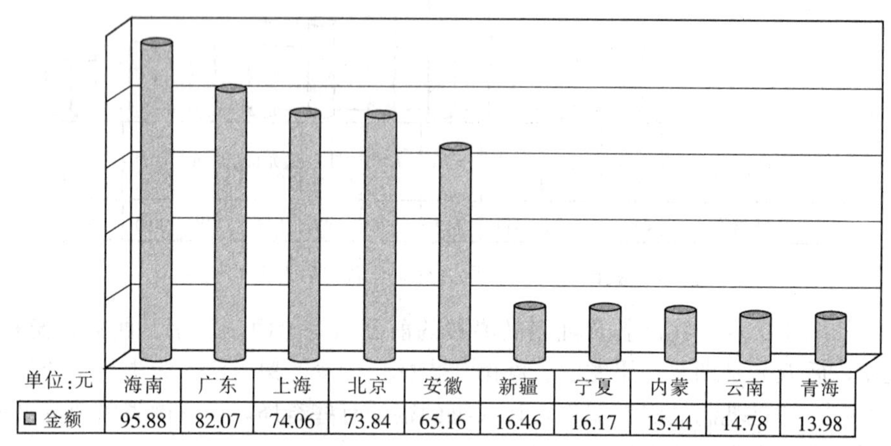

图 1.9　奶粉消费的前五名与后五名地区

1.4.3 酸奶消费的地区差别

从图 1.10 中看到，酸奶消费的前五名分别是北京、上海、安徽、西藏、青海，后五名分别是江西、贵州、海南、云南、广西。第一名北京的人均消费额是最后一名广西人均消费额的 13 倍。

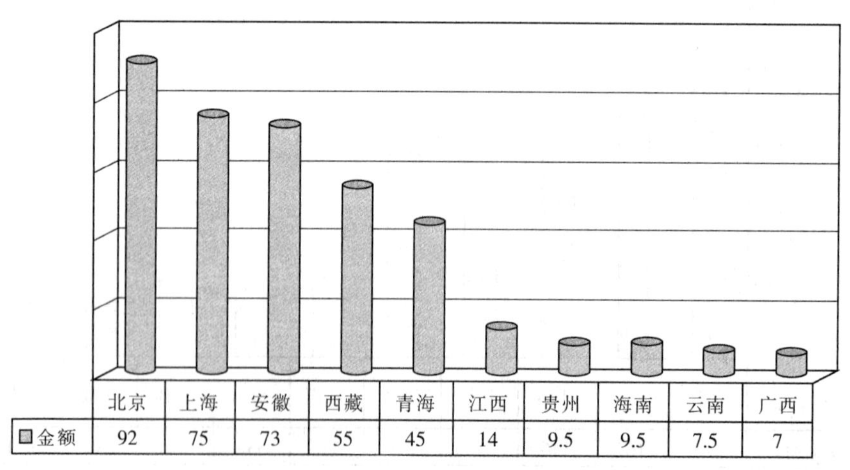

图 1.10　酸奶消费的前五名与后五名地区

1.4.4　其他乳制品消费的地区差异

图 1.11 中显示，其他乳制品消费的前五名地区分别是西藏、上海、内蒙古、北京、黑龙江，后五名分别是吉林、河北、云南、贵州、湖北。西藏地区的人均消费额差不多是其他 9 个地区的总和，这反映了西藏地区特有的消费习惯与文化。

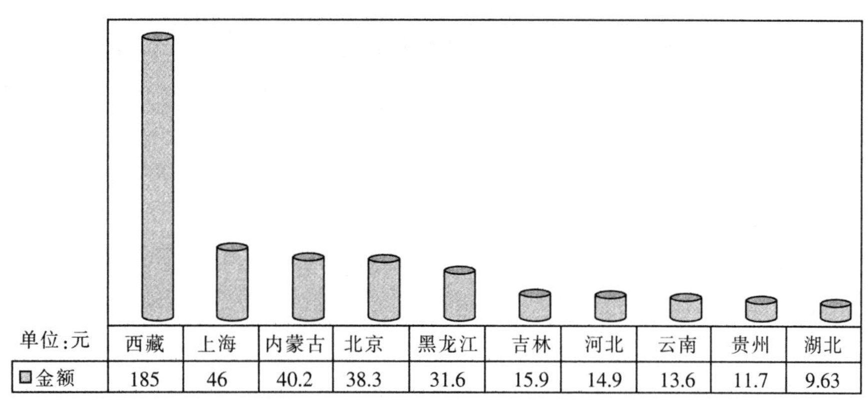

图 1.11　其他乳制品消费的前五名与后五名

从上述的图表看，我们乳制品消费的总体水平不高，但地区差别很大。这种差别除了反映不同地区经济收入水平的差别以外，还与各地区的地理区位、消费习惯、民族文化等紧密相关。

1.5　奶业发展的区域政策

2008 年，中国乳业发展受到“三聚氰胺事件”的重创，2009 年中央政府和各级地方政府纷纷出台各地的奶业振兴政策和奶业发展规划。2010 年，各地方政府除了贯彻落实上一年的振兴政策外，继续出台对奶业发展的扶持政策，提出本地奶业发展目标，并进一步加强了招商引资的力度。

1.5.1　各地出台的奶业扶持政策

黑龙江省：2010 年，该省除落实国家和黑龙江省扶持奶业的政策外，继续开展奶牛保险，推动奶业走向规模化、标准化和产业化；还开展生鲜乳专项整治行动，即围绕生鲜乳的生产、收购和运输三个关键环节，开展生鲜乳专项整治行动，加强生鲜乳质量安全监督监测，全面提高生鲜乳质量安全水平；以整个乳制品行业的 82 家企业为试点，全面推进食品企业的诚信体系建设，存在食品安全隐患等失信行为的企业，将被列入失信“黑名单”，在投资、贷款、融资等活动中受限，情节严重的将公开曝光，取消其市场准入资格。

河北省：围绕现代畜牧业建设目标，加快畜禽良种繁育体系升级，提高规模养殖和标准化养殖比例。按照“高产、优质、高效、生态、安全”的要求，推广适度规模养殖，加强标准化生产，创建规模养殖新模式，建成京津绿色畜产品生产基地。推进奶业发展方式转变，继续推进“千万吨奶工程”，培育石家庄、唐山、张家口、保定和黑龙港地区“五大核心区”，建立平均单产水平6吨以上、存栏规模500头以上的高产奶牛群300个，加快奶牛场区的股份制改造。到2012年，力争全省奶类总产量比2009年增长42.9%，奶牛标准化规模养殖率达到100%。

辽宁省：重点推进“一县一业”，建设3 000个标准化畜禽养殖小区和20个达到标准要求的畜产品加工企业。

陕西宝鸡：该市将实施十大工程促进农民增收，其中两个为：打造10万头高产良种奶牛基地，实现年产优质鲜奶35万吨；打造30万吨优质商品饲草基地建设，新发展5个饲草公司和专业饲草加工合作社。

吉林省：牧业部门将实施十大工程，力争全年新建牧业小区1 500个以上，规模化养殖比重达到72%以上。另外，实施“奶牛科技行动计划”，建设标准化奶牛饲养示范园区，力争全年新建170个标准化生鲜乳收购站。

新疆：将着力提高奶牛标准化规模养殖水平，实现奶类总产量245万吨的目标。扶持资金重点用于挤奶厅建设和挤奶机械购置补贴，以鼓励奶牛养殖场（户）购置挤奶设备，开展机械化挤奶。同时，还将提高规模奶牛场经营管理水平，重点在学生饮用奶奶源基地和大型牛场推行标准化管理软件系统，并在年内配套100个规模牛场，带动全区奶牛养殖管理水平的提高。

内蒙古：自治区政府召开农业保险试点工作领导小组会议，讨论通过了2010年农业保险保费补贴实施方案，与以往年度比，下调奶牛养殖户奶牛保险保费承担比例5个百分点，调整为15%。

陕西：全省《畜牧业收入倍增工程规划》，以千头奶牛场和标准化奶牛养殖小区建设为重点，大力实施奶牛标准化养殖小区示范县建设，推动了陕西奶业规模化、标准化进程。预计到2012年全省奶牛存栏将达到80万头，奶类产量达到360万吨，实现全省奶牛个体单产达到7 000千克以上，挤奶全部实现机械化。

天津市：该市将推进奶牛养殖小区牧场化改造，按照“牧场化改造、企业化管理、市场化运作”原则，重点对奶牛小区规划布局、防疫设施、饲养设备、粪污处理等方面进行改造升级，提高牧场化管理水平。力争牧场化改造小区数量占奶牛示范园区50%以上。

宁夏：2010 年宁夏奶牛业的发展目标是：全区奶牛存栏新增 5 万头，奶类总产量 122 万吨，增长 11%。为实现上述目标，各地要高标准打造奶牛、优质牧草等产业现代化示范基地；要切实加强畜禽良种繁育体系建设，实施好奶牛良种补贴项目和奶牛遗传改良计划；要加强草原保护和优质饲草料基地建设，继续抓好基本草原保护，草畜平衡和禁牧休牧三项制度的落实，继续组织实施好退牧还草、补播改良和人工种草等重大项目；要以饲草配送中心建设为突破口，采取集中配送与分散贮存相结合的方式，大力推动农作物秸秆加工调制利用，努力构建与设施养殖相适应的饲草料生产体系；要继续强化质量安全监管；全区兽医工作要坚持以防控重大动物疫病和维护公共卫生安全为主题，继续强化政府行为，努力健全兽医工作体系，有效提高兽医工作能力，切实加强监督执法，不断强化科技支撑，夯实基础设施，提升队伍素质，切实加强重大动物疫病防控，强化动物卫生监督执法，狠抓兽药质量监管和兽药残留监控，健全完善兽医工作长效机制。

吉林敦化：出台实施了 3 项奶牛产业发展优惠政策，并将整合支农资金全部用于发展奶牛产业。重点是引进优质奶牛冻精，推广奶牛品种改良，提高奶牛产乳性能。对进入小区饲养的外购能繁奶牛，每头给予补贴千余元；对奶农交售的鲜奶，每千克补贴 0.1 元；由市担保公司为奶牛小区奶农购买奶牛给予担保。对新建奶站每个贷款 25 万元，并全额贴息 3 年。敦化市 2009 年新建的 16 处标准化奶牛小区和 17 处奶站，已经全面完工，其中 13 处奶牛小区和挤奶站，已投入使用，多数奶农进入小区开展饲养，实行集中挤奶的奶牛已达 5 000 头。

吉林长春：推进乳业振兴工程，努力实现奶业的提质增量。围绕规划的 45 万吨乳品产业园区建设，大力推进规模饲养和产业化经营。深入实施“奶牛科技行动计划”，依托广泽、新高、长白山三个乳品加工企业，建设标准化奶牛养殖示范区，推广繁育改良、饲养管理、防疫灭病等综合配套技术，挖掘奶牛增产潜力。按照《乳品质量安全监督管理条例》，切实加强奶站建设，确保奶业经济健康发展。

上面介绍的区域政策主要是一些原料奶主产区的发展政策。实际上，多数省级政府甚至于县级政府都有相应的奶业发展促进政策，只不过奶业主产区的政府对奶业发展更积极一些。从各地出台的政策内容看，这些政策主要有下面几方面的内容：一是通过资金补贴等手段提高奶农的养牛积极性；二是继续推进标准化规模养殖，促进发展方式的转变，推进以奶牛为主的养殖小区建设；三是通过补贴加快推进标准化奶站建设；四是推进品种改良和加强防疫，提高奶牛的经济效益；五是抓乳品质量监管和投入品安全监管，确保奶产品质量安全。

1.5.2 各地的招商引资与企业投资情况

2010 年，各地在奶业方面的招商引资热情不减，企业的投资力度也不减。以下是一些招商引资方面的重要新闻：

——河北武强将建万头奶牛场支持蒙牛发展：项目总投资 3.5 亿元，占地 150 亩，达产后预计可实现销售收入 10 亿元；

——蒙牛现代牧场在通辽签约建万头奶牛养殖基地项目：蒙牛—通辽万头奶牛养殖基地占地 133.33 公顷，总投资 4 亿元人民币，工程分三期建设。建成后将成为蒙牛乳业“特仑苏”产品专供鲜奶基地。

——新希望在云南建首个全资有机牧场：该项目选址位于大理州洱源县，项目占地 28 公顷，其中牧场建设用地 12 公顷，有机牧草用地 16 公顷，总投资 3 305 万元人民币，计划 2010 年年内开工建设，2011 年建成投产。

——蒙牛与甘肃白银市政府共建奶源基地：蒙牛借款 2 亿元，扶持推动该市奶产业加快发展。蒙牛借款具体用于扩大奶牛饲养量、预付奶款及购置设备等方面，此举有利于提高当地养殖水平，提高原料奶质量。

——庄园乳业投 6 千万元建甘肃最大奶源地：由兰州庄园乳业公司投资 6 200 万元建设的甘肃最大奶源基地——瑞丰牧场，将于年底在榆中县三角城乡双店子村建成。

——光明乳业在津沪建新生产基地：2010 年内将在天津和上海建设新的生产基地，在销售旺季也坚决 100%拒收散奶，确保奶源的质量。

——现代牧业将在湖北通山县建万头奶牛场：项目将落户在该县九宫山镇，总投资 4 亿元，包括投资 5 000 万元建设的有机肥公司。牧场将全部按照国际最先进的散栏式饲养方式、水幕式牛舍、全自动粪污处理系统进行建设。

——伊利集团宁夏吴忠奶业基地项目签约，并将开工建设。

——伊利阜新项目签约：该项目为日处理 800 吨液态奶加工项目，阜新县规划三年内将奶牛养殖量发展到 8 万头以支持此项目，建成后将成为辽宁地区最大的现代牧业示范生产基地。

——贝因美将在黑龙江安达市建 4 000～10 000 头奶牛示范场：以逐步延长产业链条，推进乳品开发的产业化进程。

——南通红梅乳业在如皋市建设奶牛养殖基地：该项目首期投入 5 000 万元，在杨港、赵园两村发展奶牛养殖基地 66.67 公顷。

——伊利在沈阳建万头奶牛养殖基地：伊利集团拟投资 4 亿元、占地 66.67 公顷、存栏 1 万头的现代牧业科技示范园区项目落户沈阳沈北新区。

——环球乳业投入约 3.5 亿港元在黑龙江五常市建奶牛场：环球乳业宣布，运用全球发售所得款约 3.509 亿港元，于黑龙江五常市二河乡投建奶牛牧场，估计该牧场可年产高达 4.2 万吨鲜奶及高达 2 万吨生物有机肥。

——蒙牛宿迁液态奶项目开工：该项目总投资超过 10 亿元人民币，首期建设 8 条常温液态奶生产线，日产常温奶 1 000 吨。

——皇氏乳业与广西武宣县合建奶水牛基地：根据协议，皇氏乳业投资约 1 000 万元，建成 10 个标准化的“广西皇氏乳业武宣奶水牛养殖小区”以及一个标准化的奶水牛养殖示范场。该公司还承诺按 7.00 元/千克以上的价格全部收购水牛奶。

——台农乳业 2.5 亿元在福建南安投建乳业项目：该项目选址于眉山乡大埔山综合开发区，将建成进口奶牛奶羊养殖基地、乳制品加工基地、婴幼儿奶粉生产基地、旅游休闲基地、教学示范基地。

——蒙牛南下江苏宿迁建液态奶生产基地：蒙牛将投资 10 亿在宿迁建设液态奶生产基地。据悉，落户于宿迁经济开发区的蒙牛乳业（宿迁）有限公司，一期项目计划总投资 4 亿元，定于今年 10 月份开工，2011 年 8 月建成投产后，日产常温液态奶 600 吨，可实现年销售收入 9 亿元、税收 3 000 万元。

从上述地方政府的奶业发展政策、招商引资模式、企业扩张道路三方面看，我国牛奶产业的发展道路在 2010 年并没有发生什么大的改变，奶农合作社等组织也没有得到明显的发展，“龙头企业”＋“农户”的产业化发展模式依旧在牛奶产业发展中占据主导地位，这种模式的弊端主要有两个：一是龙头企业与奶农之间的利益矛盾没有协调解决的机制和办法；二是由于地方政府出于地方利益考虑，容易对招商引资来的企业实行地方保护，也有可能对当地农民的土地权益造成侵害。地方保护破坏了市场正常的竞争秩序，既不利于企业间的正常竞争，也不利于保护奶农的利益，更不利于保证食品安全和消费者的利益。

1.6　专栏：黑龙江肇东市的奶源争夺战

“政府抢奶”“政府抢奶了！”不知谁喊的一嗓子把张财惊着了，他慌忙从炕上爬起来，一路小跑奔向六撮奶站。奶站门前，同村 100 多养牛户已经将一辆奶罐车团团围住。

“政府不让把牛奶交给蒙牛了，他们要拉到别的公司去。”村民对张财说。“那可不行！一千克少 4 毛钱呢！我们养牛，不能决定把奶交给谁？政府凭啥管我碗里吃什么？”张财急眼了。他是村里的养牛大户，身家性命都押在十几头牛身上了。

这是 6 月 8 日发生在黑龙江肇东六撮村的一幕。背景是，随着乳品销售市场的好转，各大企业均扩张产能，原奶瓶颈日益显现，因“三鹿事件”消失的奶源争夺战硝烟再起。作为中国最重要的奶源基地之一，东北向来是乳品企业必争之地，各大企业均有布局，其间竞争从未间断。肇东的特色则是政府受利益牵涉而加入战团，使市场争夺更“暴力”起来。

据六撮奶站老板李发介绍，8 日之前两天的牛奶已经偷偷交给别的公司了，虽然这违背奶站和蒙牛签订的合同，但却是无可奈何之举。“政府不断给我压力，我也不能不听话。”他说，如果不照政府的意思办，六撮奶站将面临关门危险，且要被追罚排污费 1 万元。

然而，养牛户可不管政府的意思。他们团团围住奶罐车，最终也没让政府抢奶成功。张财说，六撮地瘠人穷，就靠养牛卖奶挣点钱。“现在蒙牛出价 3 元/千克，比别的公司高不少，我们当然要交给蒙牛了。”他算了一下，按照当前的价差，如果卖给别的公司，自己一头牛至少亏 2 000 元，相当于当地一户人家小半年的收入。

像这样抗“征”成功的是少数。肇东晓光村奶户就眼看着走到半路的奶罐车被“拐走”。6 月 4 日，忠良奶站奶罐车正走在去蒙牛公司的路上，突然被一彪人马拦下来。为首的是肇东市交警、畜牧局乳业办、交通局三家。他们要求牛奶不得送去蒙牛，而要交给别的公司。如果不听安排，交警就当场扣押司机的驾驶证，司机无奈只好屈从。

类似的情景在 6 月 7 日重现。给蒙牛公司交奶的万发、八场、南三撮奶站奶罐车被有关职能部门的人员拦下，直接送往其他公司。蒙牛事业部奶源负责人及地区业务经理，还被警察以非法截车扰乱交通秩序为名带走。

肇东市政府有关部门为何当起了抢奶先锋？有业内人士说，蒙牛的竞争对手是当地招商引资的对象，几年前就在肇东落户建厂，前后贡献利税以亿计数，因此格外受肇东市政府重视。有传言称，肇东市曾经允诺保证原奶供应量不低于 200 吨/日。今年以来，由于某种原因，肇东的原奶产量急速下滑，该企业每天只能收到 190 吨左右。企业货吃紧，政府心着急。

虽然传言难以核实，但据肇东畜牧局一位副局长透露，前不久，市里确实给各乡镇下了死命令，如果收不上奶来，年底考评就一票否决，各乡镇也签了军令状。只是原奶短期内搞增量不可能，要保此数，就得动别人碗里的。蒙牛每天所收的 25 吨原奶，自然被列为拦截对象。

李发说，六撮村所在宣化镇的领导就多次找自己谈话，如果继续给蒙牛交奶，就不给他办生鲜乳许可证等证件，还要在他的奶站旁边新建一个，挤垮他；如果李发识趣，政府马上修公路到奶站门口，而且不再找麻烦。六撮至今没有入村公路，一遇下雨，满是泥泞，奶罐车得用两个拖拉机拖着出村。

忠良奶站老板张忠堂说，他也接受过内容类似的谈话。

5 月 30 日，六撮村养牛户集体去乡里“请愿”。一个养牛户对镇领导说，

“如果你是养牛卖奶的，一个给 3 块，一个给 2 块 6，你卖给谁？你到底是想让老百姓发财还是受穷？”镇领导哑口无言，但态度不改。

养牛户丁作友对记者说，“政府招商引资，当官的要政绩、票子，可以，但是不能都让我们这些人做出牺牲啊！要是再这么折腾下去，我看这牛也没法养，杀了算了！”

6 月 9 日 11 时，记者到宣化镇核实养牛户提供的情况。结果，镇政府已经空荡荡，电话联系则被告知“在开会”。15 时，记者到肇东市委宣传部，被告知可自行去业务部门采访；记者找到畜牧局，畜牧局无一领导在，电话联系则被告知“赶不回来”，对相关情况不置可否。

（资料来源：中国青年报，2010 年 6 月 11 日）

2 奶业主产区发展分析

□ 乔光华　王海春

改革开放三十年，特别是 20 世纪 90 年代以来，我国奶业快速发展，奶类产量现已跃居世界第三，基本实现了从贫奶国到奶业大国的历史性跨越。在我国奶业高速发展的过程中，也出现了一系列的问题，比较突出的是乳品的质量安全问题。众所周知，2008 年的“三鹿婴幼儿奶粉事件”对我国奶业的打击几乎是毁灭性的，消费者对奶业产生了严重的信用危机，随后的美国次贷危机引发的全球性金融危机，又给我国奶业的复苏带来了极大的阻力。2009 年是我国奶业在遭受“三鹿牌婴幼儿奶粉事件”之后的第一个复苏年。尽管困难重重，但通过不懈努力，我国奶业顺利渡过“三鹿牌婴幼儿奶粉事件”与“金融危机”造成的低谷，实现了复苏。2010 年，各级政府部门认真贯彻落实《奶业整顿与振兴规划纲要》，乳品企业和奶农们渡过了难关，市场逐渐恢复，奶业形势整体上呈健康良性发展态势。

2010 年是我国奶业在经历了 2008 年沉重打击，2009 年逆境突围后努力振兴、全面恢复的一年，是面对新标准、新要求规范进一步提升的一年，也是奶业重新洗牌和资源整合的一年。尽管这一年我国奶业受到原料奶供应不足、饲料价格上涨、低温暴雪以及高温高湿极端气候、国际乳品大量进口等多种不利因素的影响，我国的奶业仍然获得了稳定性的发展，逐步恢复到“三聚氰胺事件”之前的水平。内蒙古自治区、黑龙江省、河北省、新疆维吾尔自治区和山东省等奶业主产区在 2010 年奶业经济运行中存在一些共性，包括以下几个方面。

2.1 奶业经济运行现状

2.1.1 原料奶供应紧张，奶价呈现上涨态势

2010 年的奶业回暖带动了奶牛养殖业的恢复性发展，主产区的奶牛存栏数量略有增加，但 2010 年初，我国内蒙古、黑龙江、河北、新疆、山东等奶业主产区频繁遭遇寒冷暴雪气候，导致奶牛体质下降，产奶性能降低，随后春季北方主产区又再度遭遇寒冷天气，奶牛产奶旺季较往年延后，夏季内蒙古、黑龙江、新疆等奶业主产区气温又居高不下，导致奶牛产生热应激产奶量明显下降。2010 年末，内蒙古、黑龙江等地再次出现低温暴雪天气，加上一直以

来由于恶劣天气导致的奶牛疾病，原奶产量显著降低，使得原料奶的生产不能满足市场及乳品加工企业的需求，出现供应紧张的状况。

表 2.1　五省区奶业生产基本情况

省　区	奶牛存栏 2010 年行业预计（万头）	牛奶产量 2010 年行业预计（万吨）
河　北	181	480
内蒙古	298	900
黑龙江	239	687
山　东	129	409.7
新　疆	257.9	264

资料来源：根据各地政府和畜牧部门的公告和报告整理。

在此背景下，2010 年，原料奶的价格一直呈现上涨态势，连以往夏季会出现的由于原料奶季节性过剩而引发的奶价下降的情况都未出现。原料奶收购价格方面，散养户的价格一直低于奶牛养殖小区的价格，而养殖小区的收购价格又低于规模牧场的原料奶收购价格。另外在原料奶价格呈现持续上涨态势的情况下，2010 年鲜奶的销售价格也呈现出稳步上升态势，有些月份甚至创历史最高记录。

2.1.2　饲料价格上涨，奶牛养殖收益下降

在奶牛饲料中，苜蓿等饲草和玉米等精饲料占有很大比重，因而在奶牛的养殖成本中所占比例较大。2010 年，苜蓿和玉米等饲草饲料的价格呈快速上涨的态势。虽然原料奶的收购价格也是有所提高，但是上涨幅度没有饲料上涨的幅度大，因此大多数奶牛养殖者的效益有所下降，亏损牧场的比例增加。这不但影响了奶牛养殖者的积极性，还影响到了我国奶业的持续发展，进而影响到我国奶制品的国际竞争力。

2.1.3　乳品生产平稳增长，乳企盈利出现下滑

总体来看，2010 年乳制品的生产进入平稳发展阶段，国内规模以上的乳制品生产企业乳制品生产量同比都有所增长，只是在不同品种乳制品的生产上增幅有所不同。而且 2010 年乳制品企业的销售收入与 2009 年同期相比，基本都实现了增长，乳品行业获得了一定的毛利润和净利润。但是就盈利水平而言，乳制品企业出现了下滑的情况，甚至有些企业出现了亏损的局面。主要有以下几方面原因：一是原料奶供应紧张，企业的加工能力却过剩，布局不合理，市场秩序不规范；二是乳品企业与奶农之间关系不紧密，产业链第一环节

和第二环节的衔接不协调，完全是买卖关系，合同不规范，生鲜乳收购的市场秩序不规范；三是因为原料奶的收购价格较高，使得乳制品企业总体效益下降。

2.1.4 乳品进口大幅增加，影响主产区乳品生产

自从 2008 年“三聚氰胺事件”以来，国内奶源趋紧，我国奶粉进口格局发生结构性改变，全脂奶粉取代脱脂奶粉成为我国奶粉进口市场的主体。根据统计，2010 年全年奶粉进口总量达到 40 多万吨，与同期相比增幅较大。除奶粉外，其他乳制品如炼乳、奶酪、奶油、鲜奶和乳清等国内 5 大类乳品进口市场 2010 年均呈大幅增长态势，其中奶粉和乳清仍是 2010 年我国乳品进口市场的主体。进口奶粉与 2009 年同期相比，市场份额有所扩大，国际奶粉进口均价同比有所上涨，进口成本的上涨也造成了国内奶价的上涨。与进口相比，我国 2010 年出口的乳制品，与 2009 年同期相比均有所减少。大量的奶粉等乳制品的进口会对我国奶牛养殖业、乳制品生产企业以及乳品市场造成较大的冲击，尤其是对奶业主产区的影响较大。

2.1.5 政策环境不断完善，运行机制仍有待完善

2010 年，国家出台了多项政策法规，完善和规范了我国奶业政策环境。在奶业主产区，很多地区的地方政府都加大了对奶业的补贴、扶持的力度，出台了很多支持奶业发展的政策措施，为奶业的健康持续发展创造一个良好的环境，这些政策法规的出台将有助于乳制品企业对乳品质量的控制，带动奶业健康发展。但我国奶业的监管体制仍存在较大问题，特别是利益联结机制方面，应引起政府的足够重视，乳品企业和奶农的利益关系脱节，部分企业和奶农之间并未签订合同，有的即使签订了合同也不规范，合同中存在霸王条款，有的属于单方合同，由企业一家说了算。要想让奶业健康发展，完善监管体制和运行机制是必不可少的。

2.2 改善奶业经济运行的建议

2010 年随着消费者信心的不断恢复和乳品消费量的逐步上升，奶业也得到了全面回升，我国奶业主产区整体形势呈现平稳上升的态势。但也存在不可问题，例如我国主产区大部分地区饲料价格上涨，奶农养牛积极性受到一定的影响，原料奶出现供不应求的现象，行业整合仍在继续，奶业竞争更加激烈。

自从 2008 年“三聚氰胺事件”的发生以来，人们就充分认识到了奶源对乳品质量安全的重要性，奶源成为整个行业发展的关键。虽然从 2010 年奶业

主产区的奶业经济运行情况看，奶业形势基本恢复，但其实还是非常脆弱，特别是些深层次的矛盾仍然制约着未来奶业的发展。我们在看好奶业未来发展的同时，还应警惕新一轮奶源大战的到来。一方面要防止无序竞争造成的原奶质量监控不严带来的食品安全问题；另一方面要防止大规模奶牛养殖快速膨胀带来的奶源相对过剩。为避免这种境况，作为我国奶业主产区，未来应着重抓住下列问题。

2.2.1　加快奶牛养殖模式创新

目前我国奶业主产区的奶牛养殖模式主要是规模化牧场、养殖小区和散户，由于历史原因，目前各地区自建规模化牧场、养殖小区数量仍较少，散户占奶牛养殖群体的绝大多数，如何引导散户逐渐扩大规模是奶业由数量型向效益型转变面临的主要问题。《国务院关于促进奶业持续健康发展的意见》、《奶业整顿和振兴规划纲要》、2010 年《全国奶业发展规划》中都明确指出，今后奶业发展以建设现代奶业为总目标。要实现现代奶业这个目标，就应该提高奶业整体素质，首先就应该创新奶牛养殖模式，建议出台相关政策，引导奶业养殖模式的创新，探索适合我国奶业形势的养殖模式。从国内外奶业发展经验来看，集约化饲养是现代化奶业发展的方向，是加快奶业由数量扩张型向质量效益型转变的必由之路，是解决当前散户饲养管理风险的主要手段。散户养殖难以保障原料奶质量和安全，从而影响奶业的规范化发展与管理。当前应抓住机遇，以建设合作社为发展方向，通过小奶户托管、大奶户进场寄养、入股合作等多种形式组建联合牧场，扩建或新建奶牛小区，鼓励协助散养户进奶牛小区，最大限度减少散养户。

2.2.2　合理规划奶业布局

应合理规划奶业布局，各企业发展自有奶源，形成合理的价格协调机制。从目前来看，奶业产业链上各主体间的利益矛盾仍然得不到有效解决，奶农和乳制品加工企业之间的利益联结机制仍然不健全，饲养奶牛的散户的经济和风险的承受能力极为有限，一旦发生短期的利益波动，奶农受到的损失较大，这必然会影响到奶农的积极性，进而影响整个产业的健康发展。建议政府根据当地规模化牧场、养殖小区和散养户的饲养成本出台各地区原料奶的最低保护价格。同时鼓励乳制品企业建设自己的奶源基地，从根本上保证奶业的健康发展。

2.2.3　继续加大支持力度

首先政府要继续加大对良种的补贴力度，将良种补贴项目与牛群改良计划相结合，使牛群质量有较大的改善，为奶业整体素质的提高打好基础，要预防大规模传染性疫病的爆发。其次加强对奶牛饲养者的培训。我国暂时无法改变散养为主的局面，那么就要做好培训工作。目前，许多奶农对奶牛饲养和管理养殖技术不熟悉，养殖水平和管理水平比较低，对生鲜乳甚至牛群的质量影响很大，因此，要想提高奶业整体素质，就要提高奶农素质，加强对奶农的培训。为保证行业稳定，国家应当对奶农给予一定的保障，以总体上稳定奶业发展。在企业税收上，国家应实施优惠政策，保证企业平稳良性的发展。同时，建立乳制品储备库制度，这有利于社会的稳定和乳业的健康发展。继续推进奶站的治理整顿。建议首先在我国的奶业主产区，由政府合理整合奶源，协调乳品企业划分收购范围，减少企业对奶源的无序竞争，稳定奶源市场，从根本上杜绝由无序竞争带来的掺杂使假等问题，保证乳品产业的合理、健康发展。

2.2.4 建立完善的疫病监控及防疫体系

当前形势下各地奶牛养殖与疫病防治工作参差不齐，专业技术人员少，县、乡、村配种人员业务素质低，人员配备不全，难以发挥其作用。奶牛常得的疾病得不到有效的预防和治疗，给奶农造成了极大的损失，也挫伤了奶农养牛的积极性。因此，必须尽快建立完善的疫病监控体系，搞好疫病防治管理，推行官方兽医制度，实施各级考核机制，建立饲养日志和动物监管记录，搞好疫病监测，严格动物疫情报告制度，及时掌握奶牛疫情流行动态，指导奶牛生产者搞好防疫。同时，应加强对于奶牛饲料、兽药的使用监管，建立兽药销售记录报告制度，建立兽药残留监测体系。还应建立统一的监督管理体系，统筹管理兽药市场，未经允许或违禁的兽药严禁销售；加强兽药使用的培训，切实做到“统一防控、统一规划、统一管理”。

总之，在市场全球化，竞争国际化的背景下，奶业势必要走现代奶业的道路。要实现这个目标，就应该用先进的科技、现代的装备和技术来武装奶业，使其在运行机制上更适应市场经济体制发展的要求。在继承传统奶牛业饲养管理技术精华的前提下，要积极采用现代饲养管理、疫病防控、质量安全保障体系，实现奶牛饲养技术和管理的升级。只有政府监管到位、企业管理到位、奶农执行到位，才能有效降低奶业的风险，促进奶业的健康发展。

3　内蒙古奶业发展分析

□ 乔光华　王海春

奶业是内蒙古自治区的优势特色产业之一，也是自治区的农业主导产业之一。经过十几年超常规、高速度发展，内蒙古自治区的奶牛饲养规模、奶牛良种化程度、鲜奶产量、乳业增加值、乳品企业销售收入等指标均在全国名列前茅，目前已成为我国最重要的奶源基地和乳制品的主产区。

2008 年我国乳业遭遇了“三鹿事件”的严重打击，消费者对乳品质量安全产生了极大的怀疑，随后又遭遇国际金融危机的巨大冲击，市场销售一落千丈，奶业经营陷入困境。2009 年，各级政府、行业协会、广大奶农和加工企业共同努力，采取了多种措施，使得消费者对奶制品的信任度有了较快提高，奶业的得到了较快的复苏。作为我国的奶业主产区之一，自治区的奶业结构也得到了较快调整，标准化、规模化养殖呈现出加速发展势头，整体奶业形势正趋于健康良性发展，乳品市场逐渐恢复。2009 年是过渡的一年，2010 年继续保持了结构调整的趋势，奶业从粗放经营向集约经营、从散户养殖向规模养殖、从经验型养殖向标准化养殖、从传统奶业向现代奶业转型的步伐加快。

3.1　内蒙古自治区 2010 年奶业经济运行状况

2010 年，内蒙古奶业的基本状况是头数基本持平、产量略有下降；规模经营得到较快发展，但依然以散户为主；奶价有所提高，但成本上升更多，饲养者效益下降；生鲜乳质量安全监管加强，质量安全指标得到了一定提升。奶业正在发生结构性变化。

3.1.1　奶业整体运行平稳，进入调整发展时期

国家和自治区对奶业扶持政策力度继续加大，奶业发展的宏观环境比较好，首先政府有关部门的监督检查到位，同时及时公布检查结果，使消费者对国产乳制品质量的信心度较快回升；其次政府有关部门对乳业产业链的整顿产生明显效应，乳业发展市场环境越来越好；再次作为乳业巨头的两大企业——伊利和蒙牛也加强了自身的管理和宣传，加快了奶源基地建设，增加了新产品的研发投入，加强了产品质量管理。内蒙古自治区奶业整体运行平稳，产业规模、产业素质和市场竞争力逐渐得到提升。奶业仍然是丰富城乡市场、改善群

众饮食、优化农牧业结构、增加农牧民收入、促进地区经济发展的战略中的主导产业。据畜牧部门统计，2010 年全区奶牛存栏为 298 万头，能繁母牛约 165 万头。头数基本平稳。2010 年全年产奶量 900 万吨，较 2009 年基本持平、略有下降。平均单产约为 5 吨/头左右。伊利、蒙牛两大乳品企业销售额双双超过 300 亿元，成为世界乳业 20 强。目前，内蒙古自治区奶牛存栏、原奶产量、加工能力、加工企业销售收入均居全国第一，仍然是全国重要的奶业生产加工基地，在全国居于主导地位。

虽然 2010 年自治区奶业形势整体较好，但奶业依然处在波动状态，首先是由于成本上升较快、奶价提高较小，小规模奶牛养殖户大量退出奶业，牛奶头数下降。其次是 2008 年的“三聚氰胺事件”刚刚过去，“问题奶粉”、“皮革奶”等乳品安全事件一波接一波，消费者对国产奶粉的信心再次受到打击，使得大量国内的消费者转向国外乳制品品牌，造成国内部分产品积压，国际乳品迅速占领市场。作为主产区的内蒙古，受的影响较大。2010 年内蒙古奶业进入了一个结构调整时期。

3.1.2 奶牛养殖逐步规模化，但仍以散户饲养为主

呼和浩特市、包头市、呼伦贝尔市和乌兰察布市仍是内蒙古自治区奶业的主产区域，奶牛饲养主要集中在这几个优势产区。自 2008 年“三聚氰胺事件”后，自治区奶牛散养数量呈现下降的趋势，奶牛养殖逐步向规模化的方向发展。但是由于自治区的奶牛养殖是以政府推动和乳品加工企业拉动下，以散养为主超常规发展起来的，因此目前规模养殖比重仍处于较低水平，农户散养的奶牛仍占较大比例。2010 年底，全区 50 头以上的规模牧场饲养奶牛数所占比例达到了 34%，其中荷斯坦奶牛 50 头以上规模牧场饲养头数比重达到 40%。

2010 年是内蒙古奶业从散养向规模养殖转型的关键期，在转型过程中也面临很大困难。首先是分散饲养比重高，推进规模养殖难度大。建设规模养殖场需要投入资金较大，而国家和自治区政府用于发展规模养殖场的引导资金不足，因此推进规模化养殖受到一定的制约。其次是城郊奶牛受城市建设规划用地、耕地和水源地保护等条件限制，奶牛养殖用地逐年减少，许多规模奶牛场面临搬迁，新增养殖土地审批较为困难。以呼和浩特市赛罕区为例，赛罕区奶牛养殖头数位居全区旗县区第 2 位，因养殖用地紧张已经出现养殖头数减少，规模化发展缓慢现象。除政府投入和项目拉动外，个人独资、集资投资兴建标准化奶牛养殖小区、规模养殖场很少，尤其是大型乳品加工企业在产能过剩情况下，自建牧场投入严重不足。最后，奶农对扩大养殖规模始终处于观望状态。因此，规模化养殖的发展受到限制。

3.1.3　饲料成本不断上涨，奶牛饲养效益不佳

2010年，饲草料成本、劳动力成本、水电等价格的不断上涨，加重了奶农的负担。自治区2010年玉米价格与去年同期相比有所上涨，豆粕、麸皮等大宗饲料也有不同程度上涨，虽然同期原料奶平均价格也有所上涨，但是涨幅低于饲料成本的涨幅。同时奶牛饲养用电成本也比农用电高，还有劳动力成本也呈现出不断上涨的趋势，大部分奶农亏损经营，饲养效益不佳，奶农的积极性受到一定的影响。出现奶牛饲养成本持续上升的原因有几个方面：首先是2010年频发的自然灾害，内蒙古自治区在2010年初受到了暴雪寒冷等气候的影响，随后夏季又遭受了高温天气，2010年年末，又再次遭遇寒冷天气，这导致了玉米等饲料的产量下降，使原本一直上涨的玉米价格持续走高，推动混合饲料持续上涨。其次是2010年以来内蒙古中西部地区降雨量同比明显下降，导致牧草长势不好，牧草的产量必定减少，价格上涨。再次是国外奶粉的大量进口冲击奶农利益，大量进口的大包粉、工业粉和乳清严重打压原料奶收购价格的调价空间，导致牛奶的收购价格难以调高。另一方面，原料奶收购价格较之2009年没有明显提高，散户奶价基本上在2.7～2.8元/千克，规模化牧场的价格在3.4～3.6元/千克之间，经营管理好的散养户奶牛的净效益也在3 000元/头之下，一般在1 000～2 000元左右，好的规模牧场的净效益在3 500元/头以下，一般在2 000～3 000元左右，不少奶户和牧场处于亏损状态。

3.1.4　乳制品消费得到恢复，企业利润较低

2010年消费者的信心逐渐得到恢复，乳品消费逐渐趋于正常，两大乳品企业伊利和蒙牛也实现了利润的增长，较2009年同期有所增加。但是与以往相比，乳品企业的利润有所减少。造成乳品企业利润减少的原因主要有：首先是进入2010年以来原料奶收购价格较高，原料奶收购价格较高使乳品企业增加了原料奶的成本支出，这在一定程度上挤占了企业的利润；其次是能源价格、水资源价格、人工成本的上涨增加了乳制品生产的成本支出，减少企业的利润；再次是在乳品企业成本较快上升的情况下，两大乳品企业并未大幅度上调乳制品销售价格，造成企业利润下滑；最后是大批量进口的奶粉持续挤占国内奶粉市场，对内蒙古乳品企业奶粉的销售造成较大压力，这也影响企业的利润水平。

3.1.5　原料奶定价机制还有待完善

从目前的情况看，原料奶的定价机制和交易行为还有待完善，乳品加工企

业单方定价，奶农无话语权。奶业本应该是奶牛养殖、乳品加工、市场营销等产业环节有机结合的产业链条。但是现阶段内蒙古自治区乃至全国奶业普遍是奶牛养殖户、生鲜乳收购站和乳品加工企业等三个环节之间只是简单的买卖关系，各自利益不一致，很难建立利益连接机制。强势的乳品加工企业独家定价，弱势的奶农仍然只是被动接受，没有话语权，利益无法得到保障。

3.1.6 国际奶粉价格影响原奶价格，奶源市场出现波动

经过近几年的调查发现，我国奶源市场的波动与国际市场奶粉的价格波动关系紧密。“三聚氰胺事件”以前，世界主要乳制品出口国遭遇不利气候，奶产量下降，导致国际奶粉市场供应趋紧，进口奶粉价格上涨，很多企业纷纷生产奶粉，造成争抢奶源。而 2008 年发生金融危机后，国际奶粉价格下跌，大型加工企业可利用国外低价奶粉生产还原奶、乳饮料和冰激凌等产品，对原奶需求相对减少，出现牛奶价格下跌和拒收原奶现象。2009 年下半年后国际奶粉价格又连连攀升，到 2010 年 5 月份价格达到最高，一些小型乳品加工企业与大型企业争抢奶源，赚取利润，原料奶价格也随之上升。但是进入 7 月份后，国际奶粉价格又开始下跌，国内生产 1 吨奶粉的原料成本远远高出进口奶粉的价格，一些大型乳品加工企业再次转向进口大量价格低廉奶粉，使得奶源市场出现波动。

从 2010 年我国奶粉总体的进出口贸易情况来看，出现了巨大的乳制品贸易逆差。这必定影响我国奶业的健康发展，而内蒙古自治区作为全国最大的奶牛饲养和乳制品生产基地，乳制品外贸逆差的扩大首先受影响的是内蒙古奶业经济的健康发展。另外，我国净进口乳制品数量较快增加的同时进口价格也开始上涨，这无论对奶农还是对乳品企业都不利，一方面抑制原料奶价格的上涨，影响奶农收益的增加，另一方面国外品牌奶粉获得定价话语权的情况下，大批量进口必定影响国内品牌奶粉的销售，在未来的几年，无论是内蒙古自治区的奶业还是全国奶业的健康发展都面临着严峻的挑战。

3.1.7 生鲜乳质量安全隐患依然存在

2010 年内蒙古原奶国家抽检合格率为 100%，名列全国第一，生鲜乳的质量安全已经得到了较好的控制。但风险依然存在。自从 2008 年发生了“三聚氰胺事件”后，生鲜乳的质量安全问题引起了足够的重视。但由于自治区奶牛养殖分散，生鲜乳收购点多面广线长，监管难度很大。特别是盟市、旗县农牧业部门的行政监管、检验检测、执法监督建设方面都不能满足实际工作需要。生鲜乳收购站和运输环节没有明确的执法监管队伍，对生鲜乳没有专门的检测机构和配备相应的检测设备，更没有安排专门的检测经费。“三聚氰胺事件”

后的检测完全依靠的是农业部例行抽检。受经济条件的制约，有部分的生鲜乳收购站全年被抽检只有 1 次，而其余的生鲜乳收购站和运输车辆处于检测空白状态，远远达不到生鲜乳质量安全风险监控需要，安全隐患依然很大。2010 年上半年随着奶源紧张，个别企业为了谋求私利，不顾乳品质量安全，降低标准收购，甚至违法收购，再度为自治区的生鲜乳质量安全敲响了警钟。

3.2　提升内蒙古奶业的建议

内蒙古自治区奶业经过 2008 年的打击和 2009 年的过渡，目前正处于结构调整和转型升级的关键时期，奶业发展需要特别关注如下问题。

3.2.1　积极推进多种模式的奶牛规模养殖

按照自治区“十二五”规划纲要的要求，到 2015 年，规模化饲养的奶牛要达到 70%。自治区奶牛养殖是以散养起步的，目前的规模化模式也有多种，有的是乳品企业兴办的规模牧场，有的是社会资本兴办的规模牧场，也有大奶户发展起来的规模牧场，还有奶联社、合作社、外资牧场、奶牛小区等，不管哪种形式的规模化牧场，都要实现规模效益才能持续。规模化发展需要一个过程，不能一蹴而就，推进过程中也应因地制宜。首先是要督促乳品加工企业加快自建奶源基地。国务院及自治区文件都明确要求乳品加工企业要加大投入力度，加快奶源基地建设。自治区政府可以要求两大乳品加工企业从利润中拿出一部分设立奶牛规模养殖发展基金，扶持奶牛养殖。企业可通过参股、控股、合资、收购和租赁等方式与散养奶农合作，推进规模养殖，建设自己奶源基地。其次是奶农组建奶农合作社。把政府奶业项目主要安排在扶持奶农合作社的规模化发展上，加快引导奶牛入园、奶农入社，形成以奶农专业合作社为主导的适度规模养殖模式。乳品加工企业可以通过与奶农合作社采取协商定价、订单收购方式与奶农合作社结成稳定的产销关系。再次是鼓励社会资本投资建设规模养殖。自治区财政应当拿一部分资金鼓励社会资本投资建设规模养殖场，吸收散养奶牛进场。

3.2.2　尽快启动原料奶收购价格形成机制

虽然自治区发改委已经成立了由物价部门牵头，农牧厅、财政厅、奶业协会、蒙牛乳业、伊利实业集团、奶农代表、生鲜乳收购站代表共同组成的生鲜乳价格协调委员会。但是时至今日，新的定价机制仍未形成。为保障奶业持续健康发展，保护奶农利益，从当前看应当尽快启动奶价形成机制，乳品加工企业应当按照协商价格与奶农签订收购合同。价格协调委员会对合同执行情况加强监管。从长远看，应当积极推动奶农成立奶农协会，提高组织化程度，提高奶农话语权。增强由主管部门、行业协会、企业和奶农参与形成的原料奶价格形成机制的效应，兼顾乳品企业和奶农的利益，稳固奶业发展的基础。

3.2.3 乳品企业要加快奶源基地建设步伐

原料奶成本占乳品企业成本的很大部分，目前原料奶来源很不稳定，质量不能保证，影响企业的竞争力。乳品企业建设自有奶源基地，将有利于乳品企业的长远发展，提高核心竞争力，因此，奶源基地建设已经成为各乳品企业的重要任务。通过建设奶源基地，企业可以最大限度地优化资源，确保高品质奶源的稳定供应。因此，应积极鼓励扶持自治区乳品企业加大投资，建设奶牛饲养基地。

3.2.4 继续加大政府扶持力度

政府应继续增加投入，加快提高奶牛品种改良速度；各盟市政府要充分利用国家和自治区政府扶持奶业的政策，因地制宜地促进奶牛养殖方式的升级换代；要加大奶业的技术培训，提高奶业的技术水平，提高奶牛的生产力；要在饲料与营养、选种选配、牛奶质量卫生等方面加强培训；要加强奶牛的疾病预防体系的建设，防止疫病的传染，减少损失，挖掘奶业的效益。在目前的技术水平下和单产水平下，奶业的经济效益很难取得较大提高。

3.2.5 实行生鲜乳收购合同制度

生鲜乳是易变质的特殊产品，建议乳品加工企业根据生鲜乳收购价格协调委员会协调价格，通过规范的合同文本与奶农协商确定实际收购价格和收购量，并签订全年订单合同，企业根据订单收购原料奶。通过订单合同收奶，一方面可以保证奶农生产的原料奶有长期稳定的销路，从而获得稳定的收益，保护奶农发展奶牛养殖业的积极性；另一方面，能够保证乳品加工企业获得长期稳定的原料奶，实现可持续发展。建议工商部门监督购销双方签订和履行合同。对于拒不签订合同、不履行合同，按《合同法》规定严肃处理，纳入不诚信名单，通过媒体向社会公布。要坚决打击串通价格、垄断价格、压级压价等不正当竞争行为。

3.2.6 建立生鲜乳质量安全监管长效机制

生鲜乳收购站清理整顿工作已经完成。下一步工作重点是要建立质量安全监管长效机制。目前，再单独组建生鲜乳质量安全监管执法队伍和检验检测机构难度较大，建议委托现有执法力量和检测部门开展工作。首先是将生鲜乳收购站和运输车的监督检查执法职能交由旗、县、区综合执法大队承担。生鲜乳检测职能交由各级饲料产品质量安全检验检测站承担。并将执法和检测经费纳入地方财政年度预算。其次是生鲜乳收购站和运输车辆全部安装监控系统和GPS，推动生鲜乳收购站联网监控工作。再次是各盟市，特别是奶业主产区要指定本地区第三方检测机构，开展仲裁检测工作。

3.2.7　大力培养奶牛饲养业的高素质管理人才

据奶业发达国家经验，奶牛饲养效益的高低，60%决定于经营管理水平。目前内蒙古自治区乃至全国，都严重短缺奶牛饲养管理人才，这是影响奶牛饲养业的重大问题。当前奶牛场效益比较低的原因比较多，但缺乏优秀的专业管理人才是一个非常重要的原因。为此，政府和企业应高度重视培养奶牛场专业管理人才的问题。

4 新疆奶业发展分析

□ 阿德力汗·叶斯汗

新疆是我国奶业优势区域和牛奶主产区之一。进入21世纪后，在政府的全力推动，龙头企业的强力带动（特别是随着内地知名乳品企业逐步进驻新疆市场），市场化运作和产业化经营的综合作用下，新疆奶业实现了连续7年的较快发展，初步形成了新疆特色奶业发展的局面。牛存栏数由2001年的386.4万头增加到2007年的486.98万头（其中奶牛存栏数为238万头）。2002—2005年新疆奶牛平均年增长率高达16.6%；牛奶产量由2001年的81.09万吨增加到2007年的196.23万吨（详见图4.1）。乳制品总产量20.36万吨，其中固态乳品（主要是奶粉）4.07万吨，液态乳品16.29万吨。2007年和2005年相比，奶牛头数增长10.8%，牛奶总产量增长27%，乳品总产量增长85.6%，其中固态乳品增长307%，液态乳品增长63.4%。2007年新疆奶牛头数占全国17.2%，居全国第2位；牛奶总产量占全国的5.5%；万人占有奶牛1 136头，是全国平均数的10.8倍，居全国之首。2007年末，奶业产值达到29亿元，占全疆畜牧业总产值的12%。2008年初，由于国际两大奶源产区新西兰和澳大利亚大旱，国际市场奶源紧缺，新疆奶粉成抢手货，奶粉价格曾从每吨1.6万～1.8万元，上涨到每吨3万元以上。2008年9月以前，新疆的奶粉出口一度增长了48.63%。经过7年较快发展，奶业不仅为新疆实现传统农牧业向现代农牧业的转变，增加农牧民收入，还为地方经济的发展，全面建设小康社会都做出了重要贡献。

2008年的“三聚氰胺事件”后，我国奶业受到了前所未有的冲击，新疆也深受其害。虽然新疆地区乳制品中并未检出三聚氰胺，但由于消费者对国产乳制品产生的信任危机和恐惧心理，乳制品市场一度陷入低迷；生产企业产品大量积压，陷于停产、半停产状态，奶农“交奶难”，甚至出现倒奶、卖牛等现象，广大农牧民养奶牛的积极性严重受挫，奶业陷入困境。现在危机发生已经两年多了，经过各级政府、加工企业和广大奶农的及时调整和整顿，乳品消费、加工和养殖等奶产业链各环节超预期地实现了大幅增长、快速恢复，我国奶业基本恢复到“三聚氰胺事件”之前的水平。目前，新疆奶牛结构加快调整，标准化、规模化养殖呈现出加速发展势头，奶农扭亏为盈，消费市场进入正常水平，乳品企业盈利实现正增长。

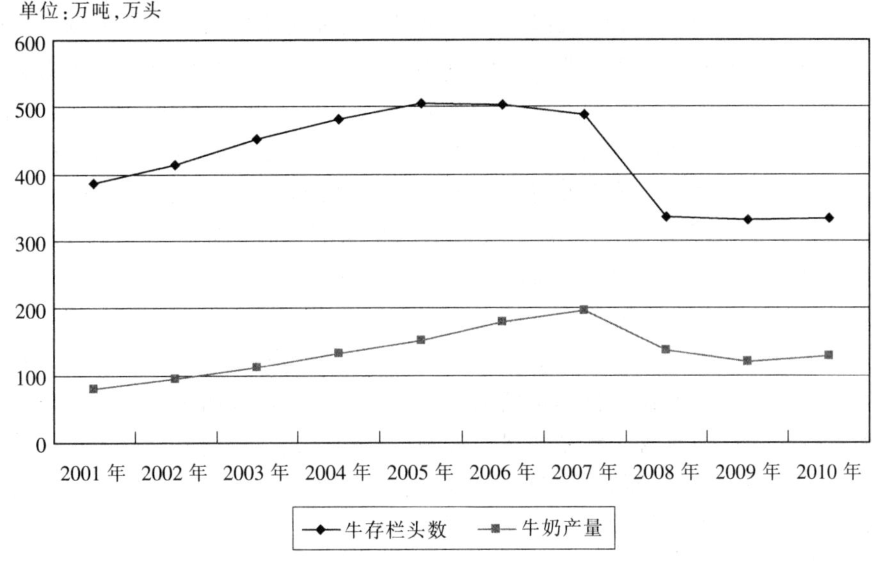

图 4.1　2001—2010 年新疆奶牛存栏头数与牛奶产量变化

4.1　奶业发展的优势、区域分布与政策

新疆是我国五大牧区之一，发展奶业具有独特的优势和良好条件。奶业是新疆特色鲜明、前景广阔的重要产业。2008 年 5 月 29 日，国务院《乳制品工业产业政策》中明确把新疆纳入全国五大乳制品工业区之一的西北乳制品工业区中。据统计，新疆奶牛数量和牛奶产量分别位居全国第 2 和第 7 位，有条件成为我国重要的奶业原料及加工业生产基地。新疆奶牛养殖业已成为促进农牧业增效和农牧民增收的重要产业，成为新疆现代畜牧业的一大亮点。

新疆奶畜资源丰富，现有牛存栏为 330.76 万头，奶产量为 120.88 万吨。除奶牛外，新疆的马、驴、骆驼存栏分别为 84.6 万头、107.17 万头、12.95 万头，均居全国第 1 位，绵羊奶（绵羊存栏 3127.5 万只，羊奶产量为 4.27 万吨）也具有很大优势。马奶、骆驼奶、驴奶、羊奶等，这些得天独厚的优势是内地许多省区无可比拟的。

4.1.1　奶业发展的优势

与内地一些省区相比，新疆发展奶业具有明显优势和诸多有利条件。

（1）奶业市场前景广阔。新疆是一个多民族聚集区，各民族自古以来就有饲养奶牛、饮用牛奶和加工奶制品的习惯，有丰富的饲养经验，加工技术和浓厚的消费意识，这是新疆奶业发展的天然优势。新疆有 13 个民族，人口有 2 100 万人，少数民族占 60%以上，饮用奶类食品历史悠久，乳品市场潜力巨大。哈萨克、蒙古等民族几乎一日三餐均饮用牛奶、羊奶或奶茶，食用奶酪（奶疙瘩）、黄油等乳制品，人均年消耗乳品量和欧美等国不相上下。维吾尔、回族等酷爱酸奶，自制的酸奶酪随处可见。从新疆奶制品消费情况看，有传统消费习惯的哈萨克族、蒙古族等民族人均奶制品消费量要明显高于其他民族。如根据 2009 年对新疆 3 468 位各族城乡奶制品消费者的抽样调查结果显示，从消费习惯看，哈萨克族每天都消费鲜奶的比例最高，为 55.6%，其次是蒙古族（50%）、其他民族（47.9%）、维吾尔族（35.1%）和回族（27.5%）；汉族每天都喝牛奶的人数比例最低，只有 19.1%，有四成以上的人只是偶尔喝牛奶。随着人口增长，特别是城镇人口大量增加、城乡居民收入持续较快增长和消费结构不断改善，乳品消费需求增长空间巨大。目前，新疆人均年消费牛奶 25 千克左右，按照温家宝总理提出的每人每天一斤奶的标准，年人均消费应达到 180 千克，新疆人均差 155 千克，按 2100 万人口计算，仅此一项新疆的牛奶消费每年就要增加 300 多万吨。同时，新疆国境线长，周边有蒙古、俄罗斯、哈萨克斯坦、吉尔吉斯斯坦、塔吉克斯坦、巴基斯坦等国，乳制品市场巨大。最近几年，三宇乳业、中洲乳业已将奶粉出口到巴基斯坦、哈萨克斯坦等国。此外，伊品酪蛋白公司也将干酪素出口到欧美、日本等国，取得了较好的效益。发挥新疆地缘优势，发展外向型乳业前景广阔。

（2）奶业发展饲草料资源丰富。新疆是我国主要牧区之一，拥有天山北坡、伊犁河谷、南疆绿洲等大畜牧基地，有大量营养价值很高、适口性很好的优质牧草。草场面积达 7 525.88 万公顷，可利用面积达 4 800.68 万公顷，占全国可利用天然草场面积的 21.96%，草地类型多样，牧草种质资源丰富；可转化利用的精粗饲料潜力巨大，每年可生产作物秸秆 1 300 万吨，青贮玉米 500 万吨，为发展奶业提供了物质基础。随着农区种植业结构调整和饲草产业稳步发展，奶业发展相关资源还有较大的开拓潜力。

（3）特殊的自然环境和气候条件，有利于发展绿色乳业。新疆处于世界奶牛带的有利位置，土地面积辽阔，养殖场（户）间隔远，奶牛饲养密集度相对较小，有利于奶牛规模化饲养；由于日照长、阳光充足，大量的紫外线有效抑制了病菌的繁衍，利于疾病的预防和控制，牲畜病害相对较少；区域内工业较少，环境污染不严重，是发展绿色乳业的天然场所。同时"三聚氰胺事件"发生以来，新疆地产乳制品及原料乳未检出三聚氰胺，产品质量社会认同度较高，有利于新疆乳制品参与区外市场竞争。因此在人们把"安全、优质、健康"作为评定食品质量标准的今天，在 WTO 绿色壁垒的监督之下的 21 世纪，新疆可以提供安全优质的绿色牛奶，满足人们需要。

（4）现代奶牛业发展步伐加快。新疆早在20世纪50～60年代就建成了一批国营奶牛场。2002年以来，新疆生产建设兵团和各地州陆续从澳洲和北美引进数万头良种荷斯坦奶牛，采用散栏式牛舍、全混日粮（TMR）饲喂、机械化挤奶，年平均单产达7～8吨。全疆现有奶牛存栏总量达260.7万头，其中荷斯坦牛51万头，新疆褐牛55万头，西门塔尔牛57万头；100头以上奶牛养殖小区500多个，其中200头以上奶牛规模养殖场和养殖小区330多个；各类鲜奶收购站点562个。近几年新疆黄牛改良和小畜改良有了较大进展，特别是塑料细管冻精冷配、胚胎移植技术的推广应用，使新疆畜群良种化程度有了较大提高。全疆现有冷配站点4 500多座，牛的良种率达59%，较“十五”末提高了5.9个百分点。每年用于奶牛、肉牛改良的冻精使用量达到了145万剂，牛胚胎移植在全疆45个县推广，克隆等生物工程技术居全国领先水平。

（5）乳品加工业初具规模。自2000年始，新疆各地相继建成一批现代化乳品加工企业，已经有自己成熟的品牌产品，大天池的“麦趣尔”、东泉乳品厂的“西域春”和“天山雪”等品牌产品已经为全疆人民所熟悉，且在疆外地区也有一定市场份额。现有规模以上畜产品加工企业463家，饲料加工企业近20家，其中规模乳品加工企业52家，生产能力达到190万吨，加工量60万吨，占到全疆鲜奶产量的28.7%，日平均加工量约2 000吨，乳制品花色品种达到40多个。乳制品企业都装备有现代化的乳品生产设备，进口的、国产的超高温灭菌奶生产线齐备，完全有条件有能力与内地奶业巨头相叫板。与此同时，伊利、蒙牛等国内大型乳企也竞相在新疆建立奶粉生产基地。最近几年，新疆特色乳制品的研制也取得较大进展，如天润乳业的牛初乳制品、伊品酪蛋白公司的干酪素、瑞源乳业的特硬质干酪、达瓦昆公司的驴奶粉、三得利公司的酸驼乳等。

当前，新疆奶业正处于从数量扩张向整体优化、全面提高产业素质转变的关键时期，还有很大的发展空间和潜力。

4.1.2　奶业发展的优势区域

按照乳品加工企业分类，新疆奶业主要有三大块：

（1）天山北坡奶业产区。是指乌鲁木齐—克拉玛依沿天山北坡一线，该养殖区集中了全疆最好的、数量最多的荷斯坦奶牛。该区域牛奶量约占全疆牛奶总产量的70%以上，因而也吸引了一大批区内外乳品加工企业在此区域投资建厂，有新疆的主力品牌“盖瑞”、“麦趣尔”、“西域春”等以及疆外来投资的“蒙牛”、“维维天山雪”、“旺旺”、“银桥”等品牌。

（2）伊犁河谷奶业产区。是指伊犁哈萨克自治州各县（市），该养殖区以哈萨克族为主，畜牧业是他们的主要产业，天然草原资源十分丰富。主要有新疆褐牛、西门塔尔、荷斯坦牛及其改良牛。伊犁是新疆较早的奶粉集中生产地，加工厂有新疆伊犁中州股份有限公司、伊源乳业、雪梦乳业、伊河吉酪品、新疆麦克特乳业等大大小小 17 家乳品企业，最红火的是陕西方面投资的银桥乳业和凯达乳业。

(3) 天山南缘奶业产区。是指库尔勒——阿克苏一线，该养殖区奶牛相对集中的区域是库尔勒市周边和焉耆县，阿克苏有生产建设兵团农一师各团场。乳品厂库尔勒有“维维天山雪”、“瑞缘”、“三宇”，阿克苏有“新农开发”、“香玉顶呱呱”等。

4.1.3 奶业发展的区域政策

为了解决新疆奶业发展中长期积累的深层矛盾和问题，应对奶业危机，重塑消费信心，振兴新疆奶业，自治区及各级政府在认真贯彻落实国家扶持奶业各项政策措施和法规的同时，纷纷出台了系列相关政策和法规，包括《关于贯彻国务院促进奶业持续健康发展意见的实施意见》、《关于贯彻落实奶业整顿和振兴规划纲要实施意见的通知》、《关于进一步稳定新疆奶业发展的意见》、《新疆维吾尔自治区奶站建设规划（2009—2012 年)》、《2009 年新疆生鲜乳收购站机械购置补贴实施方案》等政策，并采取了质量安全检测、积极筹建养殖小区、整顿奶站、清理移动收奶站、整顿饲草料市场等一系列整顿措施。

《关于进一步稳定新疆奶业发展的意见》确定了四项政策措施：

一是鼓励企业恢复生产，培育乳品消费市场。设立 1 000 万元乳品加工企业原料奶收购贴息贷款，缓解企业资金周转压力。贷款贴息为一年。其中，对喀什地区、和田地区、克孜勒苏柯尔克孜自治州乳品企业的原料奶收购贷款资金实行全额贴息，对乌鲁木齐市、昌吉回族自治州、克拉玛依市、石河子市等地（州、市）按 25%贴息，其他地州按 50%贴息，不足部分由各地财政承担；财政安排 500 万元，用于奶粉储备专项资金补贴，将区内主要乳品企业扩大生产规模、新增奶粉作为自治区储备，政府将按每吨 1 000 元进行储备补助，储备规模为 5 000 吨，储备时限为半年；增设 700 万元乳制品外销储运补贴，鲜乳制品每外运 1 吨补贴 100 元，奶粉每外运 1 吨补贴 200 元，补贴时限为一年；全面推进学生奶饮用计划，自治区财政增加 6 100 万元专项资金，对全区 60 万中小学生推广学生奶实施补贴。2010 年 5 月，西域春乳业有限责任公司、阿克苏新农乳业有限责任公司等 11 家企业被批准为学生饮用奶定点企业，加上之前由国家审批的麦趣尔、瑞源等 3 家学生奶定点企业，新疆目前共有 14 家企业为学生奶定点企业，有效期为两年。截止到 2010 年底，全疆 79.5 万名在校中小学生和福利院儿童享受到了学生饮用奶补贴。

二是提高奶牛养殖管理水平。20 万公顷高新节水示范工程中要专门安排

6.67 万公顷用于支持奶业主产区规模养殖场（小区）优质青贮饲料地高新节水改造工程项目；推进奶牛标识和养殖档案管理工作，将全区备案的 500 个规模奶牛场（小区）全部纳入养殖信息化管理和原料乳质量可追溯监管体系；投资 3 800 万元，完善区、地、县、乡镇四级品种改良冷链体系建设，全面开展冷配改良，加快奶牛良种化进程。

三是强化生鲜乳购销管理。加快生鲜乳收购站标准化建设，充分利用国家奶站机械补贴资金，实现奶站机械化配套，安排 550 万元，改造建设 110 个奶站；继续加强牛奶第三方检测站建设，在已有 42 个县站的基础上，2009 年继续安排 30 个县站建设，争取覆盖全疆所有县（市）。

四是建立稳定奶业发展的长效机制。自治区出台《新疆奶业发展应急调控预案》，在奶价过度下跌，乳制品严重滞销的情况下，及时启动预案调控；发展壮大奶农合作经济组织，争取用 1～2 年时间将农区 90％、牧业定居点 60％以上奶牛养殖户纳入合作社管理，全部进驻小区，实行集中挤奶。

《关于进一步稳定新疆奶业发展的意见》是自治区党委和人民政府站在扩大区内消费，稳定奶业发展，促进奶农增收，提高国民营养水平和整体素质的战略高度，结合新疆实际，引导奶业走出困境，稳定发展所作出的战略决策和重大举措。

根据 2010 年新疆维吾尔自治区畜牧兽医工作会议的精神，国家和自治区计划安排奶牛小区建设资金，将重点用于挤奶厅建设和挤奶机械购置补贴，以鼓励奶牛养殖场（户）购置挤奶设备，开展机械化挤奶。同时，新疆还将提高规模奶牛场经营管理水平，重点在学生饮用奶奶源基地和大型牛场推行标准化管理软件系统，并在年内配套 100 个规模牛场，带动全区奶牛养殖管理水平的提高。为完善乳制品质量监管体系，新疆今后还将在巩固奶站专项整治成果的基础上，建立奶站信息化管理平台，将全区发证奶站全部纳入信息化管理系统，促进原料奶收购、运输环节的质量监管。

“三聚氰胺事件”以后，除了国家、自治区出台的对奶业的扶持政策和法规外，各地州政府还根据当地奶业发展的情况，制定了鲜奶收购实行财政补贴、提高补贴标准，及时向奶农和企业发放补贴等支持和鼓励奶业发展的政策和措施，稳定鲜奶收购价格，刺激乳品消费，确保奶业生产和奶农的利益。

昌吉回族自治州政府率先推出了“企业微利，奶站让利，政府补贴，奶农保本”措施，有效缓解当地奶农倒奶、卖牛现象。昌吉回族自治州及其各县均安排了鲜奶收购补贴资金。昌吉市针对“娃哈哈”奶粉生产企业和散户奶农双亏的现状，拨付 100 万元专项资金，对该企业收购牛奶实行为期一个月的补贴，帮助企业和奶农共渡难关。

石河子市进一步加强并推进奶牛信息化管理平台，推广自配料和实施件控冻精，节本降耗，打造“效益型养牛业”；政府财政对奶牛养殖、牛奶计价和质检环节安排 1 000 万元资金进行各类补贴，减免税收和用于贷款贴息的资金达 3 000 万元；并协调 1 500 万元资金，支持花园乳业开发适应市场的高档婴幼儿配方奶粉。

巴音郭楞蒙古自治州人民政府出台了《关于稳定奶业发展的实施意见》，旨在促进全州奶业持续健康发展。《意见》明确强化五项扶持政策，全面推进“学生饮用奶计划”、加大原料奶收购贷款贴息力度、落实奶粉储备制度、落实乳制品外销储运补贴、拓宽乳制品消费渠道等，助推全州奶业健康发展。

哈密地区安排 1 000 万元畜牧业发展专项资金，对奶农交售鲜奶给予每千克 0.2 元的补贴，对引进的优质高产奶牛每头补贴 1 000～2 000 元不等。

从两年多的实践看，在这些扶持奶业政策和法规的推动下，使新疆乳品企业和奶牛养殖企业渡过了难关，整体奶业形势正趋于健康良性发展，市场逐渐恢复，奶牛存栏得到保障。

4.2 奶业发展现状

4.2.1 “三聚氰胺事件”对新疆奶业的影响

受“三聚氰胺事件”的影响，乳制品社会总需求减少，市场上牛奶大量滞销，乳品企业停止或减少生鲜乳收购，部分奶站关闭整顿，奶农基本上没有交奶途径，原料奶（生鲜牛奶）价格长期低迷，而且 3～6 个月难以收回奶款，奶农倒奶、卖牛现象增多，奶牛饲养量减少。新疆牛年底头数由 2007 年的 486.98 万头减少到 2009 年的 330.76 万头（据不完全统计，全疆散户存栏减少比例达到 30%左右）；牛奶产量由 196.23 万吨减少到 120.88 万吨；区内液态奶消费市场下降 15%以上。

受国际金融危机的影响，美欧等主要乳品消费市场持续萎缩，为转嫁过剩产品，国外奶粉生产企业以低于国内奶粉 35%的价格抢占中国市场，造成新疆奶粉在国内市场上滞销，新疆奶粉企业陷入半停产状态。新疆乳品企业积压奶粉一度达到 6 000 多吨。乳品企业减产限收，原料奶销售困难，全疆每天约有 350 多吨原料奶交售困难，区内 60%以上企业拖欠奶农奶款 2～3 个月，拖欠奶款上亿元。有的企业奶粉订单减幅高达 50%，以致库存奶粉积压，占用大量资金，因此只有压产限产。如银桥奎屯乳业公司库存已经达到 700 多吨，亏损数百万元。新疆焉暨三宇实业公司把原料奶收购量缩减七八成。”

伊犁河谷乳品加工企业有 28 户（其中日处理鲜奶在 100 吨以上的企业有 8 家。“三聚氰胺事件”后，奶产品严重滞销，奶农开始卖或屠宰奶牛，每头成年荷斯坦（黑白花）奶牛的价格也从过去的 1.5 万～1.8 万元跌到 5 000～

6 000 元；鲜奶价格从过去的 2.3～2.5 元/千克跌到的 1.1～1.3 元/千克；每天一头奶牛亏损达 2～9.4 元，一年下来不但把新生幼牛的利润亏掉，可能还要倒亏 2 000 元左右。企业奶粉压库 2 000 多吨，乳制品滞销使 2/3 的企业处于停产和半停产状态。比如新疆伊源乳业股份有限公司是伊犁河谷最大的乳品企业，日处理鲜奶能力 450 吨，产品有液态乳、奶粉，企业自建奶牛养殖基地 2 个（各年龄奶牛 3 000 头左右），每天可保障提供鲜奶 20 吨左右，不足部分向各奶农收购。“三聚氰胺事件”前，该企业平均每月收购鲜奶 3 022 吨，10 吨鲜奶生产一吨奶粉，每吨奶粉加工成本在 3 075 元、应缴税金 441.98 元、实现利润 594.64 元，产销结合率 82.28%，给奶农每十天结算一次牛奶款。“三聚氰胺事件”后，平均每月收购鲜奶只有 1 638 吨，每吨奶粉加工成本在 3 645 元、没有税金、实现利润 138.88 元，产销结合率下降到 65.73%，欠奶农牛奶款 265 万元需 5 个月才能支付。

伊犁中洲高科技发展公司是新疆奶粉出口重点企业，产品一度热销中亚、中欧地区。从 2008 年 10 月开始，奶粉出口停滞，积压奶粉 1 600 吨。另两家乳制品大企业——西域春乳业和天润乳业，也因价格暴跌，奶粉生产线只得停产。

2009 年 5 月底时巴音郭楞蒙古族自治州库存积压奶粉最高达 950 吨。乌鲁木齐市散奶价格由 4 元下降至 2 元。2009 年春节后昌吉市大西渠镇每千克牛奶从 2008 年的 1.9 元跌到了 1.3 元、1.2 元，最低的时候一元钱都没人要。局部地区出现了奶农倒奶和卖牛现象，严重影响新疆奶业持续健康发展。

4.2.2　“三聚氰胺事件”后，新疆奶业的发展情况

在经历了“三聚氰胺事件”后，新疆紧随着全国奶业调整的步伐，在投入大量的人力和物力加强生鲜乳质量安全监管的同时，努力提高产业水平。行业管理部门也十分清醒地认识到牛奶低层次生产加工水平所引起和造成的危害，在自治区党委和人民政府的高度重视下，全区开展了生鲜乳质量安全整治行动、大力推广学生饮用奶计划、生鲜乳收购站清理整顿等工作，在从源头狠抓质量安全的同时，着力帮助和解决“三聚氰胺事件”给新疆乳品消费带来的冲击，可以说在过去的两年多里，新疆奶业发展是围绕着如何走出危机、加快生产结构调整、提升产业发展水平以及扩大固态乳制品消费量这几个重要问题展开的。

“三聚氰胺事件”一度使新疆奶业陷入了严重的危机。新疆奶业经济也经历了一个艰难的恢复过程。在自治区党委、自治区人民政府的正确决策和各级政府的强有力应对下，经过全疆奶业同仁的不懈努力，新疆乳品消费市场比较快地重新启动；乳品企业摆脱了困境，奶业逐步走出危机的阴影；牛奶收购价

格得到了恢复，奶牛业的饲养效益有显著改善，奶牛数量和牛奶产量逐步回升。但这些积极因素只是危机后的复苏迹象，是恢复性的增长。完全消除危机所带来的消极影响，使新疆奶业重新振兴，不仅需正确的目标定位，还需要更长时间的艰苦努力。

2010 年，新疆奶业经济发展整体形势好于 2009 年水平。奶业产业链的核心环节——乳品企业，继 2009 年度扭亏为盈后，2010 年实现了奶业持续发展。2010 年末牲畜存栏 3 722.12 万头（只），比上年下降 3.2%，其中，大牲畜存栏 536.8 万头，下降 0.1%，羊存栏 3013.37 万只，下降 3.7%；肉类总产量 122.05 万吨，增长 5.8%，其中，羊肉产量 46.95 万吨，增长 7.2%；牛肉产量 35.47 万吨，增长 4.7%；猪肉产量 23.05 万吨，增长 4.6%；绵羊毛产量 6.85 万吨，下降 4.3%；牛奶产量 128.60 万吨，增长 6.4%，牛奶产量增幅明显高于其他畜产品产量增长速度。

（1）奶业整体上稳定运行。奶业在调整中发展，全疆奶牛奶牛存栏平稳，原料奶产量略有回升，牛奶收购量和收购价格稳中有升。2010 年牛奶产量达 128.60 万吨，比上年增加 7.72 万吨；奶类价格呈稳中有升之势，比上年上涨 9.85%。值得欣喜的是，一年来，在国家和自治区政策的引导和扶持下，区内乳品消费信心逐步恢复，乳品加工企业开工率快速回升，昌吉州、伊犁州直、巴州和喀什、吐鲁番、阿勒泰地区等牛奶主产区生鲜乳收购价格持续上扬，平均价格达到每千克 3.2 元以上，比同期上涨了 60%以上。全疆生鲜乳价格从 2008 年 11 月后的平均收购价每千克 1.5～1.7 元上创纪录的达到了 2009 年底的每千克 2.8～3.0 元，每千克平均增长 1.3 元。据国家统计局巴音郭楞调查队调查，奶粉平均出厂价格 2010 年 2 月底就达到了 2.55 万元/吨，与 2009 年 4 月最低平均出厂价格 1.62 万元/吨相比，增长了 57.5%。在乌鲁木齐市一些居民区的鲜奶销售点，每千克散装奶价格 2009 年年初时的 2 元上升到 2010 年底的每千克 4～4.5 元，已经上升到了危机前的水平。自 2010 年元月至 2011 年元月，乌鲁木齐市奶源收购价格从每千克 2.6 元涨到每千克 3.1 元，涨价幅度达到 19%。2011 年 2 月份奶源收购价格再次上涨至每千克 3.4 元。

（2）奶站监管得到加强，奶站基础设施明显改善。“三聚氰胺事件”爆发后，农业部按照国务院部署加大了奶站的清理整顿，核心是进行奶站的资格审查和行业准入与许可，包括奶站规范化建设与改造的技术标准和日常监管，完善奶站机械化配套，改善奶站的经营环境和卫生条件，提高原料奶质量卫生水平。自治区人民政府要求今后奶站必须由取得工商登记的乳制品生产企业、奶牛养殖场、养殖小区、奶农专业生产合作社开办。其他单位和个人一律不得收购鲜奶。奶站运营也必须取得所在地县级畜牧部门颁发的《生鲜乳收购许可证》和《生鲜乳准运证明》，建立生鲜乳收购、销售和检测记录，没有取得

"两证"的奶站不允许经营，相关工作已基本完成。"三聚氰胺事件"前新疆奶站为954个，经清理整顿，取缔了设施简陋的收购站、点171个，自行关闭235个。2009年底，新疆奶站总数为528个，符合三类主体资格的收购站477个。2010年，整顿生鲜乳收购站467个，完成了79个地县级生鲜乳第三方检测站仪器装备工作。经过清理整顿、调整和整合生鲜乳收购站基础设施、卫生条件、机械设备、检测手段明显改善，生鲜乳质量安全保障制度基本健全，奶站的恶性竞争得到了遏制，收奶量增加，效益改善。对于新疆奶业来讲，国家加强乳品质量安全监管，严格规范生鲜乳收购站主体资格，客观上加速了生鲜乳收购站生产收购水平和挤奶机械化程度的提高。各地依托国家奶业机械购置补贴政策，积极兴建机械化挤奶厅、挤奶站，具备集中机械挤奶条件的奶站达到323个。昌吉州原有的118个奶站进行了全面清理，其中关闭合并奶站30个，对符合要求的88个奶站发放了《生鲜乳收购许可证》，符合生鲜乳运输条件和资格的66辆车发放了《生鲜乳准运证》。该州还积极建立了机械化挤奶站，对2万多头奶牛实行了集中机械挤奶，改变了以往传统的人工挤奶方式，初步建立了"人不触奶、奶不露天"的挤奶、储运安全运行模式，杜绝了鲜奶交售过程中人为掺杂使假的不法行为，既提高了机械化作业水平，加快了挤奶速度，又保证了鲜奶的质量安全。2010年，挤奶厅累计达80个，基本覆盖全州牛奶主产区。

4.2.3 奶业的规模经营得到了较快发展

规模化经营是"三聚氰胺事件"后，我国奶业的一个显著变化，新疆也不例外。"三聚氰胺事件"后，畜牧业专业合作经济组织得到迅速发展，在联结企农利益，引导和组织畜牧业生产方面的作用日益突出。截止到2010年底，全疆建成标准化规模养殖小区达2 800多个，建立畜牧业专业合作组织达400多个。昌吉州通过推进"六统一"养殖小区经营模式、"四位一体"畜牧业融资模式以及"公司加农户"的产品营销模式，在解决畜产品质量管理、企业利益联结和养殖户贷款融资等瓶颈问题上取得积极成效，并通过兴办托牛所，加快散养奶牛向养殖小区和规模养殖场集中，有效提高了奶牛养殖的规模化、标准化水平。

同时，一些实力强的乳品加工企业也纷纷自建了一批规模化牧场。如呼图壁种牛场建成两座3 000头高产奶牛养殖场，成为西北地区规模最大的现代化高产奶牛养殖基地，为打造新疆奶业优质品牌起到了示范带动作用。

总体看，新疆奶业的规模化水平有了较快的提高，正在实现奶户的升级换代。小规模奶户逐步向规模化家庭牧场过渡，实现小规模、大群体向适度规模、适量群体的转变，逐步形成以规模家庭牧场为主体、大中小牧场协调发展的组织结构。新疆现有的奶牛养殖模式主要包括散户、养殖小区、乳品企业建设的牧场、家庭牧场、托牛所、奶联社、奶农专业合作经济组织等。

4.2.4 乳制品企业生产得到恢复

新疆通过核发原料奶贷款贴息、奶粉储备补助和奶粉外销储运补助等三项补贴 2200 万元，帮助乳品加工企业恢复生产、稳定信心。目前新疆乳制品企业总体上已经恢复元气，加工量和产值基本达到了事件前的水平。2010 年，西域春乳业的利润达到了 3 000 万元以上。2010 年 2 月底，巴州奶粉库存量为 278.8 吨，同比下降 71.7%，恢复到正常水平。在经历国际经济和奶粉价格剧烈变化后，国际奶粉原料价格从 2009 年 8 月开始上涨，从每吨 2.1 万～2.2 万元上涨到 12 月的 3.4 万元。新疆的奶粉价格也随之水涨船高，从 2009 年一季度的每吨 1.65 万元回升到 2010 年初的 3 万元，生鲜奶收购平均价格达到了每千克 3 元。2011 年 2 月 16 日，新疆西域春乳业有限公司的“西域春”牌 243 毫升巴氏奶的零售价从 1.5 元涨到 1.8 元，时隔一周后的 2 月 24 日，天润生物科技有限公司的佳丽牌 400 毫升巴氏奶的零售价从 2.3 元涨到 2.8 元。在巴氏奶价格上涨的同时，酸奶价格也开始上涨，之前 3 元一盒的几种品牌的老酸奶涨至 3.5 元。追溯到 2009 年 12 月份，巴氏奶的上涨幅度近乎翻了一倍。

由于奶粉价格回升和消费者对奶制品品质信心增强，奶制品消费量稳步回升，企业的奶制品加工量开始明显增多，收购原料量扩大。新疆的奶粉生产“大户”伊犁伊源乳业、焉耆三宇乳业、阿克苏新农乳业、喀什南达乳业已恢复元气，企业利润明显提高。一些乳品企业开始从生产单一的工业奶粉，到乳制品的多元化发展。产品多元化带来了乳制品出口增长。2010 年伊犁州直县市酪蛋白的出口猛增，出口金额达到 234 万美元，比 2009 年增长 319%。2010 年新疆伊品酪蛋白有限公司投入 4 000 万元进行技术改造，产品向多元化发展，目前已加工生产出成熟奶酪和新鲜奶酪两大系列 6 个品种。目前，伊犁州直已形成“伊品酪蛋白”、“伊源乳业”、“伊力特”、“麦科特”等企业为龙头的乳制品出口加工产业。

同时乳品企业在奶业发展思路上也开始更加关注奶源基地和规模化的牧场的建设，关注原料奶的安全和奶站的管理。

4.3 新疆奶业发展面临的主要问题

4.3.1 奶源基地建设滞后，奶牛良种化水平不高

奶源基地建设还处于起步阶段，无法满足企业大规模生产。在“三聚氰胺事件”发生前，新疆基本处于“抢奶”状态，近期这种趋势又有抬头的迹象，

这充分表明新疆奶源基地建设的薄弱。“三聚氰胺事件”后，新疆奶业的规模化水平虽然有了一定的提高，但是养殖户规模小，布局散，水平低的状况没有得到根本改变。奶牛养殖方式落后，规模化、标准化生产水平低，难以有效调控和降低生产成本。据估计，目前散养户占全疆牛奶产量的比例在70%左右，占有主导地位。新疆乳品企业的收购对象主要还是奶站和规模养殖户。各企业自有固定奶源基地提供的鲜奶一般不超过20%左右，大部分企业，尤其是一些规模较小的企业，就根本没有自己的奶源基地，基本靠各鲜奶中间商挨家挨户到各奶农家收购，或由企业在各乡村设收购点收购。乳品企业社会化大生产与奶源基地的小、散、低的家庭经营已经构成了尖锐的矛盾。同时，奶源分散，运输成本高。新疆面积广阔，城市之间的距离少则上百公里，多则一千多公里，原料奶集中在农牧地区，而终端消费者主要在城市，无论是原料奶的收购还是终端产品的运输成本都非常高。

新疆拥有产乳量较高的良种奶牛数量较少，产乳量较低的新疆褐牛、改良牛及其土种牛占到70%以上，奶牛成年母牛平均年产奶仅为2吨左右，远远低于每头牛年产6吨的世界平均水平。据国家统计局新疆调查总队对新疆14个地州市、南北疆48个奶牛养殖县（市）的1 500户奶牛养殖户的问卷调查，产奶性能最好的纯种荷斯坦牛仅占被调查养殖户的9.9%，我国唯一的纯乳用品种牛——中国荷斯坦牛占40.6%，乳肉或肉乳兼用型牛如西门塔尔牛、新疆褐牛各占18.7%和5.1%，其他杂交改良牛占10.5%，土种牛占8.0%，其他品种占7.2%；新疆克孜勒苏柯尔克孜自治州7.54万头奶牛存栏中荷斯坦奶牛、西门塔尔乳肉兼用牛和土种奶牛比例分别为5%、25%和70%，大多数为土种牛、改良牛，前两个品种真正的纯种牛不足3%。究其原因，是奶牛良种繁育和推广体系不健全，机制不完善，导致奶牛品种繁杂。

4.3.2　生鲜乳质量安全隐患依然存在

虽然“三聚氰胺事件”之后，无论国家相关部门还是新疆大范围检查，都没有发现鲜奶中有添加毒害物质的行为，但是由于新疆奶业生产方式落后，规模化、集约化奶牛养殖程度较低，管理水平落后，集中收奶难，统一质量控制不能形成，同时各地的质量监控力量薄弱，没有形成长期有效的监督机制，这些都是生鲜乳质量安全隐患。

一是广大农牧户家庭的小规模分散饲养模式，管理粗放以及优质豆科牧草，奶牛专用饲料和全株青贮饲料的推广力度上不去，导致原奶质量参差不齐，使原料奶的品质达不到国家标准，而且原奶往往会经过“二道贩子”倒手，难以杜绝掺假现象，牛奶质量安全隐患无法消除。

二是缺乏统一的原料奶收购标准和配套检测技术，企业、奶农在原料奶收购价格质量标准意见不一，质量检测和定价不透明，缺乏独立于加工者和生产者的第三方检测机构，使企业与奶站、奶农时起矛盾。尤其生鲜乳需求淡季，生鲜乳以质论价的人为因素较为明显，一定程度上挫伤了奶农的积极性。从长远看，不利于奶牛养殖业的稳定健康发展。

三是由于行政体制改革滞后，部门职责不明确，作为行业自律的各级行业协会不能正常发挥协调、服务、维权、自律的作用，有些强制性标准在生产经营中得不到落实，产品质量难以保证。

四是目前奶站有乳品加工企业自办的、规模养殖厂自建的，更多的是个体私营奶站。由于投入渠道不同，奶站设施水平迥异，奶源质量监控难，收集贮运条件差，许多收购站要达到三类主体要求，需要资金和设备支持。

4.3.3 乳制品产业集中度差，市场开拓难

新疆绝大多数奶制品企业规模小、产业集中度低，普遍不具有规模化优势。在新疆的乳制品市场上，市场份额一多半被伊利乳业、蒙牛乳业、维维乳业等国内知名企业占据，而以麦趣尔、西域春、盖瑞、天山雪等为代表的本土乳品生产企业仍处于发展阶段，难以形成规模效益。新疆现有 70 余家乳制品企业企业，其中年产量大于 10 000 吨的企业只有 6 家，年产量在 5 000～10 000 吨的企业有 8 家，绝大部分都是年产量 5 000 吨以下的小企业。疆内液态奶市场能够达到年销售量逾亿的只有天润乳业和西域春乳业，两者并驾齐驱，年销售量均逾 3 亿元。目前新疆仅有 7 家乳品企业能够达到国家《乳制品工业产业政策（2009 年修订）》中对生产能力和生产规模等方面的要求。

同时由于交通、技术、经营理念等条件的限制，本地乳企多以生产低端产品为主，产品利润率低，附加值低，综合效益不高。新疆年原料奶加工量约 60 万吨，其中 70%以上为原料奶粉，并主要用于供应疆外各乳制及其他食品生产加工企业，本地不具备深加工能力。作为奶业大区的新疆，乳品企业的品牌只停留在疆内，没有出现象“蒙牛”、“伊利”这样享誉全国的乳品龙头企业。在全国 2128 个驰名商标中，新疆品牌所占比例仅为 0.38%。同时由于国家和自治区出台的乳品企业准入制度较晚，执行不严，“三聚氰胺事件”后，一些社会资本流入乳品行业，使过去一些设备陈旧，技术落后，乳品档次低，加工链短的以生产液态奶为主的“小奶粉”厂死灰复燃。而这些企业既不建奶源基地，也不搞合同收奶，趁大企业生产不景气之际，到处抢奶源，与大企业争资源，给生奶掺杂使假创造了沃土。

本地乳制品市场培育滞后，鲜奶和酸乳制品市场开拓不足。新疆本地乳品企业年加工上市鲜奶和酸乳制品约 18 万吨。新疆远离内地巨大的乳制品消费市场，而新疆的消费人口仅相当于其他省份的一个地区的人口，市场容量与市

场开拓成为新疆乳业发展的瓶颈。新疆还不是一个成熟的市场，每天数千吨的产能面对的却是只有 300 吨的消费市场，这无疑给新疆本地的乳品企业提出了挑战。一方面，使新疆乳品交易成本远远高于其他省份。液态奶出疆仅运输成本一项，每千克就达 0.5 元；另一方面，由于长距离、长时间的信息传播造成的信息失真和漏损，使新疆企业对市场变化信息的反应灵敏度降低，使消费者对新疆产品的熟悉和认识程度都有所降低。

4.3.4　乳品企业与奶农利益联结机制不健全

奶农、奶站、乳品企业、商超均是独立的市场主体，由于实力不对称，奶农始终处于孤立无助的弱势地位。从生产者与乳品企业的关系看，生产者和乳品企业之间既没有明确的产权联结关系，也没有完备的市场化协议，更没有形成一体化经营的产业化格局。

一是企农利益联结机制不健全，绝大多数奶牛养殖户没有与加工企业建立牢固而稳定的契约关系，两者之间的利益矛盾频繁发生，奶农与乳品企业利益分配关系仍然没有很好的解决。即便有联系也仅仅停留在简单的买卖关系上，短期行为严重，致使原料奶价格极不稳定。根据国家统计局新疆调查总队对 1 500 户奶牛养殖户的调查，86.1%的养殖户没有与乳品加工企业签订牛奶购销合同，从不同养殖规模分析，养殖规模越小，与企业的定期合作越少，尤其是 90.3%的散养户没有与乳品加工企业签订牛奶购销合同；但随着养殖规模的扩大，养殖户与企业的定期合作关系趋向紧密。如 88.9%的大规模户与乳品加工企业签订了稳定的购销合同。85.9%的养殖户表示没有享受乳品加工企业提供的技术服务。

二是奶业的价格形成机制不完善。目前，新疆奶业的价格仍然是政府协调下的企业定价，奶农在牛奶价格确定中的影响作用小，这种不平等的交易关系长期持续，不仅对奶业的健康发展十分不利，而且会滋生新的更大的质量安全事故，可能会引发社会问题。由于企业生产能力远远超过奶源量，因此出现奶粉市场好的时候，各企业跨区长途抢购鲜奶，中间商或奶农掺假事件也平平发生，企业产品质量和效益下降；奶粉市场不好的时候，许多小企业就不收购鲜奶或压级压价，坑害奶农，造成奶农卖牛或杀牛。而奶业是一个关联性非常强的产业，奶价迅速的向下波动，直接后果是对奶牛养殖业的打击，而奶牛养殖是一个周期较长的过程，一旦受到影响，短期内恢复较慢，十分不利于整个奶业稳定健康发展。

4.3.5　奶牛养殖缺乏完善的政策支持和保护体系

近几年来，特别是“三聚氰胺事件”后，国家及自治区出台了一系列加快奶业发展的相关政策，促进了奶业的持续健康发展。但是，在养殖业融资贷款、实行牛奶最低保护价、开展奶牛保险、实施乳制品政府收购储备制度等方面，仍然缺乏系统配套的政策支持体系，尤其是贷款难度大和获取信息渠道单一。目前，散养户是在极不平等的竞争环境下生存，他们既受收奶价格歧视，也受补贴歧视。根据国家统计局新疆调查总队对 1 500 户奶牛养殖户的调查，仅有 24.1%的养殖户表示享受到国家和自治区有关奶牛养殖的财政补贴，且养殖规模越小，享受财政补贴的比例越低。其次是养殖业贷款难度较大，分别有 82.8%的散养户、79.0%的小规模户、86.5%的中规模户和 44.4%的大规模户认为贷款相对困难或十分困难，且养殖规模越小，争取贷款难度越大。

4.3.6 奶牛养殖成本和乳品企业加工成本在上涨

随着饲料价格的上涨，奶牛养殖成本增加，奶农养殖负担加重，减少了养殖收入，缩减了养殖收益，影响了奶农的生产积极性。随着国际大宗商品的交易价格上涨，作为奶牛主要饲料的玉米价格从每千克 1.3 元涨到每千克 1.8 元。以前乌鲁木齐市安宁渠镇四十户乡西村 80%左右的村民家都养奶牛，从“三聚氰胺事件”后，随着养殖成本的增加，现在该村养奶牛的不到 50%。

2010 年是，由于奶牛饲草料价格、燃料动力成本、人工成本等全面上涨，导致原料奶价格持续走高，从性价比来看，新疆现在已成为全国原料奶价格最高的地区之一，过高的原料奶价格，不仅削弱了新疆乳业在国内的竞争力，也给疆内乳品加工企业造成巨大的成本压力，整个行业毛利率在下降。

另外，受国际原油价格上涨影响，奶制品的包装材料、添加辅料价格和劳动成本也出现上涨。例如：在过去一年（2010 年）中，奶膜价格从每千克 16 元涨到每千克 19.5 元，涨幅高达 22%。白糖的批发价格从每千克 5.2 元涨到每千克 7.3 元，涨幅高达 40%。新疆天润生物科技有限公司提供的数据显示，2010 年员工工资增加 189 万元，增长幅度为 20%。受奶源价格上涨、糖价上涨、劳动成本上涨等因素影响，乳品加工企业不得不提高巴氏奶的价格，以保证经营成本。

在乌鲁木齐市孺子牛有限公司，负责人田立峰说：“2009 年秋天的时候，苞米一吨是 1 800 元，2010 年涨到 2 400～2 650 元。人工工资 2009 年时是 1 000 元，2011 年初涨到了 2 000 元都找不到人干。养牛成本涨了，牛奶价格自然就上去了。鲜奶的收购价格也在涨，从 2009 年的每千克 2.2 元涨到现在的 3.5 元。”

4.4 对策建议

4.4.1 加强奶源基地建设，夯实奶业发展基础

一是要推行奶牛养殖的标准化、规模化。推进规模化、标准化养殖，提升

生奶质量是养殖环节的首要任务。因此，要加大奶牛养殖标准体系建设力度，加快奶牛标准化、规模化养殖小区建设步伐，扶持畜牧业科技示范园区建设，实施种草养畜工程，推进奶牛饲养生产方式向标准化、规模化、有机化方向转变。同时要着重提高机械化养殖的比例，并支持200头以上的规模化牧场的改扩建。要借助国家奶牛标准化养殖小区建设项目支持，集中改造建设一批奶牛规模化、标准化养殖小区，加快奶牛养殖小区和挤奶厅建设，全力推进“奶牛进区，挤奶进厅”的生产模式。现有的规模养殖小区、奶农养殖合作社可以通过收购、代养、托管、入股等方式，接纳散养户和其他养殖户奶牛，扩大养殖能力。要积极帮助奶农合作社、涉牧企业做好养殖小区建设用地、环境审查工作，因地制宜地推广昌吉州发展“托牛所”经验，做好零散奶源的管理。2011年，将在一些地区开展奶牛场的示范创建工作，让机械化生产、规模化饲养的理念深入人心。

二是乳品加工企业要积极自建规模化牧场。原料奶价格占到牛奶成本的70%，因此奶源对乳企至关重要。目前，新疆本土大型乳企获取原奶是以奶站收购为主，即奶农自养奶牛，每天在规定时间将奶牛送到奶站统一挤奶，这样可以减少挤奶过程中对原奶的污染。对于一些规模较小的企业，收购散户的牛奶也是获取原奶的主要途径。目前，伊利集团在新疆获取原料奶的方式是以收购为主，天山畜牧、西部牧业等3家大型公司向他们提供奶源。而2011年伊利要在新疆打造的奶源基地，则是采用“奶联社”的模式，即把奶农的奶牛统一收购到伊利集团下属的公司，由专业工作人员统一饲养，由公司给奶农返红利。这样做既可以降低奶农的饲养风险，又能保证原奶的质量安全。

三是加强奶畜良种培育和引进，提高优良奶畜种源生产能力；规范种奶畜管理，加大良种奶畜推广力度，稳步提高奶畜个体和群体生产水平；坚持以企业为主体，加强良种繁育，加快推进高产奶牛核心群（场）、奶牛良种示范养殖场和种公牛站建设。

四是要密切关注乳品企业资格重审对新疆奶业发展的影响，提前做好各项应对服务工作。奶业优势产区，要积极帮助乳品龙头企业扩大奶源基地建设，增加产能，开拓市场，不断做大做强；偏远地区，要做好现有奶源的产销衔接，维护奶农利益，稳定奶业发展。

五是大力发展饲料生产，改善饲料品种结构，加快推进“三个1 000万亩”工程建设，大力发展饲草料种植和饲草饲料加工业，完善饲草饲料保障体系。与此同时全面落实基本草原保护制度，实施草原生态保护补助奖励机制，对草原禁牧实行补助，对草畜平衡实行奖励，对牧区人工饲草料生产和牲畜品种改良等实行生产补贴。

4.4.2 全面加强质量控制，确保奶制品质量安全

毫无疑问，除了继续贯彻落实2010年颁布的《乳品安全安全标准》外，将根据《奶业整顿和振兴规划纲要》的要求，继续对生鲜乳收购站进行整顿和治理，2011年将着力制定一些新的制度，其中包括建立生鲜乳收购站档案和黑名单通报制度，生鲜乳生产收购进货查验制度，奶畜养殖和生鲜乳运输环节违规从重处罚制度等。

一是建立健全奶制品质量检测网络，建立权威、客观的第三方监测机构和制度，对奶制品生产各环节的产品进行检测，规范原料奶购销秩序，为加强管理和监督提供依据。注重发挥好县级生鲜乳质量监管站作用，解决好监测经费和检测物资等问题，全面开展乳品质量检测工作。

二是建立生鲜乳质量监管制度。加强生鲜乳质量控制，加强对生鲜乳生产、收购、运输等环节的质量安全监管，并尽快制定和建立科学的奶牛饲养规范模式，实行标准化生产，大力推广机械挤奶。同时，要结合国家生鲜乳收购站信息化监管平台和质量安全追溯系统试点建设，做好奶站信息化监管的各项基础工作。

三是完善质量标准体系。加强监督各方面强制执行国家标准，鼓励企业、县市制定更为严格的企业和地方标准。在新标准颁布之前，乳品生产经营单位应执行现行国家标准；没有现行标准的，要参照国家推荐的国际食品法典委员会（CAC）、国际乳业联合会（IDF）等国际组织的标准执行。

四是建立奶制品市场准入制度，督促奶制品经销企业切实把好市场准入关；实施不合格产品退市制度，加大监督检查，坚决杜绝劣质奶、有抗奶、还原奶、回锅奶、早产奶，坚决停止销售不合格乳制品，营造健全安全的奶制品消费环境。

五是加强疫病防治，防范奶业风险。加强奶牛疫病防控体系建设，抓好口蹄疫防控，重点加强对结核病、布氏杆菌等传染病的监测与疫牛的强制扑杀工作，继续对患病强制扑杀奶牛给予补贴，提高综合防控能力。健全和完善重大动物疫病防控责任制，加强奶牛常见病、多发病的综合防治，推行奶牛疫病防治规范化、标准化、程序化管理，进一步加快实施奶牛标识和免疫档案管理制度，建立可追溯体系。

六是健全质量管理制度。首先，完善乳制品检验制度。质监部门要加强乳制品质量安全监管，监督乳制品生产企业对原料进厂和产品出厂实施检验，对检出三聚氰胺及其他有害有毒物质的产品，立即责令企业召回、封存、销毁；其次，建立产品质量可追溯制度。从饲料供应到乳品生产、收购、加工、销售等各环节均应建立台账制度，如实记录产品来源、数量、质量、批次、日期等

相关信息；再次，建立严格的乳制品生产企业质量管理制度。经贸部门要督促所有乳制品生产企业限期执行《乳制品企业良好生产规范（GB12693)》，三年内全部达到标准，达不到标准的必须停产整顿。

4.4.3　提高奶业产业集中度，实施名牌战略

新疆奶制品生产无论在规模、产品、品牌、技术、营销上都无法与国内奶制品生产大企业相抗衡，从而导致新疆纯天然、最接近绿色食品和有机食品的优质奶制品生产和销售远远不及国内蒙牛、伊利等著名品牌。面对激烈的竞争，本地企业奶制品市场份额在外来乳业巨头的进攻下不断缩小，本地奶农的利益也难以得到长期保证。为此必须从体制、机制与政策上对奶制品加工企业予以扶持，尽快打造具有国内外竞争力的奶制品企业集团。

一是进一步整合资源，提高产业集中度。鼓励有实力的奶制品生产企业兼并重组中小企业，采取资产联结、合资合作等多种形式，提高奶业产业集中度；积极引进国外资本，与国内知名企业开展资本、技术和市场营销网络合作，增强企业竞争力，在新疆南北疆各打造1～2家大型奶制品企业集团。近期，有关乳企的收紧政策不断出台，除了质检部门对乳企检测方面资质收紧之外，在乳企的日处理能力和奶源自给能力等方面的资质审核，自治区也抬高了门槛。“乳企日处理能力必须达300吨以上，奶源自给必须达40%。”质检部门和行业管理部门对奶企生产能力和检测能力方面资质收紧后，“生产能力、规模和检测能力不符合要求的，有可能会被淘汰出局。”

二是加快企业技术改造和设备更新。政府应在税收、金融等方面对奶制品加工企业给予政策扶持，对奶制品生产企业的技术改造进行财政贴息，在信贷上给予优惠，鼓励企业进行技术改造。要加大资金投入，加快引进关键设备和核心技术，提高奶制品生产的技术含量。

三是实施品牌战略，增强市场竞争力。国内知名奶制品生产企业如内蒙古的蒙牛、伊利通过政府扶持，资本运作，提高区域产业集中度，推行名牌战略，占领了2/3的中国乳品市场。因此，新疆要充分利用自己的资源优势，加快整合本土奶制品企业，改变各自为阵的产业发展策略，尽快做大、做强几个品牌企业和名牌产品，推动新疆奶制品产业的快速发展。

4.4.4　加强政策倾斜和投入力度，为奶业发展创造良好环境

一是建立奶业发展的长效机制。要统一思想，提高认识，加强领导，按照自治区《关于贯彻落实“奶业整顿和振兴规划纲要”的实施意见》要求，进一步落实奶业各项扶持措施，加强监督检查，及时发现、解决政策执行过程中存在的问题，不断完善各项配套政策措施，稳定生产，扩大消费，在解决当前问

题的同时，用长远的战略眼光建立健全鼓励奶农和奶制品企业生产的长效机制，尽快研究制定出“新疆奶业发展应急预案”。各地要根据预案的要求，制定具体实施方案，建立由政府分管同志负责，发改部门牵头，财政、畜牧、外经贸、经贸、工商、质监、商检等部门参加的奶业市场调控应急会商机制，按照职能分工，做好奶业市场预警调控工作。

二是加大对奶牛养殖业的投入，不折不扣地执行国务院及自治区扶持奶业发展的各项政策措施，加大对本地区奶业生产能力建设的财政投入力度，积极落实养殖小区和适度规模养殖场建设用地、用水、用电的相关政策，支持养殖户、养殖小区和适度规模养殖场的沼气建设，强化金融机构对奶牛养殖户的信贷支持，增加对奶牛养殖户（场）中长期优惠贷款和小额贷款，为奶农提供及时周到的金融服务。

三是建立完整的政策保护体系。从产、供、销各个环节入手建立完整的政策保护体系，建立奶牛保险制度和原料奶收购贴息制度，发展壮大奶农合作组织，保护奶农利益；全面推进和扩大学生奶、军营奶计划，建立公益宣传基金制度，科学引导消费；研究并出台“提高奶产业集中度、实施名牌战略”的具体措施，实行“奶制品外销储运补贴”、建立“奶粉补贴制度”，促进奶业健康发展；扶持建立奶牛保险制度，探索和建立奶牛政策性保险和商业保险，增强抵御市场风险的能力。

四是新疆应尽快建立奶业协调机制，一旦奶价过高或者过低，政府进行适当监控，让奶价保持在合理范围之内，这样才能保证奶业稳定快速发展，保障奶农收益。

4.4.5 积极开拓市场，满足不同消费需求

新疆奶制品的消费主要集中在大城市和部分农牧区，即使是在大城市，奶制品消费也仅局限于部分人群，尚有巨大的消费市场空间尚未开发。

一是大力深化城镇奶制品消费市场。新疆奶制品品种少、质量低，尤其是深加工、高科技和高附加值的产品更少。奶制品生产企业要及时把握市场脉搏，分析研究城市居民奶制品消费特点，及时了解消费者的消费观念和消费口味，大力调整产品结构，满足城镇不同群体的奶制品消费需求。

二是积极拓展农村市场。要针对新疆小城镇和农村市场特点，大力开发适合于小城镇及农村居民消费的奶制品，加强小城镇尤其是农村营销网络渠道建设，提高农村居民的奶制品购买便利性，打开具有巨大消费潜力的小城镇及农村市场。

三是努力打开内地及周边国家市场。积极创造条件，提高产品质量，制定打入内地及中亚各国市场的长期战略规划，开发生产高档奶油、奶酪等新产

品，实行奶制品外销储运补贴制度，不断扩大新疆奶制品国内外市场占有率。

四是进一步做好“学生饮用奶计划”推广工作。要认真总结两年来“学生饮用奶计划”推广工作好的经验和做法，完善相关管理制度，鼓励有条件的县（市）依靠地方财力和援助资金开展“学生饮用奶计划”试点，不断扩大实施范围和规模。

五是加强对新疆传统“乳文化”的研究和开发。新疆维吾尔、哈萨克、蒙古等少数民族人口占全疆总人口的60%以上，各少数民族都有体现本民族特色的独特的奶制品及餐饮文化，要大力发掘和培育新疆少数民族“乳文化”，加强对“乳文化”的开发，生产具有新疆特色的奶产品，使新疆奶制品走向全国，走向世界。奶业文化建设还包括消费者消费行为的培养、消费方式的引导、奶业自律建设、奶业信用体系建设等等，总体来说任重道远。

4.4.6　建立奶农和企业的利益联结机制，提高产业化经营水平

一是要发展壮大奶农合作经济组织，提高奶农的组织化程度。深入贯彻实施《中华人民共和国农民专业合作社法》，积极制定扶持奶农合作经济组织发展的政策措施。自治区畜牧部门要会同工商等部门，加快制定扶持奶农合作经济组织发展的政策措施，鼓励和扶持奶业加工企业、饮料生产企业、规模化奶牛养殖企业、专业养殖大户、规模化、标准化奶站牵头成立奶牛养殖专业协会、养殖合作社等，促进产销衔接，帮助奶农解决生产经营中遇到的实际问题，保障奶农权益。国家、自治区扶持奶业发展的相关项目资金要向奶农合作经济组织倾斜。

二是依托牛奶优势产业带，大力扶持发展乳品加工龙头企业，尽快做大做强，引导龙头企业发挥带动牛奶生产、优化奶业结构、开拓奶业市场、运用奶业科技的作用，密切与奶农的关系。

三是建立健全奶农与乳品加工企业的利益联结机制，采用“企业＋奶农合作社＋农户”、“企业＋奶牛养殖小区（奶站）＋农户”、“企业＋奶农协会＋农户”等形式，通过订立稳定的合同或契约，使龙头企业与奶农的经济利益联结在一起，形成风险共担、利益均沾的一体化关系，实现奶业的产业化经营。

4.5　2011年新疆奶业发展展望

2010年，新疆乳业面临的区内外市场环境发生了重大变化，行业在反思，越来越多的乳品企业都在重新调整公司战略和策略，以应对新的市场和政策环境。在牛奶产量等方面虽然还没有达到“三聚氰胺事件”前的水平，但2010年新疆奶业经济发展整体形势好于2009年水平。毫无疑问，新疆牛奶存栏和

牛奶产量的恢复存在一个较长的时间差的，因为新疆整个畜牧业发展正处在一个战略调整期。

2010 年底，全疆的乳品加工企业生鲜乳收购价格平均达到了每千克 3 元以上，2011 年春节前后，全疆生鲜乳和乳制品呈现出供不应求的态势。奶业产业链的终端环节乳制品消费市场需求仍然呈现旺盛趋势，带动了大中小乳品企业的生产积极性。2011 年，新疆乳业将面临市场环境更加严峻，原料奶价格在高位上继续有所上扬。同时由于饲料成本始终居高不下，奶农的生产越来越困难。区内人力成本、加工成本也连年上升。原料奶价格和企业加工成本的上涨，势必推动终端乳制品价格的上扬。随着新出台的政策在 2011 年落实，预计会有大量乳品加工企业因行业门槛的提高而退市，行业集中度将提高。奶农合作组织的确立与乳品企业兼并重组的步伐将加快，在某种程度上，这是解决目前新疆奶牛养殖仍然以散养为主的有效措施之一。从近年来，国家和自治区出台的相关政策来看，规模养殖受到政府扶持和优惠政策的倾斜，对 2011 年仍将是指导性的、方向性的。

第三篇……………………

国外奶业经济篇

1 全球奶业生产和贸易情况分析

□ 胡冰川

2010 年，由于全球经济开始逐步复苏，全球奶业生产与贸易也显现出较为强劲的增长。根据 FAO 最新数据，2010 年世界牛奶产量有望达 7.1 亿吨，比 2009 年增长 1.6%[①]。其中：欧盟牛奶产量为 1.34 亿吨，比 2009 年增长了 0.4%；美国牛奶产量为 8 745 万吨，比 2009 年增长了 1.8%[②]；新西兰牛奶产量为 1 693 万吨，比 2009 年增长了 1.43%[③]；另外，各主要牛奶生产国均有不同程度的增产。

2010 年，全球乳业生产和贸易都呈现出一定的增长。具体而言，与 2009 年相比：黄油总产量为 817 万吨，增产了 1.7%；乳酪产量为 1 479 万吨，增产了 2.6%；脱脂奶粉产量为 364 万吨，下降 1.8%；全脂奶粉产量 367 万吨，增产了 3%。在四种乳品当中，全球黄油总出口量占总产量的 9.85%；全球乳酪出口量占总产量的 9.22%；全球脱脂奶粉总出口量占总产量的 35.35%；全球全脂奶粉总出口量占总产量的 45.02%。由此可见：在全球乳品市场格局当中，黄油和乳酪的贸易量占产量的比重相对较小，产品绝大多数供国内消费；而奶粉的贸易量占产量的比重均超过有 1/3，因此，从全球奶粉生产贸易中，存在明显的区域生产优势。

表 1.1 全球乳品生产与贸易

（单位：万吨）

	黄 油		乳 酪		脱脂奶粉		全脂奶粉	
	产量	总出口量	产量	总出口量	产量	总出口量	产量	总出口量
2006	913	102	2 097	177	424	110	436	198
2007	965	109	2 144	186	446	124	448	190
2008	788	73	1 430	126	353	110	380	161
2009	804	81	1 441	124	371	115	356	166

① 资料来源：荷斯坦奶农俱乐部 http：//www.hesitan.com/cc? ID=nnyw_gjny，24580&url=_print

② 数据来源：USDA

③ 数据来源：新西兰奶业统计 2009—2010，新西兰的产奶季是由 7 月份到第二年的 6 月。

（续）

	黄油		乳酪		脱脂奶粉		全脂奶粉	
	产量	总出口量	产量	总出口量	产量	总出口量	产量	总出口量
2010	817	81	1 479	136	364	129	367	165
2010/2009	1.65%	−1.11%	2.63%	10.36%	−1.81%	11.72%	3.03%	−0.54%
出口/产量	9.85%		9.22%		35.35%		45.02%	

数据来源：FAS，USDA；其中出口/产量根据 2010 年数据计算得出。

2010 年，全球乳品价格持续上涨。具体而言，从平均价格水平来看：全球黄油价格从 2009 年的每吨 2 335 美元上涨到 4 000 美元，上涨了 71%；乳酪价格从 2009 年的每吨 2 957 美元上涨到 3 994 美元，上涨了 35%；脱脂奶粉价格从 2009 年的每吨 2 254 美元上涨到 3 131 美元，上涨了 39%；全脂奶粉价格从 2009 年的每吨 2 400 美元上涨到 3 456 美元，上涨了 44%。今年全年价格的较快上涨一方面原因为美元对主要货币的贬值，另一方面原因为全球乳品消费市场的活跃。

1.1 黄油

2006 年以来，全球黄油产量有所下降，总产量从 2006 年的 913 万吨下降至 2010 年的额 817 万吨；同期全球黄油总出口量从 102 万吨下降到 81 万吨。出口量占总产量的比重从 11.2%下降到 9.8%。全球黄油出口十分集中，主要出口国和地区为新西兰、欧盟、美国和澳大利亚。

2010 年，新西兰黄油出口量为 45 万吨，占全球黄油出口量的 55.9%，与 2009 年相比有所下降；欧盟黄油出口量为 20 万吨，占全球黄油出口量的 24.8%，比 2009 年有所提高；澳大利亚黄油出口量为 6.6 万吨，占全球黄油出口量的 8.2%。新西兰、欧盟和澳大利亚的黄油出口相对较为稳定，美国黄油出口量波动较大，2010 年黄油出口量为 5.6 万吨，占全球总出口量的 7%。

相对于全球黄油出口而言，进口量相对较为稳定；同时全球黄油进口地区也相对较为集中。2010 年，俄罗斯黄油进口量为 9 万吨，占全球黄油总进口量的 29.5%；欧盟黄油进口量为 6.5 万吨，占黄油总进口量的 21.3%；墨西哥黄油进口量为 4.5 万吨，占黄油总进口量的 14.8%。其他如澳大利亚、加拿大、中国台湾、印度也是较为主要的黄油进口地区。

表 1.2　全球黄油贸易状况

（单位：万吨）

		2006	2007	2008	2009	2010
出口	新西兰	36.6	43.9	36.9	48.9	45.0
	欧盟	24.8	21.6	15.3	16.9	20.0
	澳大利亚	8.2	8.0	5.8	8.3	6.6
	美国	1.1	4.0	8.9	1.8	5.6
	总出口量	102.4	109.3	72.5	81.4	80.5
进口	俄罗斯	11.5	13.0	15.0	10.7	9.0
	欧盟	8.4	9.3	6.6	6.3	6.5
	墨西哥	4.9	7.2	4.9	5.3	4.5
	澳大利亚	1.0	1.3	2.0	1.8	1.9
	加拿大	1.5	1.3	0.7	1.2	0.8
	中国台湾	1.1	1.4	0.9	1.4	1.5
	印度	1.0	1.0	0.5	2.8	1.9
	总进口	46.3	52.3	35.7	34.5	30.5

数据来源：FAS，USDA。

2010 年，全球黄油价格稳步上涨，12 月大洋洲出口 FOB 价格为每吨 4 500 美元，比 2009 年 12 月的 4 100 美元上涨了 9.8%。从月度运行状况来看，2 月价格为每吨 3 688 美元，较 1 月有小幅下跌，随后稳步上涨，5 月每吨价格上涨至 4 075 美元；5—9 月，国际黄油价格保持稳定在每吨 4 000 美元左右的水平；四季度价格进一步上涨，12 月价格达到每吨 4 500 美元。

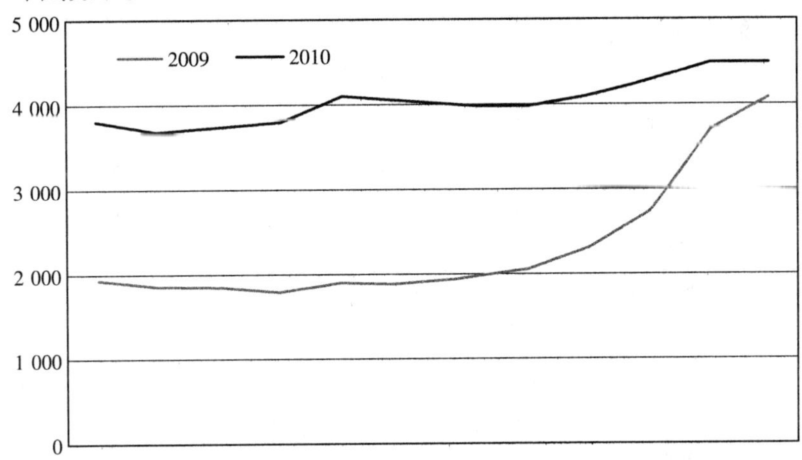

图 1.1　国际黄油价格变化

数据来源：FAO。

1.2 乳酪

2010 年，全球乳酪总产量为 1 479 万吨，比 2009 年增长了 2.63%；出口量为 136 万吨，比 2009 年增长了 10.36%。2009 年，乳酪出口量占总产量比例为 8.6%；2010 年，这一比例提高到 9.2%。与全球黄油出口相类似的，全球乳酪进出口也十分集中，主要出口国和地区为欧盟、新西兰、澳大利亚、美国和乌克兰。主要进口国和地区为俄罗斯、日本、美国、欧盟和墨西哥。

具体而言，2010 年，欧盟乳酪出口量为 58 万吨，占全球乳酪出口量的 42.5%，出口份额进一步提高；新西兰乳酪出口量为 28.5 万吨，占全球乳酪出口量的 20.9%，比 2009 年有所下降；澳大利亚乳酪出口量为 16.5 万吨，占全球乳酪出口量的 12.1%；美国乳酪出口量为 16.3 万吨，占全球总出口量的 12%；乌克兰乳酪总出口量为 8.5 万吨，占全球总出口量的 6.2%。

2010 年，全球乳酪进口相对较为稳定；同时全球乳酪进口地区也相对较为集中。2010 年，俄罗斯乳酪进口量为 36.5 万吨，占全球乳酪总进口量的 34.4%；日本乳酪进口量为 20.5 万吨，占乳酪总进口量的 19.3%；美国乳酪进口量为 10.9 万吨，占乳酪总进口量的 10.3%；欧盟乳酪进口量为 8.1 万吨，占总进口量的 7.6%；墨西哥乳酪进口量为 8 万吨，占总进口量的 7.5%。

表 1.3 全球乳酪贸易状况

（单位：万吨）

		2006	2007	2008	2009	2010
出口	欧盟	56.1	53.4	49.0	51.0	58.0
	新西兰	26.7	30.9	28.3	29.0	28.5
	澳大利亚	20.2	21.2	20.2	16.2	16.5
	美国	7.1	10.0	13.1	10.8	16.3
	乌克兰	5.0	6.2	7.7	7.7	8.5
	总出口量	177.1	185.5	126.2	123.6	136.4
进口	俄罗斯	23.0	25.0	34.0	31.0	36.5
	日本	20.7	22.5	18.7	18.4	20.5
	美国	17.0	16.1	13.7	13.1	10.9
	欧盟	9.9	8.3	8.3	8.1	8.1
	墨西哥	8.6	8.6	6.8	7.3	8.0
	总进口	111.2	113.8	101.9	98.9	106.1

数据来源：FAS，USDA。

2010 年，全球乳酪价格保持相对稳定，总体来看，全年价格水平要高于 2009 年，但是在 12 月大洋洲出口 FOB 价格为每吨 4 175 美元，比 2009 年 12 月的 4 425 美元下跌了 5.6%。从月度运行状况来看，一季度国际乳酪价格持续下跌，从每吨 4 200 美元下跌至 3 800 美元；二季度价格有所恢复，基本保持在每吨 4 000 美元的水平；三季度，国际乳酪价格仍然较为稳定，基本维持在每吨 3 950 美元左右；四季度国际乳酪价格有所上涨，12 月价格达到每吨 4 175 美元，较 2009 年同期水平略低。

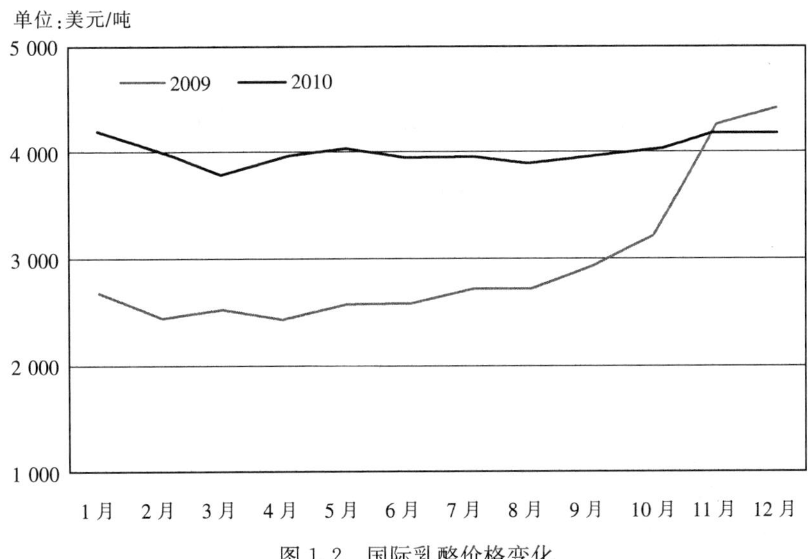

图 1.2　国际乳酪价格变化

数据来源：FAO。

1.3　脱脂奶粉

2010 年，全球脱脂奶粉总产量为 364 万吨，比 2009 年减少了 1.81%；出口量为 129 万吨，比 2009 年增长了 11.72%。2009 年，脱脂奶粉出口量占总产量比例为 31.1%；2010 年，这一比例提高到 35.3%。全球脱脂奶粉进出口也十分集中，主要出口国和地区为新西兰、美国、欧盟、澳大利亚和乌克兰。主要进口国和地区为印度尼西亚、俄罗斯、墨西哥、中国、菲律宾和阿尔及利亚。

具体而言，2010 年，新西兰脱脂奶粉出口量为 35.5 万吨，占全球脱脂奶粉出口量的 27.6%，出口份额有所下降；美国脱脂奶粉出口量为 36.7 万吨，占全球脱脂奶粉出口量的 28.5%，比 2009 年有所上升；欧盟脱脂奶粉出口量为 35 万吨，占全球脱脂奶粉出口量的 27.2%；澳大利亚脱脂奶粉出口量为

12.5 万吨，占全球总出口量的 9.7%。上述四国出口比重占脱脂奶粉总出口量的 93%；此外，乌克兰脱脂奶粉总出口量为 1.7 万吨，占全球总出口量的 1.3%。

2010 年，全球脱脂奶粉进口增长较快；同时全球脱脂奶粉进口地区也相对较为集中。2010 年，印尼脱脂奶粉进口量为 20 万吨，占全球脱脂奶粉总进口量的 21.8%；俄罗斯脱脂奶粉进口量为 18 万吨，占脱脂奶粉总进口量的 19.7%；墨西哥脱脂奶粉进口量为 14.5 万吨，占脱脂奶粉总进口量的 15.8%；中国脱脂奶粉进口量为 9.1 万吨，占总进口量的 9.9%；菲律宾脱脂奶粉进口量为 9.5 万吨，占总进口量的 10.4%；阿尔及利亚脱脂奶粉进口量为 9.2 万吨，占总进口量的 10%。

表 1.4　全球脱脂奶粉贸易状况

（单位：万吨）

		2006	2007	2008	2009	2010
出口	新西兰	24.3	32.7	25.1	40.8	35.5
	美国	28.7	25.8	39.1	25.5	36.7
	欧盟	8.8	20.2	17.9	23.1	35.0
	澳大利亚	18.9	17.5	12.0	16.7	12.5
	乌克兰	6.4	5.7	4.4	2.7	1.7
	阿根廷	2.1	1.1	1.4	1.3	2.0
	总出口量	110.1	124.1	110.3	115.2	128.7
进口	印尼	14.0	14.7	15.9	17.8	20.0
	俄罗斯	4.5	5.0	7.5	10.5	18.0
	墨西哥	11.1	12.1	17.6	18.7	14.5
	中国	6.2	4.0	5.5	7.0	9.1
	菲律宾	9.3	9.3	8.0	10.5	9.5
	阿尔及利亚	6.8	9.1	9.0	9.3	9.2
	总进口量	79.8	82.0	85.6	84.5	91.6

数据来源：FAS，USDA。

2010 年，全球脱脂奶粉价格尽管有所波动，但是整体仍然较为稳定；尽管 12 月大洋洲出口 FOB 价格为每吨 3 075 美元，比 2009 年 12 月的 3 375 美元下跌了 8.9%，但是年度整体价格水平高于 2009 年。从月度运行状况来看：2 月脱脂奶粉价格为 2 750 美元，较 1 月价格有所下降；3 月以来，价格开始走高，4 月全球脱脂奶粉价格达到 3 550 美元；随后价格开始逐步下降，并保持相对稳定，12 月价格为每吨 3 075 美元。

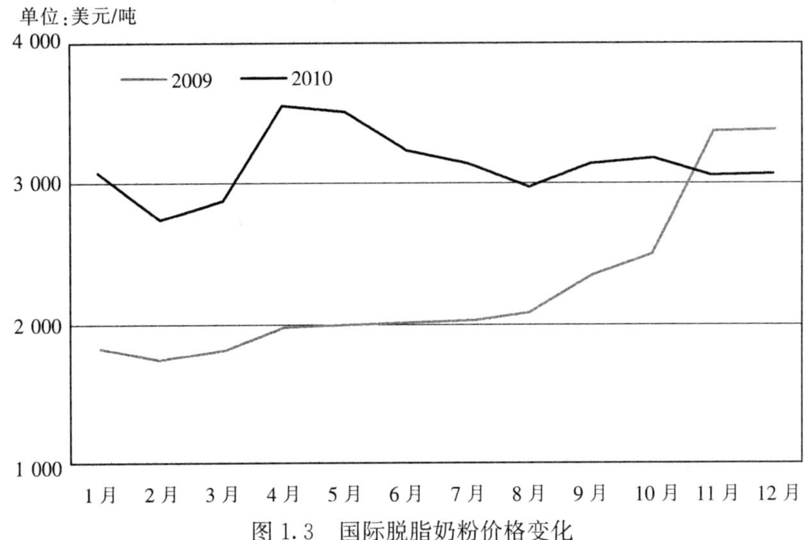

图 1.3　国际脱脂奶粉价格变化

数据来源：FAO。

1.4　全脂奶粉

2010 年，全球全脂奶粉总产量为 367 万吨，比 2009 年增长了 3.03%；出口量为 165 万吨，比 2009 年减少了 0.54%。2009 年，全脂奶粉出口量占总产量比例为 46.6%；2010 年，这一比例有所下降，为 45%。全球全脂奶粉进出口也高度集中，主要出口国和地区为新西兰和欧盟。主要进口地区也高度集中，为中国和阿尔及利亚。

具体而言，2010 年，新西兰全脂奶粉出口量为 86 万吨，占全球全脂奶粉出口量的 52.1%，出口份额进一步提高；欧盟全脂奶粉出口量为 43 万吨，占全球全脂奶粉出口量的 26%，比 2009 年有所下降；阿根廷全脂奶粉出口量为 17 万吨，占全球全脂奶粉出口量的 10.3%；澳大利亚全脂奶粉出口量为 11 万吨，占全球总出口量的 6.7%。

2010 年，由于中国需求强劲，全球全脂奶粉进口快速增长；与此同时，全球全脂奶粉进口地区也进一步向中国集中。2010 年，中国全脂奶粉进口量为 32 万吨，占全球全脂奶粉总进口量的 44.2%；阿尔及利亚全脂奶粉进口量为 17 万吨，占总进口量的 23.5%。其他重要的全脂奶粉进口地区有印度尼西亚、俄罗斯、菲律宾、巴西和中国台湾。

表 1.5　全球全脂奶粉贸易状况

（单位：万吨）

		2006	2007	2008	2009	2010
出口	新西兰	63.4	67.0	62.1	81.8	86.0
	欧盟	42.2	36.6	48.5	46.3	43.0
	阿根廷	21.4	11.7	13.8	15.7	17.0
	澳大利亚	15.3	13.0	11.1	13.3	11.0
	总出口	197.5	189.8	160.6	166.0	165.1
进口	中国	7.4	5.9	4.6	17.7	32.0
	阿尔及利亚	18.2	16.1	15.3	20.0	17.0
	印尼	2.7	2.7	4.4	5.0	5.0
	俄罗斯	1.5	2.5	4.5	3.0	5.0
	菲律宾	4.0	4.2	4.5	3.6	4.0
	巴西	3.1	1.9	2.3	5.7	3.7
	中国台湾	3.0	3.0	1.6	2.8	3.2
	总进口	47.4	43.5	40.4	61.7	72.4

数据来源：FAS，USDA。

2010 年，全球全脂奶粉价格波动状况与脱脂奶粉价格波动状况相类似：月度存在较大波动，但是整体仍然较为稳定。同样地，12 月大洋洲出口 FOB 价格为每吨 3 550 美元，2009 年 12 月持平，但是年度整体价格水平高于 2009

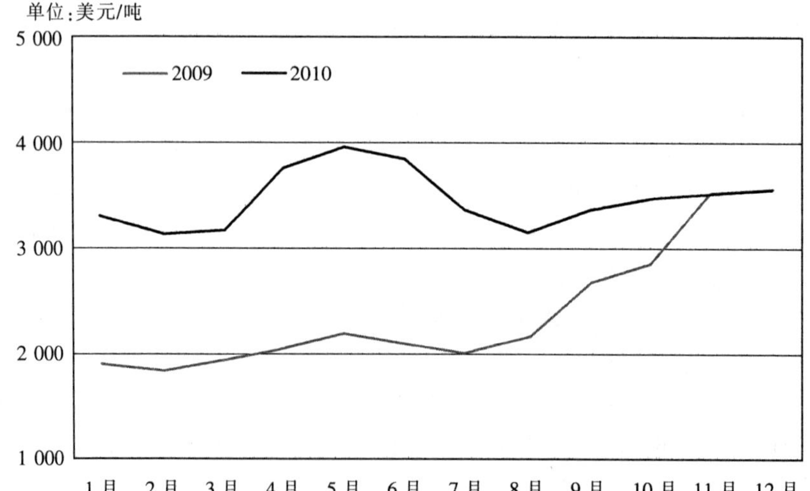

图 1.4　国际全脂奶粉价格变化

数据来源：FAO。

年。从月度运行状况来看：2 月全脂奶粉价格为每吨 3 125 美元，较 1 月价格有所下降；3 月以来，价格开始走高，5 月全球脱脂奶粉价格达到每吨 3 963 美元；随后价格开始逐步下降，8 月价格降至每吨 3 150 美元后又逐步回升，12 月价格为每吨 3 550 美元。

2 德国下萨克森州开展奶牛杂交生产的考察报告

□ 刘玉满　李　静　姚　梅

下萨克森州（Lower Saxony）位于德国西北部，西部与荷兰接壤。全州拥有 800 万居民，土地面积在联邦位居第二。全州 2/3 的土地面积用于农业，主要生产粮食、饲料玉米、畜产品和马铃薯等，被誉为是德国的鱼米之乡。奶业在其农业中具有举足轻重的地位。近十几年来，不断有奶农从巴伐利亚州引进德系西门塔尔，开展德系西门塔尔与荷斯坦杂交，试图通过奶牛杂交生产取得更加理想的经济效益。2010 年 11 月，我们在下萨克森州先后走访了 7 个开展奶牛杂交生产的农场，所见所闻使我们深受启发，现将有关情况报告如下。

2.1 德系西门塔尔的成功培育

众所周知，西门塔尔牛起源于瑞士，由于该品种自身的优秀遗传性状，不断向国外扩散，现在世界各地都有分布。由于各国对该品种的经济利用方向不同，因而培育出了不同的品系。例如，在瑞士，西门塔尔主要用于产奶，所以形成了含有 50%红荷斯坦血缘的杂交群体；在法国，培育出了蒙贝利亚牛作为乳用品种，同时也保留了部分纯肉用的西门塔尔和乳肉兼用型的西门塔尔；在北美，依然把西门塔尔作为纯肉用品系；而在德国，培育出了乳肉兼用型的弗莱维赫牛，即德系西门塔尔。

德系西门塔尔是德国的奶牛育种专家们对原产于瑞士的西门塔尔牛运用定向选育和杂交育种手段，逐步形成的一个乳肉兼用型品系。德系西门塔尔的育种最早可以追溯到 18 世纪中期，当时为提高本土牛的生产性能，德国从瑞士引进西门塔尔与本地牛种开展杂交，其目的是通过杂交育种，培育出具有地方特色的西门塔尔品系。在培育过程中，始终坚持乳肉兼用的育种方向。为了提高母牛的产奶成绩和乳房质量，在 20 世纪 50 年代后期，引进了原产英国的纯种爱尔夏（Ayrshire）公牛来改良德系西门塔尔。由于这次改良的结果，母牛的产奶性能得到提高，乳房结构一步改善，后代继承了爱尔夏牛早熟、耐粗饲及适应能力强等特点。到了 70 年代，又引入德系红荷斯坦，以提高后代的产奶性能。

经过 20 世纪的两次杂交改良，德系西门塔尔的产奶性能得到了显著提高，但是，后代的产肉性能明显下降。为了保持德系西门塔尔的乳肉兼用的发展方向，于 20 世纪 80 年代初，德国又从瑞士引进二元杂交的西门塔尔后代公牛（红荷斯坦和西门塔尔血缘各占 50%）与肌肉丰满的德系西门塔尔母牛进行级进杂交。这次杂交改良取得了令人满意的结果，后代除了保留良好的产奶性能之外，产肉性能也超过了以往的平均水平。在最近 20 多年的定向选育过程中，确定把红荷斯坦牛的血统在德系西门塔尔中的比例控制在≤6%的范围，最终育成了目前的乳肉兼用型德系西门塔尔品种。1995 年，为德系西门塔尔制定了新的育种标准，具体标准是：种公牛：体高介于 150～158 厘米，体重不低于 1 200 千克；育肥公牛：平均日增超过 1 300 克，屠宰率 70%，出肉率 60%；成年母牛：体高介于 138～142 厘米，体重不低于 750 千克，初胎平均产奶量 ≥ 7 吨，乳脂率 3.9%，乳蛋白率 3.7%，初胎产犊年龄为 24～28 月龄。

经过多年的系统选育，使得德系西门塔尔成为真正的乳肉兼用品系，产奶量从当时的 3.5 吨提高到现在的 7 吨，日增重从当时的 1 200 克提高到现在的 1 400 克。该品系的主要特征是：遗传稳定，母牛产奶性能好，公牛育肥能力强，耐粗饲，抗病力强。目前，德系西门塔尔牛全群的主要生产性能如下：平均产奶量为 6 768 吨，平均乳脂率 4.15%，平均乳蛋白率为 3.50%。公牛平均出生重为 40 千克，18～19 月龄体重可达 700～800 千克，平均日增重 1 400 克以上。

德系西门塔尔的种群规模已经达到 120 万头，主要分布在德国南部的巴伐利亚州，约占种群的 80%。巴伐利亚州位于联邦德国的南部，在德国属于奶业发达的大省。那里绝大多数农场饲养的奶牛都是清一色的德系西门塔尔。巴州的奶业生产是以家庭农场为基础的饲养体制，其基本特征是：生产规模相对较小；主要生产要素的投入依靠自给自足；追求综合收益最大化。德系西门塔尔在巴州的流行，是由于该品种能够满足农场主们综合收益最大化的需求意愿。

巴伐利亚州的农场主们普遍认为，荷斯坦在泌乳性能方面非常优秀，但是，饲养德系西门塔尔的综合经济收益更高。德系西门塔尔的优势体现在：第一，具有较高的产奶性能；第二，具有较高的产肉性能；第三，青年母牛售价高；第四，农场可以向育种机构提供后备公牛犊（巴州的奶农参与育种）；第五，淘汰母牛的残值较高；第六，抗逆性强，可以节省兽医方面的成本；第七，使用年限长，大群的平均使用寿命为 4.7 个胎次，最高的可达 11 个胎次。

2.2　德系西门塔尔的杂交利用

近几年来，由于在巴伐利亚州的卓越表现，德系西门塔尔有逐步向德国北部扩张的趋势。德国北部传统上是荷斯坦奶牛的饲养区域。目前，全国存栏的240头荷斯坦奶牛几乎都集中在这一区域。现在，北部的奶牛农场正面临着和世界其他国家的荷斯坦奶牛饲养者同样的问题，即牛群健康水平下降、农场的收入途径单一、公牛犊育肥能力差、综合效益低。因此，有些农场开始选择使用南部的德系西门塔尔与荷斯坦进行杂交，并收到了良好效果。在德国北部的下萨克森州，有的农场早在20年前就开始了德系西门塔尔与荷斯坦的杂交生产。

调研过程中我们发现了一个从1991年就开始杂交生产的农场，农场主叫Familie Wieting。该农场建于1925年，到现在已经历了四代人了。据Familie Wieting先生介绍，1991年以前他饲养的奶牛全部为纯种荷斯坦，平均单产只有6～7吨。1991年开始引进德系西门塔尔牛，并于当年开始搞杂交。从那时起，他的农场通过杂交和纯种引进开始由饲养荷斯坦向饲养德系西门塔尔过渡。2008年又从巴伐利亚州购进20头纯种德系西门塔尔。目前，存栏奶牛175头，其中，75头泌乳牛，100头青年牛。75头泌乳牛中，纯种德系西门塔尔牛64头，占85%。牛群平均单产水平为9 000千克，近4年都是这个水平。他还介绍说，近几年来周边搞杂交的牛场越来越多，因为饲养纯种德系西门塔尔的效益更好，生产稳定，少得病，产奶水平与荷斯坦相当，但产肉多了。

我们访问的Heinz Wussow先生经营的奶牛农场，从17年前开始杂交生产。农场目前存栏300头泌乳牛，其中，100头荷斯坦，15头纯种德系西门塔尔，其余为德系西门塔尔与荷斯坦杂交牛。全群单产水平为8吨。农场主介绍说，在产奶量上，杂交牛与荷斯坦没有多大区别，但荷斯坦易得肢蹄病，杂交牛没有肢蹄病；杂交牛体型大，产肉多；荷斯坦利用3～4胎次后产奶量明显下降，杂交牛可利用到4～5胎次，好的可利用到第7胎。该农场除饲养奶牛外，还从事肉牛育肥，育肥规模为400头，其中，300头为自繁自养，100头需要外购。育肥期间的日增重，荷斯坦为1千克，杂交牛为1.2～1.3千克。

我们访问的Carsten Riebebl先生经营的奶牛场，从9年前开始奶牛杂交生产。该农场已有150年历史。目前奶牛存栏510头，其中，成母牛230头，小牛和育成牛230头，全部舍饲，不放牧。现在，全群98%的牛都有德系西门塔尔牛的血统，大部分都是杂交一代，也有杂交二代和三代。农场主介绍说，荷斯坦产奶量比德系西门塔尔牛平均高1吨，但是，杂交牛的健康水平明显好于荷斯坦，他发现牛群中患病的都是荷斯坦，杂交牛基本不发病。他还说，杂交牛的使用寿命比荷斯坦长1～2个胎次，杂交牛产犊后好护理。农场泌乳牛单产水平平均为8吨，乳脂率4%，乳蛋白率3.55%，体细胞15万～20万。

在我们访问Jan Langeloh先生时，他向我们介绍说他以前一直饲养纯种荷斯坦奶牛，从5年前开始搞德系西门塔尔与荷斯坦杂交。目前，饲养奶牛

200 头，其中，泌乳牛 87 头。2010 年，泌乳牛平均单产为 7 831 千克。他介绍说，德系西门塔尔与荷斯坦杂交的优点是：顺产率高；产肉多，增重快；产奶多；吃青贮多，节省精饲料。农场生产的杂交公犊出生后两周出售，售价比纯荷斯坦高 100～120 欧元/头。杂交牛淘汰母牛残值比纯荷斯坦高 300 欧元/头。残值高的原因是：第一，德系牛体重大。德系牛胴体重为 400 千克，荷斯坦为 320 千克；第二，德系牛售价高。按胴体重计算，德系牛售价为 2.35 欧元/千克，荷斯坦为 1.92 欧元/千克，销售的基础价格是一致的，但有质量差价。

除上述 4 个农场外，笔者还访问了另外 3 家开展杂交生产的奶牛场，他们所介绍的情况基本大同小异，对奶牛杂交生产效果都很满意。在访问了上述 7 个奶牛农场外，我们又访问了一个专门从事德系西门塔尔育肥的肉牛农场。农场主 Betrieb Werner Lohmann 先生向我们介绍，该育肥牛场专门从事德系西门塔尔公犊育肥，饲养育肥牛 450 头。犊牛全部通过拍卖从巴伐利亚周购买。买入时公犊体重 90 千克，育肥 100 天后出售给其他农场继续育肥。出售时犊牛体重增至 200 千克，售价为 4.50 欧元/千克。犊牛日增重，4 月龄以下日增重为 1 000～1 100 克，4 月龄以上为 1 350～1 400 克。他向笔者介绍，他 15 年前既养褐牛，也养德系西门塔尔。但感觉德系西门塔尔更好，日增重比褐牛高 200 克，所以现在只养德系西门塔尔了。

2.3　奶牛杂交生产的经济效果

德系西门塔尔抗病力强，这是我们所访问的农场主的一个共识。农场主们坦诚，他们开展杂交的首要目的是为了提高牛群的健康水平。综合几个农场主提供的信息，我们可以得出这样一个初步结论，也就是牛群健康水平的确得到明显提高，反映在：肢蹄病有了明显改善，杂交牛没有肢蹄病；顺产率得到显著提高，几乎没有难产的了；泌乳牛的使用寿命得到延长，至少可比荷斯坦延长 1～2 个胎次。

从泌乳性能上看，我们访问的 7 个农场泌乳母牛的加权平均单产水平为 8 250 千克。在我们访问的 7 个奶牛农场中，有些农场主说，荷斯坦与杂交牛的产奶性能基本相当；有的农场主说，荷斯坦比杂交牛产奶高 1 吨；有的农场主说，杂交牛和纯种德系西门塔尔的单产水平高于同等饲养条件下的荷斯坦。其中，Jan Langeloh 先生说，他的农场由于开展杂交时间较短，所以该农场的牛群构成比较齐全。在 87 头泌乳牛中，有黑白花荷斯坦 15 头，平均单产为 7 678 千克；红荷斯坦 48 头，平均单产为 7 756 千克；德系西门塔尔与荷斯坦杂交牛 11 头，平均单产为 7 912 千克；纯种德系西门塔尔 13 头，平均单产为 8 205 千克。

从杂交公犊的育肥效果看，我们访问的几个农场给出的答案很相近。Jan Langeloh 先生说，他的农场生产的杂交公犊出生后两周出售，售价比纯荷斯坦公犊高 100～120 欧元/头。另一位农场主 Familie Wieting 先生说，他的农场杂交公犊（2 周龄）售价每头 300 多欧元/头，纯种德系公犊售价 400 多欧元/头，而一头荷斯坦纯种公犊只能卖 170 欧元左右。Heinz Wussow 先生向我们介绍说，在他的农场，荷斯坦公犊售价为 175 欧元/头，德系西门塔尔与荷斯坦杂交小公犊为 350 欧元/头，纯德系西门塔尔小公犊售价为 400 欧元/头。育肥期间的日增重，荷斯坦公犊为为 1 千克，杂交牛为 1.2～1.3 千克。Heinz Wussow 先生介绍说，他每年都需要外购一部分公犊牛育肥，外购犊牛价格分别为：荷斯坦 175 欧元/头，德系西门塔尔与荷斯坦杂交小公犊 350 欧元/头，纯德系西门塔尔小公犊 400 欧元/头。

从淘汰母牛的残值看，农场主都认为杂交牛和纯种德系西门塔尔的淘汰母牛残值明显高于荷斯坦。Jan Langeloh 先生说，在他的农场，出售一头淘汰的杂交母牛其市场价格要比出售一头纯种荷斯坦母牛高 300 欧元。杂交牛的残值高，一是因为体重大，杂交牛胴体重一般为 400 千克，而荷斯坦只有 320 千克；二是因为杂交牛售价高，按胴体重计算，杂交牛售价为 2.35 欧元/千克，而荷斯坦只有 1.92 欧元/千克。

2.4 奶牛杂交生产对我国的启示

德国 BVN 公司总经理欧曼博士认为，德国北部的农场主之所以搞奶牛杂交，主要是为了提高农场养牛的综合经济效益。他认为，尽管荷斯坦的单产水平已经大幅度提高，但是，在健康方面出现了问题。过去几年通过杂交测试，繁殖力等指标有明显改善。德国北部农场主开展奶牛杂交生产有几方面的考虑：一是德系西门塔尔抗病力强；二是德系西门塔尔产奶性能与荷斯坦所差无几；三是德系西门塔尔公犊育肥效果好；四是德系西门塔尔成母牛淘汰残值高于荷斯坦。这些都有助于农场提高综合经济效益。欧曼博士总结出来的这几条，在我们所访问的农场都得到了印证。

的确，通过这次访问德国下萨克森州开展德系西门塔尔与荷斯坦奶牛杂交生产的部分农场，使我们更加清楚地认识到，德国北部的一些农场主之所以选择开展奶牛的杂交生产，一是他们相信德系西门塔尔是一个非常优秀的乳肉兼用品种，二是他们相信通过开展德系西门塔尔与荷斯坦杂交能够提高农场的综合经济效益。他们都纷纷表示，饲养德系西门塔尔乳肉兼用牛是他们的农场未来发展方向。因此，他们的杂交工作将继续下去。随着杂交工作的继续，他们的牛群将越来越接近纯种德系西门塔尔。

通过这次考察，留给我们以下两点启示：

第一，德国利用乳肉兼用品种发展奶业生产的经验值得我国借鉴。德系西门塔尔在泌乳性能、产肉性能、抗病能力、利用年限等各方面表现得都非常优秀，农场主从奶牛养殖中获益匪浅。我国也有西门塔尔、三河牛、草原红牛、新疆褐牛等乳肉兼用型品种，但是，由于保护、选育、开发等相应措施没有跟上，致使其综合生产力水平低下，在综合经济性能方面与德系西门塔尔有相当大的差距。这一方面说明我们与发达国家的差距，但是，另一方面也说明我们在培育和开发入肉兼用品种方面存在着巨大的潜力和发展机遇。

第二，德国北部开展奶牛杂交生产的经验值得我国借鉴。从奶牛存栏量上看，我国目前奶牛存栏 1 200 多万头，仅次于印度，已成为世界奶牛养殖第二大国。但是，按泌乳牛计算，我国奶牛平均单产水平仅相当于德国北部农场的65%左右。我国奶牛养殖的群体规模大和单产水平低，恰恰说明我国在开展奶牛杂交生产方面的潜力巨大。德国的经验表明，通过引进优秀的乳肉兼用品种，在散养农户和普通饲养小区开展杂交，可以帮助奶农大幅度提高奶牛养殖的综合经济效益。我国可以在有条件的地区进行积极探索，在试点和示范的基础上逐步推广。

实际上，德国 BVN 公司从 2007 年开始，就已经在我国推广德系西门塔尔冻精。但是，由于是新引进品种，目前还没有得到普遍认可。许多饲养者把德系西门塔尔当作纯肉用牛对待，没有发挥出兼用品种的最佳综合经济效益。根据德国 BVN 公司驻中国办事处提供的数据，2007 年年初至 2010 年底，该办事处总计从德国引进德系西门塔尔冻精 55.2 万支，其中，用于肉牛改良的冻精约 40 万支，用于奶牛杂交的冻精约为 10 万支。截止目前，预计全国共出生杂交后裔约 15 万头以上，其中，与荷斯坦奶牛的杂交后裔约为 4 万头。我们期待这些杂交后裔能在我国的自然环境和饲养条件下能表现出优异的生产性能。

3 透明与问责：关于近来美国的食品安全之争

□ Megan Tracy（韩杨 译；闵贞 校）

3.1 引言

2010 年 5 月初，有 23 位美国人被大肠杆菌感染。该疫情的爆发被认为与亚利桑那州一个农场种植的生菜有关，并且在其他四个州迅速蔓延。由于生菜在销售和食用前经过了多个环节——供应商从多个农场收购生菜，然后通过分销商到达最后的零售商。因此，美国食品药品监督管理局（Food and Drug Administration，FDA）无法确定发生问题的确切环节。最近发生的另一个类似事件是，美国花生公司（the Peanut Corporation of America）故意运出含有沙门氏菌的花生产品。FDA 随后证实，在过去的两年时间内，该公司因为沙门氏菌的检测呈阳性而被处罚了 12 次，其中不止一次在收到检测结果之前已将产品运出（Harris 2009）。该事件导致 9 人死亡，至少 700 人被感染，是美国历史上最大的食品召回事件之一。

上述两个事件引发美国国会对完善“国家食品安全网”（nation's food safety network）的大讨论。在联邦政府层面的食品安全监管主要由农业部（Department of Agriculture，USDA）和 FDA 负责：肉类、禽类食物主要由 USDA 监管，而其他农产品、海产品则由 FDA 负责（详见 FDA 网站：food-saftey. gov）。其他类似疾病预防控制中心（Center for Disease Control and Prevention，CDC）的联邦机构通常也参与食品安全的监管。除政府相关机构外，食品公司通过私立机构的检测人员和第三方认证机构展开内部检测。例如，美国花生公司就一直声称有独立的检测员对受污染的工厂进行检测，并被给予“优级”评价（Martin 2009）。堪萨斯州立大学研究食品安全的助理教授 Doug Powell 在接受纽约时报的采访时表示：“美国花生公司的事件表明，尽管使用独立检测员进行食品安全检测的趋势在上升，但正面临着很多的挑战。”他继续评论到，“公司说自己做了所有的检测，很好，把数据给我们看吧。但是，他们不会那样做，每次危机爆发都是如此。我们为什么要相信他们呢?”正如 Powell 所评论的，随着食品供应链及其管理系统越来越受到关注，有必要将两者与更加透明和更大的社会责任联系起来，各国政府对食品安全展开的大讨论也正是基于此。对社会责任和透明度的关注让人们意识到，这场争论不仅仅在经济、政治和技术选择层面，更重要的是对我们所持有的关于道德、更加广泛的社会和文化价值等方面的思考。食品安全（以及类似的问题）需要进行全面而广泛的研究，或许通过跨学科的方法把生命科学、社会科学、健康科学结合起来会更好。

3.2 透明度与社会责任

透明度可以被认为是一种品质、一项原则或者是一种工具。作为技术手段的透明度，可以通过使程序和过程的更加透明达到良好治理的目的，因而提高社会责任。在这个意义上，透明度也可以理解为一种机制，在这种机制下，公民可以对影响他们生活的机构实施某些管理（Garsten and Lindh de Montoya 2008）。这个术语的两个层面的含义都潜在地强调，为了减少对特定人群的风险而需要将程序和过程公开（Garsten and Lindh de Montoya，2008）。

透明度是使事情变得肉眼可见的一种方式，但需要用特定的方式组织人力、物力和工序。作为一项原则（或者，我们可以把他看作是一种意识形态），透明度与民主和新自由主义密切相关。如果将新自由主义理解为通过政府尽可能少的干预而实现自由贸易的话，透明度就可以理解为通过呼吁个人对自身福利的持续关注而达到与政府分权的目的（Garsten and Lindh de Montoya，2008）。也就是说，当个人被要求承担越来越多新的责任，透明度能够使他们更好利用公开信息为自身福利做出最佳决策。最后，透明度也可能被认为一种对超越地方、文化特殊性控制的一种尝试（Garsten and Lindh de Montoya，2008）。我们在很多情况下都能看到这一点：从核扩散（鼓励各国政府公开核武器的数目）到食品安全（使某些东西可见从而使其规范，“能够”是指通过格鲁吉亚的花生厂的特定条件，使得适当的程序可控，以确保消费安全）。从社会文化人类学的视角对透明度做出这种强调是很有趣的——作为一种理念，能够且也需要控制地域和文化的特殊性。

问责制是较为难定义的术语，它通常用来表示对某事件负责任、有所答复，甚至可以进行问责。换句话说，也就是一个人可以对自身的决策、行为、产品等负责任。问责制和透明度不仅可以确保对消费者、股东等负责，并且可以增加利润和利益。透明度的实行通常处于悖论中：一方面要求通过信息的公开而使事情公开，同时，另一方面则要求通过对自由度的限制而对促进进一步监管。也就是说，行为者既被要求将自己所做的事情和做事情的方式公开透明，与此同时，还要通过引入监管等其他手段进行问责而增强透明度。从理论上讲，监管可能某种程度限制了自由度，不仅如此，通过实行透明度和问责制还可能使行为者变得更加被动。因此，一间公司或者一个政府必须通过可见的透明度以塑造其合理与负责任的形象。鉴于这些难题，研究涉及透明度和问责制的特殊例子对于了解争论的广泛性以及在这些观念里不同行为者（利益相关者）受益情况是非常有益的。

文中其余部分，在简要介绍文章开头的案例前着重讨论的原料奶或未经高温消毒奶在美国消费情况。这些案例说明：越复杂越具有挑战性的事情越透明、公开，往往有意想不到的后果。美国原料奶销售规例追溯到 19 世纪晚期、20 世纪早期。尽管美国食品和药品管理局实施了禁止原料奶销售法，但原料奶监管仍然保持在州一级。这实际上意味着，原料奶跨州卖给消费者（州际贸易）违反联邦法律，但每个州调节本州内的原料奶销售（州际商业）。目前，美国未经高温消毒的牛奶消费占牛奶消费不足 0.5%。美国大约半数州法律允许某类原料奶销售。各州的限制、规定不同，包括标签规定，购买奶牛份额，医生处方销售，原料山羊奶销售（不是牛奶），并对日牛奶产量的限制等方面的差异。11 个州允许生牛乳的零售。本文其余部分重点阐述美国宾夕法尼亚州的原料奶在美国的东北地区最南端设立销售点的销售情况。

在宾夕法尼亚州，原料奶的销售仅限于拥有农业部宾夕法尼亚处（PDA）签发的原料奶生产许可证的奶场。截至到 2010 年 4 月，宾夕法尼亚州有 132 个拥有许可证的生产商。原料奶生产的乳制品必须经过农业部宾夕法尼亚处对奶场的清洁程度、动物卫生，以及潜在的食品安全的评估。“奶场监管者风险评估清单”的引用以确保乳制品生产商遵守宾夕法尼亚州的牛奶卫生法的法定程序。牛奶样品也要经卫生检验、动物健康以及存在致病细菌的检测。该法律是为了避免消费者因食用未经高温消毒的牛奶产品而患病。

近年来，原奶的直接消费已经越来越成为媒体关注的话题，其中最为敏感的热点是关于其安全性与危险性的讨论。反对原奶直接消费的一方，援引食品和药品管理局的植物及乳制品食品安全部主任约翰·希恩常出现在新闻的观点，“原料奶本质上是危险的，不应由任何人以任何理由在任何时候饮用”(Foerster 2010)。另一方面，支持原奶消费的一方，则强调原奶的直接饮用对健康有利，甚至强调对小农户和地方小规模食品企业的福利保护。支持者最经常引用的观点之一是，巴氏杀死了“好”的营养、菌和酶。双方使用各种来源的统计数字来支持他们的论点，案例中常常呈现消毒牛奶和未消毒牛奶引起死亡人数。值得注意的是，本次争论的双方大都用同种语言甚至同一来源来支撑他们的观点，这些讨论对一般消费者很可能并无意义。

3.3　关于原奶直接消费中的透明度与问责制

首先，最明显的是，规范原料奶销售的理念本质上遵从“透明度作为对程序和流程监测的技术和理念鼓励使人类生活更安全”这一原则。无论对原料奶销售和消费的支持者还是反对者，不可否认的事实是：原奶直接饮用存在一定程度的风险，而如何减少这些风险是引起大量争议的原因。此外，双方应用非常相似的责任制和问责制参与讨论。例如，政府官员、农业专家、监管机构针对原料奶的安全性禁止原料奶销售问题的回答，声称原奶生产不能通过保证清洁生产来确保适当安全水平。由于宾夕法尼亚州原料奶销售是合法的，当地学者和管理者特别强调：消费者必须了解奶农及他（她）的卫生操作程序。因此，问责制是呼吁消费者更好地了解原料奶风险，及对消费者进行原料奶安全消费教育的最佳做法。对于原料奶的支持者，直接从生产商购买原奶是饮用安全原奶的关键。一种有效的办法是消费者通过参股的方式参与原奶生产。即，消费者购买一定奶牛股份并从奶类制品中得到回报。消费者被建议通过诸如非营利，奶场与消费者的法律辩护基金来检查奶牛饲养条件与挤奶条件的改善（见网站：www. farmtoconsumer. org/cow-shares）。这样，奶农与消费者对安全原料奶的消费均负有责任。奶农不仅对他们产品的安全性负责，也遵守非官方要求，即奶场对消费者公开。

宾夕法尼亚州关于此议题的争论特别有趣，因为它显示了政府和公司实行透明度和责任制以后，产生的一些限制作用，以及一些至少是非有意的后果。这些后果产生的主要原因在于，公司或个人通过将透明度作为特定组织流程和程序必要的技术来证明他们是公开的。这种方式主要依赖于制定的各种透明度以及获取信息的渠道。同时，这些方法或技术公开某些信息渠道的同时，封闭其他信息渠道（Garsten and Lindh de Montoya 2008，Strathern 2000）。宾夕法尼亚州原料奶立法案涉及本州内大多数阿米什奶农的情况揭示出这种明显的矛盾。阿米什人信奉基督教，他们生活简单、穿着朴素，不愿意采用现代化的便利。例如，禁止或限制用电、电话、汽车，阿米什人穿衣的具体样式有特定要求。这意味着，阿米什人一般情况下不使用电脑或电子化的信息。因而，信息的获取通道对于透明度而言是很重要。

关于上文中宾夕法尼亚州的原料奶情况，2009 年，农业部宾夕法尼亚处要求修改牛奶卫生法规。他们在宾夕法尼亚州的通报（被用来公示州立法及制定的规章）在线版刊登出修订版。宾夕法尼亚州可持续农业协会（一个旨在促进本州粮食系统可持续的非营利性组织）写信给农业部宾夕法尼亚处食品安全局（负责修订的部门）批评只可在线传阅　（组织成员之间及在自己的网站传阅)：

宾夕法尼亚州……，事实上我国农业最多样化的社区。调查中，奶农成员受提议的法规影响，我们发现在法规修订过程中，奶农关于正在修改的法规及如何应对等很模糊。我们认为只通过互联网公示修订法规的信息渠道并不可取，尤其是一小部分联合体奶农很难获取这些信息，确实许多奶农生活上都有这方面的文化禁忌（限制）。

文章中，宾夕法尼亚州可持续农业协会评论农业部宾夕法尼亚处食品安全局向所有公众公示修订法案的过程实质上就是透明度的一部分。尽管使用网络渠道是能够让对此感兴趣的人对立法过程更加透明的方法，农业部宾夕法尼亚处却遗漏了对生产和销售原料奶法规变化影响最大的群体之一。宾夕法尼亚州可持续农业协会的建议，“新法规中所有提议的重大变化都应该网上公示和纸质版本，并在听证会前给需要它们的人”。对修订法案感兴趣的人都能够在文化上接受这项建议。

回应非营利性组织——宾夕法尼亚州可持续农业协会提及的诸如虚假或误导性的产品包装和广告（可能是虚假或误导）、追溯的问题、农场直接向消费者销售，以及测试负担、消费者成本等问题，农业部宾夕法尼亚处对撰写牛奶卫生法规涉及透明度和问责制相关问题进行两个修订。值得注意的是修订法规应遵循的程序，该程序要求如果奶场发生问题（生产牛奶的奶场），必须将发生问题的潜在威胁和进展告知原料奶许可证持有人及权威部门。宾夕法尼亚州可持续农业协会质疑的问题是：法规中并没有提及是什么问题，以怎样方式、什么时间告知公众。宾夕法尼亚州可持续农业协会建议向公众公开，且能够监管公开程序。宾夕法尼亚州可持续农业协会认为过去问题发生时被指控，媒体更多关注原料奶，并报道控诉的趋势。然而，媒体很难做到真正解决问题并进一步报道被证实是错误的指控。宾夕法尼亚州可持续农业协会认为，农业部宾夕法尼亚处应该承担报道及后续报道。换句话，宾夕法尼亚州可持续农业协要求农业部宾夕法尼亚处“要代表所涉及的奶农克服来自于掩盖问题真相压力的趋势——支持问题的解决——利用任何可能手段解决公众碰到潜在威胁的问题。”农业部宾夕法尼亚处在信息控制与信息监管上都起到重要作用。

这项建议乍看之下似乎是一个问题，但事实上并非如此。以奶农马克·诺尔特作为案例。诺尔特因出售未经许可的原料奶被罚款 4 000 多美元。尽管他曾拥有一个 7 年多的原料奶许可证，但 2006 年他并没有续签原料奶许可证且继续生产和销售原料奶产品。诺尔特被认为他知道出售原料奶产品（如牛奶，酸牛奶和酸奶）并不符合许可证要求，但他并没更新许可证。即便是奶农不同意法律规章，但依旧继续实施法规，奶农只能无选择的服从法规进行合法销售。这个例子说明了权力哲学家如麦克斯·韦伯和迈克尔·福柯认为的力量不仅仅是统治关系而且也会导致人将习惯性服从。（关于透明度和产业，见 Chisholm and Shaw 2004）。即便有人不同意惩罚，但“退出”能力是有限的。在马克·诺尔特的案例中，选择退出意味着在两个非法情况之间做出选择：要么出售没有许可证的原料奶制品，要么在有许可证条件下出售被认为非法的原料奶制品。农业部宾夕法尼亚处不仅对诺尔特农业制裁缺乏服从性，而且农业部宾夕法尼亚处也要依赖于那些像诺尔特一样遭到制裁风险的奶农的自我监控。由于监管机构具有强大的影响力，奶农很难根据自身经验和实际情况做出选择。这种情况下，监管机构与奶农之间紧张关系的核心问题就是试图向奶农公开信息。此外，在随后的采访中，诺尔特认为，国家监管部门实际上是在干涉他与他的顾客之间关系，如“我的顾客就是我的检测人员”（Staff editor 2007）。

3.4 结语

原奶案例绝不仅仅是宾夕法尼亚州问题，也不仅仅是对特定产品的争论，更引申到日常中其他问题诸如对大型农业综合企业的质疑、为了保持公司和超市市场份额向公众隐瞒信息等问题。媒体对目前这种权利冲突、争论的观点：政府应该有限参与人们饮食生产、消费，人们有权选择食物生产、消费方式（尽管政府被认为是人们最高利益的代表）。透明度与问责制可能成为与其他形式（方式、知识形式）缩小差距使生活更安全有效的办法。这种情况就减少了奶农的知识和经验空间：对奶农而言，什么是安全的，什么是不安全的，如何更好饲养奶牛，如何更安全生产，变成了单一、被监管的制度。美国原料奶争论也认为是远离知识竞争形式的单一制度。法规暗含着奶农拥有越多知识、经验则越遭受质疑。

问题的另一面是向“透明、问责”过度的机制。在文章开始，2009 年的美国花生丑闻，发生在联邦、地方监管机构以及第三方认证检查的格鲁吉亚花生公司（工厂）。其他公司根据第三方认证机构要求确保他们提供给格鲁吉亚工厂生产的花生酱、碎坚果的产品的安全性。州监管人员及第三方认证机构在该公司发现少量沙门氏菌产品，而根据该公司记录早在 2007 年 7 月就已检测呈阳性的沙门氏菌问题（Martin 2009）。其他公司及公众则更多依赖于能够发现问题的相关审计以及掩盖问题的透明技术，显然，这种制度并非万无一失，也不可避免出现意外、错误。

简言之，笔者认为透明度与问责制应该是值得追求、努力实现的目标。但是，这些制度需要认真、细致、持续的审议与审查。如果将组织（系统）的程序和过程公开，那么透明度与问责制应该作为批判且改进的公开组织（系统），透明度与问责制的重点是组织程序与过程，因为特殊策略的存在往往完全无视别人（如奶农的基础知识），或对金融体系的过度信心。同样，伴随制度的知识特权（等级）在某些制度（某些方面）超越某些人。奶农、健康以及农业专家对原料奶消费的讨论并非是产品本身安全问题而是依据是哪个等级知识结构。

参考文献

Chisholm, H., and S. Shaw. 2004. Prove it! The 'Tyranny' of Audit and Accreditation in the New Zealand Outdoors Industry. Leisure Studies 23: 317-327.

Foerster, J. 2010. Got raw? Debate rages between raw milk advocates, food safety experts over drinking unpasteurized milk. Naplesnews. com. Electronic document, http://www.naplesnews.com/news/2010/apr/10/raw-milk-unpasteurized-advocate-food-safety-health/, accessed May 15, 2010.

Garsten, C., and M. Lindh de Montoya. Editors. 2008. Transparency in a New Global Order: Unveiling Organizational Visions. Cheltenham, UK and Northampton, MA: Edward Elger.

Harris, G. 2009. Peanut Products Sent Out Before Tests. The New York Times. Electronic document, http://www.nytimes.com/2009/02/12/health/policy/12peanut.html? ref=peanut_corporation_of_america, accessed May 15, 2010.

Martin, A. 2009. Peanut Plant Says Audits Declared It in Top Shape. New York Times. Electronic document, http://www.nytimes.com/2009/02/05/business/05peanuts.html, accessed May 15, 2010.

Payne, M. 2010. "Production and Consumption of Raw Milk," in 36th Annual Southern Dairy Conference. Atlanta, Georgia.

Staff editor. 2007. PA Cracks Down on Non-permit Raw Milk Sales. Lancaster Farming. com. Electronic document, http://www.lancasterfarming.com/node/773, accessed May 15, 2010.

Strathern, M. 2000. The Tyranny of Transparency. British Educational Research Journal 26: 309-321.

4 日本奶业发展概况

□ 王永春　刘玉满

4.1 奶业生产发展概况

4.1.1 生产概况

进入新世纪以来，日本牛奶产量总体呈不断下趋势。2000 年，生乳产量为 849.73 万吨，到 2007 年下降到 798.2 万吨，减少了 6.06%。用于加工各种牛奶饮品的生乳从 2000 年的 497.03 万吨下降到 2007 年的 444.26 万吨，减少了 10.62%。用于加工各种乳制品的生乳则从 342.05 增加到 2007 年的 345.8 万吨，略有上升，详见表 4.1。

表 4.1 日本生乳产量及其用途

（单位：万吨）

	生乳产量	加工用奶		
		牛奶等	乳制品	其他
2000	849.73	497.03	342.05	10.65
2001	830.05	494.15	326.63	9.27
2002	838.53	500.23	329.34	8.96
2003	840.01	497.41	333.98	8.62
2004	832.90	495.47	329.24	8.18
2005	828.52	477.53	342.95	8.04
2006	813.75	464.82	340.81	8.12
2007	800.74	452.07	340.23	8.43
2008	798.20	444.26	345.80	8.15

来源：http：//www.maff.go.jp

分类别来看，日本饮用奶的产量不断下降。2000 年饮用奶产量为 45.71 亿升，到 2007 年下降到 39.51 亿升，减少 13.56%。而酸奶产量不断上升，从 2000 年的 6.95 亿升增加到 2007 年的 8.13 亿升，增加了 16.98%。另外，乳饮料和乳酸菌饮料分别从 2000 年的 12.16、1.73 亿升增加到 2007 年的 12.41、1.79 亿升，分别上涨了 2.06%、3.47%，见表 4.2。

表 4.2　日本各种牛奶饮品产量

（单位：亿升）

	饮用奶	乳饮料	酸奶	乳酸菌饮料
2000	45.71	12.16	6.95	1.73
2001	44.51	12.32	6.85	1.76
2002	43.99	11.87	7.86	1.82
2003	43.62	11.64	7.92	1.84
2004	44.54	11.89	7.78	1.74
2005	42.9	12.03	8	1.74
2006	41.5	12.42	8.39	1.66
2007	40.39	13.12	8.44	1.73
2008	39.51	12.41	8.13	1.79

来源：http：//www.maff.go.jp

就各种奶制品来说，只有奶油的产量大幅增长，其余品种均呈下降趋势。2000 年，奶油产量为 7.34 万吨，到 2007 年上升到 10.75 万吨，增加了 46.56%。2000 年，全脂奶粉、脱脂奶粉和黄油的产量分别为 1.83、19.38 和 8.76 万吨，到 2007 年则分别下降到 1.35、15.82 和 7.17 万吨，分别减少了 26.12%、18.36 和 18.13%。另外，配方奶粉和干酪的产量分别减少了 10.09%和 2.94%，详见表 4.3。

表 4.3　日本各种奶制品产量

（单位：万吨）

	全脂奶粉	脱脂奶粉	配方奶粉	黄油	奶油	干酪
2000	1.83	19.38	3.36	8.76	7.34	12.19
2001	1.78	17.51	3.35	7.95	8.67	11.87
2002	1.66	18.25	3.73	8.27	9.13	11.66
2003	1.61	18.26	3.70	8.01	9.32	11.88
2004	1.49	18.27	3.48	8.01	9.15	11.96
2005	1.44	18.68	3.20	8.41	9.10	12.25
2006	1.38	18.07	3.12	8.05	9.56	12.49
2007	1.40	17.25	3.00	7.51	10.31	12.54
2008	1.35	15.82	3.02	7.17	10.75	11.83

来源：http：//www.maff.go.jp

4.1.2　生产布局

日本的奶牛业主要集中在北海道地区。2008 年，日本奶牛饲养头数为 153.3 万头，其中北海道地区为 81.94 万头，占总头数的 53.5%。其他农业区域中，关东地区为 22.93 万头，占 15%。另外东北和九州地区分别达到了 8.7%和 8.6%。此四大区域的饲养头数占总数的近 86%，详见表 4.4。

表 4.4　2008 年日本奶牛布局

地区	饲养户（个）	饲养量（万头）	户均饲养量（头）	户数比重（%）	饲养头数比重（%）
全国	24 400	1 53.3	62.8	100	100
北海道	8 090	81.94	101.3	33.2	53.5
都府县	16 300	71.33	43.8	66.8	46.5
关东东山	5 120	22.93	44.8	21.0	15.0
东北	3 910	13.27	33.9	16.0	8.7
九州	2 540	13.19	51.9	10.4	8.6
东海	1 190	7.0	58.8	4.9	4.6
中国	1 220	5.65	46.3	5.0	3.7
近畿	962	4.03	41.9	3.9	2.6
四国	675	2.7	40.0	2.8	1.8
北路	544	2.04	37.5	2.2	1.3
冲绳	106	0.511	48.2	0.4	0.3

来源：http：//www. maff. go. jp

4.1.3　生产规模

2008 年，日本全国奶牛饲养户共有 2.41 万户，其中饲养 30～49 头奶牛的户数最多，为 6 550 户。饲养 100 头以上奶牛的户数有 1 740 户，其中有 153 户饲养了 300 头以上。分地区来看，北海道地区的养殖规模较大，50 头以上的养殖户占全国该规模以上养殖户的 62.5%，详见表 4.5。

表 4.5　2008 年日本奶牛饲养规模分布情况

地区	成乳牛饲养规模户数						
	1～19	20～29	30～49	50～79	80～99	100 头以上	其中 300 头以上
全国	5 630	3 720	6 550	4 630	1 200	1 740	153
北海道	528	513	1 940	2 820	804	1 110	—
都府县	5 110	3 210	4 610	1 820	394	624	—

（续）

地区	成乳牛饲养规模户数						
	1～19	20～29	30～49	50～79	80～99	100 头以上	其中 300 头以上
东北	1 780	739	834	275	51	63	—
北陆	169	134	160	50	9	8	—
关东．东山	1 440	1 080	1 600	590	99	206	—
东海	224	224	356	220	52	87	—
近畿	331	181	278	91	17	31	—
中国	359	217	339	135	36	72	—
四国	252	141	170	67	11	24	—
九州	553	485	819	366	115	126	—
冲绳	7	9	56	21	4	7	—

来源：http：//www. maff. go. jp

4.1.4 生产成本

2007 年，日本每头奶牛的生产费用为 73.41 万日元，其中物质费用与人工成本分别为 56.55 万和 16.86 万日元，各占生产费用的 77.03%和 22.97%。物质费用中，饲料费所占比重最大，为 32.9 万，占总生产费用的 44.82%。其次为奶牛折旧，为 9.57 万，占总生产费用的 13.04%。另外，农机、兽医及药品、水电暖及动力费分别为 2.67 万、2.26 万和 2.14 万日元。此外，还有种牛费、租金、物业税及会费、建筑成本、车费和管理费等各项支出，详见表 4.6。

表 4.6 2007 年日本奶牛生产费用支出

项　　目	费用（万日元）
奶牛生产费	73.41
人工成本	16.86
物质费用	56.55
种牛费	1.19
饲料费	32.9
水电暖及动力费	2.14
兽医及药品费	2.26
租金	1.37
物业税及会费	1.07
奶牛折旧	9.57
建筑成本	1.87
车费	0.41
农机费	2.67
管理费	0.23

来源：http：//www. maff. go. jp

4.2　乳品消费

新世纪以来，日本的牛奶消费量不断减少。2000 年，日本国内牛奶消费量为 1 071.1 万吨，到 2007 年减少到 1 025.6 万吨，下降了 4.25%。这主要是由于饲用牛奶消费量的下降引起的。2000—2007 年，饲用牛奶从 123.6 万吨下降到 101 万吨，减少了 18.28%。食用牛奶则从 852.8 万吨下降到 825.8 万吨，减少 3.17%。牛奶的年人均消费量也呈现下降趋势，从 2000 年的 67.1 千克下降到 2007 年的 64.6 千克，减少 3.73%，详见表 4.7。

表 4.7　日本近年来牛奶（除黄油外）消费情况

（单位：万吨）

	国内消费量（万吨）	饲用（万吨）	食用（万吨）	其他（万吨）	人均年费量（千克）	人均每天热量摄入（千卡）	人均每天蛋白质摄入量（克）	人均每天脂肪摄入量（克）
2000	1 071.1	123.6	852.8	94.8	67.1	108	6.7	5.6
2001	1 042.9	105.2	838.1	99.7	65.8	106	6.6	5.5
2002	1 040.9	103.7	854.3	82.9	67	108	6.6	5.6
2003	1 035.8	101.5	839.7	94.5	65.8	106	6.5	5.5
2004	1 038.7	95.2	849.7	93.9	66.5	107	6.6	5.6
2005	1 025.6	101	825.8	98.9	64.6	104	6.4	5.4

来源：FAO

4.3　乳品贸易

日本绝大部分农产品都不能自给自足，需要依靠进口满足国内需求。奶制品也是一样，进口量远大于其出口量，为奶制品的净进口国。

2000—2007 年间，日本牛奶进口量从 167.67 万吨上升到 178.91 万吨，增长 3.89%。同时，进口额从 7.44 亿美元增长到 11.96 亿美元，增长了 60.66%。而同期牛奶出口经历了比较大的波动。2000 年，日本牛奶出口量为 1.6 万吨，到 2002 年下滑至 0.72 万吨的最低水平，2003 年迅速回升至 2.17 万吨，之后起伏波动，到 2007 年达到 2.59 万吨，比 2000 年增长了 61.88%。出口额则从 2000 年的 675.8 万美元增长到 2007 年的 1879.4 万美元，增长近 2 倍，详见表 4.8。

表 4.8　2000—2007 年日本牛奶及奶制品进出口情况

年份	进口量（万吨）	进口额（万美元）	出口量（万吨）	出口额（万美元）
2000	167.67	74 430.7	1.60	675.8
2001	168.33	78 482.9	0.88	535.4
2002	163.57	75 888.5	0.72	490.3
2003	163.48	77 015.1	2.17	619.7
2004	166.10	90 842.0	1.69	784.1
2005	163.00	96 594.9	1.62	933.6
2006	157.79	94 361.2	2.06	1 235.5
2007	178.91	119 577.6	2.59	1 879.4

来源：FAO

从进出口结构来看，日本进口最多的奶制品是全脂奶酪、脱脂奶粉、干乳清、黄油和加工奶酪等。其中，全脂奶酪是最主要的进口奶制品，占全部奶制品进口总额的 70%左右。2000 年进口量为 20.05 万吨，到 2007 年增加到 21.82 万吨，增长 8.79%。其他产品中，则是黄油的进口增长最快，从 2000 年的 0.04 万吨增长到 2007 年的 1.45 万吨，增加了近 35 倍，详见表 4.9。

表 4.9　2000—2007 年日本主要进口奶制品

	商品	2000	2001	2002	2003	2004	2005	2006	2007
进口量（万吨）	全脂奶酪	20.05	19.70	19.82	18.77	21.30	20.50	19.99	21.82
	脱脂奶粉	5.23	5.27	4.44	4.25	3.68	3.40	3.19	3.54
	干乳清	3.95	4.38	4.23	4.20	4.23	4.69	4.70	5.17
	黄油	0.04	0.04	0.43	1.32	0.66	0.55	0.46	1.45
	奶酪	0.46	0.51	0.53	0.60	0.57	0.67	0.75	0.69
	天然奶成分制品	0.82	0.85	1.04	0.84	0.82	0.87	0.77	0.79
	鸡蛋 干蛋黄	0.46	0.53	0.56	0.50	0.53	0.75	0.68	0.63
	鸡蛋 蛋清	1.50	1.40	1.55	1.40	1.37	2.27	1.16	0.65
	带壳鸡蛋（重量）	0.18	0.15	0.21	0.19	0.20	1.46	0.32	0.35
	全脂淡炼乳	0.14	0.13	0.18	0.16	0.16	0.16	0.15	0.15
进口额（亿美元）	全脂奶酪	5.27	5.33	5.51	5.46	6.72	7.00	6.88	8.07
	脱脂奶粉	0.83	1.05	0.64	0.67	0.68	0.69	0.66	1.10
	干乳清	0.44	0.53	0.50	0.48	0.53	0.63	0.68	1.06
	黄油	0.01	0.01	0.06	0.24	0.16	0.16	0.13	0.50
	奶酪	0.21	0.21	0.23	0.28	0.29	0.32	0.35	0.34
	天然奶成分制品	0.18	0.22	0.25	0.19	0.23	0.27	0.24	0.29
	鸡蛋 干蛋黄	0.16	0.18	0.21	0.21	0.24	0.27	0.25	0.27
	鸡蛋 蛋清	0.28	0.27	0.33	0.32	0.31	0.45	0.26	0.17
	带壳鸡蛋（重量）	0.03	0.03	0.04	0.04	0.04	0.17	0.05	0.06
	全脂淡炼乳	0.03	0.03	0.04	0.04	0.04	0.04	0.04	0.05

来源：FAO

从出口产品结构来看，日本主要出口脱脂奶粉、加工奶酪、干乳清、全脂奶粉和天然奶成分制品等。其中脱脂奶粉占出口奶制品的比重不断上升。2000—2007 年，脱脂奶粉出口从 3 吨增长到 1 797 吨，增长了近 600 倍，出口额则从 2.5 万美元增加到 857.5 万美元，占奶制品出口的比重则从 0.4%上升至第一位，为 43.33%。加工奶酪的出口量也有所增长，从 2000 年的 154 吨增加至 2007 年的 386 吨，但占奶制品出口总额的比重却呈下降趋势。干乳清的出口则呈现波动下降趋势。2000 年，干乳清出口量为 1 659 吨，之后连续两年下降，到 2003 年又上升至 2 112 吨，到 2007 年又减少至 1 117 吨，占奶制品出口总额的比重也从 2000 年的 14.08%下降至 2007 年的 12.15%，详见表 4.10。

表 4.10　2000—2007 年日本主要出口奶制品

	商品	2000	2001	2002	2003	2004	2005	2006	2007
出口量（吨）	脱脂奶粉	3	28	10	8	5	16	376	1797
	奶酪	154	101	114	210	190	243	328	386
	干乳清	1659	723	433	2112	1210	1430	1514	1117
	全脂奶粉	37	20	42	42	123	83	241	127
	天然奶成分制品	55	39	69	41	11	109	145	91
	带壳鸡蛋（重量）	40	42	64	56	109	147	207	247
	全脂鲜牛奶	122	125	158	158	242	182	229	399
	鸡蛋 蛋清	36	39	37	41	19	22	20	21
	全脂炼乳	12	9	7	37	64	85	115	106
	全脂奶酪	18	15	30	56	120	76	67	60
出口额（万美元）	脱脂奶粉	2.5	23.6	10.3	8.8	6	14	162.4	857.5
	奶酪	132.3	79.2	79.3	150.8	155.6	190.7	241.9	292.1
	干乳清	88.5	86	21.4	75.9	129.8	187.6	233.2	240.5
	全脂奶粉	28.5	28.2	26	49.8	91.5	92.5	175.9	138.6
	天然奶成分制品	136.3	115.2	119	56.4	13.4	78.7	107.8	74.3
	带壳鸡蛋（重量）	11.3	9	12.6	13.7	27.3	41.2	55.6	70.4
	全脂鲜牛奶	21.8	19.8	23.5	27.3	43.6	35	40.5	62.7
	鸡蛋 蛋清	19.5	99.8	97.6	93.8	81.7	54.8	38.7	51.6
	全脂炼乳	8.5	5.4	5.3	15.6	26.8	37.3	47.6	46.9
	全脂奶酪	53.4	20.2	46.9	36.8	58.6	66	58.1	45.8

来源：FAO

4.4 奶业相关政策

日本通过边境措施和管理政策的实施对奶业的发展进行了大力支持。日本政府主要以两种方式向养殖农户提供资助，即低息长期贷款和补助金。低息贷款有两种形式：一是由政府发放长期低息贷款，主要用于结构改革；还有一种对协会的现代化发展资金提供低息贷款。补助金则重点用于场所、基础设施建设和农机设备购置，给予大型机械购置的补助金有的可达到购置款的一半。此外，学校义务教育学生饮用牛奶补助金每年约为 4 亿日元。除补助金和低息贷款外，政府还对农产品进行价格支持，若政策所支持的畜产品市场价格低于保护价，政府部门就会收购这些农畜产品。对奶制品还实施了价格稳定项目，“价格稳定区”一般都高于市场均衡价格。而由此产生的亏损，一部分转入了公共财政预算，另一部分则由进口征税来弥补①。

日本为保护本国畜牧业所采取的边境措施之一就是关税。目前，日本的高关税政策已根据 WTO 乌拉圭回合谈判进行了削减，这促进了奶酪等的消费。然而各种进口壁垒仍然是日本保护本国奶业的重要措施。日本食品卫生法、植物保护法、动物疾病控制法、技术标准法规要求较高，在一定程度上形成了贸易障碍。OECD1999 年的调查显示，日本的奶制品价格比国际市场高出 245%②。

4.5 奶业科技

日本是把科技创新做为国家发展战略的创新型国家。进入新世纪以来，日本每年对科技的投入都占到了 GDP 的 3%以上。尽管 2009 年深受金融危机的影响，但当年的政府预算案中，科技预算总额仍达到了 35 548 亿日元，与 2008 年的 35 555 亿日元持平。

1964 年，日本国家畜牧研究所成功完成了世界第一例牛非手术胚胎移植。现在胚胎移植已经成为日本奶牛遗传改良的基本技术手段③。

日本的体外受精技术也处于世界领先水平。对患繁殖障碍或因老龄无超排反应的高产母牛来说，利用该项技术，可以生产优质胚胎。

另外，日本的性别鉴定技术对确保高产奶牛生产母犊发挥了重要作用。日

① 日本、韩国水产畜牧业考察报告，http：//www.ssfcn.com 2005.6.30

② 李应中，中国主要贸易伙伴农产品进出口政策，农业信息探索，2001（1）

③ 贾福德，李喜明，胚胎工程技术在日本养牛业中应用现状，中国奶牛，1998（6）

本还进行了性别控制技术的研究。在结合体外受精技术的同时，性别控制技术将在奶牛业中产生巨大影响①。

在疫病防治技术方面，日本于 2004 年开发出了可快速检测疯牛病的装置。与过去利用抗原抗体反应检测疯牛病的方法相比，该装置的精确度高，可以用于 20 个月以下的小牛。它还可以节约检测时间，并能对每头牛的情况进行具体甄别。

4.6 全国奶业联合会

日本全国奶业联合会主要负责指导日本所有的专业奶农的技术提高、生奶销售、生产资料调配等，并负责管理奶制品的生产与加工。下有 15 个办事处、2 个研究所、1 个专业检验中心、1 个培训中心和 8 个饲料加工厂，2006 年协会的营业额为 1 500 亿日元（100 亿人民币）。

① 肉牛，奶牛——日本的牛胚胎移植技术，http：//www.taoniu.com/jishu/2007/0411/662.html

5　新西兰奶业的压力和挑战及对中国的启示*

□闵　贞

作为世界上最大的牛奶（及其制品）的出口国，新西兰在世界乳品贸易的市场上占了30%之多（MAF，2003，p. 17）。乳品的产业链很长，几乎贯穿了整个三大产业。作为重要行为主体的奶农，不仅为产业提供重要的原材料和产品，更重要的是，他们极度依赖于产业而生存和发展。奶农与乳品产业之间的关系一定程度上左右了他们的知识学习、生产态度、工作目标和农场管理的模式（Mairi Jay，2007）。像中国的奶农一样，他们的收入也很大程度上依赖于牛奶的产量（虽然小牛、牛粪等在很多地方也可以出售，但所占比例很少）和原料奶的市场价格。牛奶的产量很大程度上依赖于技术的发展和服务的发展——从杂交育种、人工授精到相关的技术、市场和信息服务；而原料奶的收购价格则完全不受奶农控制。不仅如此，原料奶生产还需要大量的土地、水等资源的配套。因而，奶农的农场管理决策事实上是在市场、行业、社会和自然资源的大背景下进行的。同时，奶农的生产决策也很大程度上影响了产业的发展。

事实上，新西兰乃至全球的乳品产业几乎被恒天然集团（Fonterra Co-operative Group）左右。恒天然本质上是一家有着11 000家奶户作为社员的“奶业合作社”[①]，业务主要由两部分构成：乳品加工[②]和乳品贸易[③]（Fonterra，2003）。

新西兰的奶牛绝大多数是散养的，牛粪等排泄物一般在自然条件下分解。有越来越多的研究证明，随着奶业的发展，地下水、河流、湖泊、湿地等也在进行着不同程度的破坏（Ducanson et al.，2000；Boothroyd et al.，2000；Colley et al.，2001）。以占了新西兰全国1/3奶牛数量的Waikato地区为例，随

* 本文对新西兰奶业发展的分析主要是基于文献证据整理得到。对中国奶业发展的评论则主要基于国家奶业技术体系奶业经济研究室持续的调研和观察。

① 恒天然集团的前身是新西兰国家乳品局。关于恒天然的历史和组织管理可以在恒天然网站上找到详细的介绍：www. fontrra. nz/aboutus

② 恒天然将牛奶加工成奶酪、黄油、奶粉、甜点等约600余种商品。

③ 恒天然将新西兰的牛奶及其制品出口到世界上140余个国家和地区。

着奶业的发展，有约18%的森林面积消失（Leathwick et al.，1995），环境问题越来越尖锐。

随着环境的持续恶化，新西兰的奶业也“惹”来了很多批评（PCE，2004）。于是，在政府和产业的干预下，对环境问题的关注也改变了奶农的农场管理模式。然而，在近来对新西兰乳品产业的研究都认为这种干预对环境的改变收效甚微。

有学者批评新西兰奶业发展过度关注单位资源环境下的产出数量和规模经济，而忽略了对资源做出有效的反应，已然陷入“生产主义”① 的深渊（Wilson，2001）。这样的批评某种程度上讲，也很符合中国目前的奶业发展。由产业快速膨胀带动的产业发展，或多或少都带有“生产主义”的影子。在环境问题越来越突出、资源禀赋相对较差的中国，如何实现奶业的可持续发展是一个无法回避的话题。

5.1　西方工业化农业的特点

工业化农业（Industrial Agriculture）是指农业生产越来越具有工业生产的特点，包括：对规模经济的追求、对其他经济部门的依赖（化肥、农药、种子等）、具有商业化组织的特点、资源替代（资本替代劳动和土地）、劳动分工和机械化。在工业化农业系统的内部，农业生产又被分作食品生产、加工和销售三个环节。与此同时，技术也越来越成为影响生产率的关键因素（Bowler，1992，pp. 11－13）。在这个过程中，农业越来越成为一种商业活动，其作为一种生活方式的文化内涵越来越弱。土地也越来越成为一种商品，而非栖息地。土地的商品化意味着，在工业化农业的背景下，人们对土地（及水等其他资源）的利用和管理首先考虑其商业价值，而非其他（栖息地、自然遗产、生活质量等）。

随着农业的工业化带来的环境问题一直被西方学者关注（Buller et al.，2000；Potter，1998a；Potter，1998b）。在英国，工业化农业被指责是农业地貌多样性被破坏的“罪魁祸首”（Benton et al.，2003），由于农场之间的联合使得大量的土地越来越集中到了少数农场那里，而这些土地大都大面积的单一种植，由此带来了整个农业系统的改变。也有学者认为，农业的工业化是整个欧洲面临的“最大、最尴尬的难题”（Stoate et al.，2001）。

---

① “生产主义”（productivism）最早由英国学者 Lowe 定义：A commitment of an intensive，industrially driven and expansionist agriculture with state support based primarily on output and increased productivity.

新西兰奶业的发展似乎正在证实以上的这些论断。农场和农场管理越来越被加工环节整合。新西兰的乳品加工企业，一边对内高度整合原料奶的生产环节，一边紧紧连接国际乳品市场、并通过影响消费者的偏好来进行国际市场的整合①。尽管，从 1985 年开始，新西兰政府逐渐放开了对农业的管制。但是，由于牛奶生产需要对动物安全、动物福利、牛奶卫生等方面进行管理，政府对乳品产业的管理一直没有放松。

简言之，新西兰奶业具有工厂化农业的明显特点，环境问题也随着产业的发展不可避免地变得越来越突出。

5.2 国际竞争：生产的加速器

从 1985 年开始，新西兰政府取消了对农业的补贴以及其他扶持政策。25 年过去了，新西兰农民已经完全融入了国际市场，尤其是奶业。新西兰每年奶产量的 96%用于出口。新西兰奶业的国际化很大程度上得益于世界范围内的食物结构的改变，这一点可以从恒天然集团的一份年报上看出（Fonterra，2001）：

"……我们对快速变化的机遇和挑战的持续关注，可以保证我们乳品产业的全球化决策的高效率。……（这些变化）导致了乳品市场是非自由市场的竞争（太多干预下的竞争），并且常常伴有风险投资……同时，我们要密切关注我们的消费者，他们在我们的客户——沃尔玛、家乐福等零售商——那里表现出的任何行为都值得关注，他们的行为变化带动了风险投资进入我们的领域……这些都是国际市场变化的一部分……国际乳品企业的趋势必然是，数量越来越少、规模越来越大的乳品公司将质量越来越好的产品提供给客户。"

全球化背景下的竞争，很大程度上限制了乳品企业的价值观和行为。以恒天然为代表的新西兰奶业似乎都有一种将被国际竞争淘汰的"焦虑症"（Marrie，2007）。这也就意味着新西兰奶业必须追求高增长、产品效率、规模经济、科技创新和商业优先的战略。于是，"规模"和"实力"成了整个产业关注的重点。

新西兰适宜的气候和丰富的青草资源一直被认为是新西兰乳品低成本的最重要的比较优势之一。对乳品加工企业来讲，符合消费者需求的，低成本、高效率的商品是国际竞争力的核心（Ferrier，2004，p. 2－6），这集中体现在恒天然集团的另一份年报中（Fonterra，2005）：

"……我们的战略是通过完善我们的产品（尤其是特色产品）、服务和品牌

① 从恒天然的市场战略里可以看出。

来强化我们在国际乳品竞争格局中的位置……同时，我们也要继续保障我们的低成本、客户关系和创新力，因为这是能使我们不败的法宝。

……我们要帮助我们的奶农继续低成本生产，并为他们提供必要的技术和服务，以保障产量以每年3%的速度增长。”①

恒天然等奶业巨头的态度和观点，不可避免的影响到了奶农的日常生产。② 这些观点通常出现在一些出版物、广告宣传册和合作社年报上，很多奶农都可以在第一时间了解到（Marrie Jay，2007）。Marrie教授的一项田野调查似乎证实了这一观点，正如一位农民所说：

“……就像赛跑一样，跑的最快的人获得金牌。对一个奶农来讲，最好的奶农就是产量最高的奶农，因为这样可以获得最高的利润……是的，产量越高的奶农越成功。”

由此可见，牛奶产量已然成了一种道德意义上的“好”，虽然是通过利润和经济效果体现的。

5.3　社会变迁与环境关注

从20世纪中叶以来，人们越来越关注发展过程中的环境问题（Young，2004）。在1991年，新西兰政府通过立法对环境进行保护（Wheen，2002）。不仅如此，在2000年左右的时候开始逐年发布《国家生物多样性报告》。

资源保护法、生物多样性报告以及其他的文件和相关政策，改变了新西兰社会对环境的关注程度。尽管在20世纪的上半叶，政府没有管制。但从20世纪90年代开始，政府已经不允许过度的、无限制的放牧了。同时，政府开始大力推广旅游和文化等非物质产业拉动经济。

政府的环境政策和民间的环境教育，极大改变了奶农的农场管理模式。在1999年前后，新西兰环境部发布了一份报告，该报告关注原料奶生产过程中对地表水、植被、地下水的污染状况。这份报告在业内曾引起了很大的轰动。

近来，有部分学者呼吁政府应该通过征收“环境税”来限制奶业的过度膨胀，但遭到另一些学者的强烈反对。③

---

① Marrie教授认为，在目前的产量水平下，很难达到这样的增长率。持相同的观点的学者有很多位，包括Bentoon。但这些论述常常体现在报纸和杂志上，而非专业期刊文献中。

② 新西兰奶农经常会有订阅杂志、培训等，在不同的场合，恒天然的这些观点经常会被农户了解到。因此，新西兰奶农进入市场的能力是很强的。

③ 关于这个问题的讨论主要体现在新闻中。

5.4 产业对环境问题的关注

为了对“肮脏的奶业（Dirty Dairying）”[①] 做出回应，恒天然集团在 2002 年组织了一个由环保部官员、地方官员和一些民间人士参加的研讨会。这次会议的重要成果是通过了一个所谓“清洁河流合约”（Clean Stream Accord）。这个合约要求农民保护动物饮用水源，并且从那时开始，对牧场的环境评估成为企业对牧场评估的重要一部分（NZH，2003）[②]。

清洁河流合约的重要性在于，通过对奶农进行引导而要求他们对动物的饮用水源进行保护，进而保护环境。但这部合约很不完善，主要体现在，缺乏执行主体和惩罚措施。农民需要承担对环境进行治理和管理的所有成本，这与他们追求利润的初衷不符，这也必然会导致该合约的效力不会很高。

虽然加工企业通过牧场评级可以对综合治理成绩较好的农场进行一些具有倾向性的鼓励，但是由于“信息不对称”的绝对存在[③]，“搭便车”现象也似乎无法避免。简言之，清洁河流条约虽然主观上具有积极的引导意义，但效果甚微（Memon，2003）。

从环境治理的视角另一个难点是缺乏对生物多样性的保护。新西兰奶业引入了另一种激励机制——优质原奶奖（Dairy Excellence Awards）[④]。该奖通过引入资助方（乳品加工企业、恒天然、银行、杂交育种中心、乳品研发中心），对获奖农场或奶农进行技术、资金、市场、信息等服务，以激励奶农生产“优质原奶”。2002 年的评选条件包括以下几条（Fencepost. com，2002）：

财务表现（Financial Performance）：包括牛场的利润率、经济剩余、资本回报率、全生产要素测量、年回报率、财务管理、财务目标和增长率。

人力资源（Human Resources）：包括个人目标、家庭、社会和其他、行业参与、交流技巧和职业发展、劳动生产率、员工管理、员工健康管理等。

牛场管理（Dairy Management）：包括资源的效率利用、喂养供需平衡、单产水平、粪便管理、牛场的清洁、土壤与化肥利用、库存管理、杂交等。

产品质量（Product Excellence）：包括原奶质量、产品分级知识、牛场卫生及保持、质量管理知识、动物福利等。

环境整合（Environmental Integrity）：包括水管理、湿地管理、土地管理

---

① 由一些环保主义者提出，主要针对因污染而导致奶质量不过关。

② 企业对牧场进行评估，以期建立长期的战略合作。

③ 企业对农场的评估存在信息不对称，如农场主可能只在评估的时候治理，而其他的大部分时间不治理。

④ 该奖项以前叫“奶农年度大奖”

知识与实践、废物管理知识与实践、环境管理实践与创新等。

从评判标准可以看出，对环境的评判与产品的评判具有高度的相关性。

“优质原奶奖”自实施以来，在新西兰奶业中起了很重要的积极作用。产业链里各个环节的组织都通过“资助商”等身份参与该奖项的评选。虽然这些组织都或多或少带有自己的商业的或政治的目的，但仍能从客观上帮助整个行业向良性的方向发展。通常情况下，该奖项的评选结果和流程都会通过电视、杂志、报纸等各种渠道向社会传播，带来很强的经济和社会收益。

5.5　一个可以选择的办法：农场环境奖

进入新世纪以来，由于社会对环境问题的意识和行为的改变，奶农的生产方式也不可避免的发生了很大的变化。由 Waikato 地区[①]的环境部门组织的“农场环境奖”（Farm Environment Award）作为一种制度安排已经成了农场环境治理的另一种可以选择的激励办法。该奖项针对不同类型的农场颁发不同的奖项，但都是基于对同一个基本问题的回答——“按照这样生产，我们能不能持续 100 年?”（EW，2005）。虽然是一个地区性的奖项，但在新西兰国内已经产生了很大的影响。

该奖项的评选办法主要是通过对奶农发放调查问卷进行初步筛选，然后由专家组分别进入农场进行细致、公正的评价。专家组成员由奶农、专家、消费者、加工企业等社会上各种各样的人组成。任何人提交相应的材料，并通过筛选，都能进入专家组（Balance，2005）。评判内容包括：达到农场的生产目标；对自然环境的保护；不同类型的土地不同利用；水源管理；节能；粪便与作物管理；卫生管理；流程管理。

该奖项的评估过程是很关键的环节。评判组成员一般会通过访谈、实地调研等办法进行。对很多参与该奖项角逐的奶农来讲，与其说是为了获奖，不如说是为了获取更多的专业知识。尽管“农场环境奖”的奖金很有限，但他能有效的整合各种资源，评奖过程灵活多变，更重要的是，能够为奶农传递实用技术，因而更能获得奶农的认同。

5.6　对新西兰奶业环境保护的评论

新西兰奶业的环境保护，尤其是对农场管理的影响，同时尊重了经济回报（Economic Reward）和生产伦理（Production Ethic）（Wilson，2005）。所

① 新西兰近 1/3 的奶牛都在该地区。

有的手段和办法都尝试将产业的自然经济回报与对环境破坏的羞辱感结合起来。

文献证据表明，新西兰的中央政府一般不直接干预和指导环境保护，而由地方政府负责。事实上，地方政府在这个问题上扮演的角色也很有限，更多的是通过政府搭建的平台，整合社会和行业资源对环境进行治理。这就有助于环境治理的全行业化。在实践中，以恒天然为代表的企业组织起了很重要的作用。

当然，对环境的治理紧紧依靠制度上的创新是远远不够的，制度创新只能带来有效的激励。在这种有效的激励作用下，鼓励奶农采取更加科学、有效的手段进行农场管理；鼓励奶农引进新的牛种；鼓励科技创新与变革。由此，更重要的是鼓励相关企业和组织进行战略调整，以应对新的挑战。

采用适当的办法对奶农进行激励，在改善环境的同时（或者以此作为切入点），向奶农进行技术、管理、服务等方面的培训，增加人力资本的竞争优势。

5.7 结论与讨论：对中国的启示

在面对环境压力的问题面前，中国面临的问题比新西兰要严重的很多。一方面是持续的对畜牧产品的快速需求，而另一方面是有限的资源禀赋；一方面是“三聚氰胺”后大量散户的“消失”，另一方面是千头甚至万头牧场的建设。中国奶业的发展似乎进入了一个关键的“路口”。

笔者认为，限制中国奶业发展两个重要因素：一是资源制约，二是人力资本不足。奶牛生产需要大量的资源，水、牧草、土地、甚至消耗牛粪的土地和稀释温室气体的空气。中国北方传统的畜牧区，由于草原退化、土地荒漠化，使这一地区面临“有牛无水、有牛无草”的尴尬境地。至于人力资本不足，主要是缺乏“新型农民”。这一点，不仅体现在养殖效率不高上，更多地体现在“集体行动”的动力不足。[①] 从牛奶的产品属性上讲，奶农应该是较容易整合的一个群体，但事实上却不是这样。无论合作社、养殖小区还是规模化牧场，效果或多或少差强人意。

从环境治理入手，恰好可以在对资源更有效率的利用的同时，也能借助这样的机会对奶农进行教育和培训，以增加中国奶农的人力资本。

新西兰奶业在环境治理上的实践给我们的启示主要有以下几点：

---

① 奥尔森在其名著《集体行动的逻辑》一书中，提到集体成员的知识存量对集体行动的效果有很大的影响。

发展适度规模的牧场：如前所述，新西兰奶业带有很强的西方工业化农业的特点，工业化农业对环境的破坏已经被事实证实。在中国这样资源禀赋较弱的国家，适度规模的牧场一定要与当地的资源禀赋、气候条件、交通条件、政策环境等各方面匹配。尽量避免中国奶业的过度工业化。

加强制度建设：好的制度能较大限度对行为主体进行正向激励。新西兰奶业在对奶农引导时，主要通过"奖项"进行。并且通过制度安排，最大限度调动行业内所有相关组织的积极性。

加强文化建设：文化本身也是一种无形资产，当他与旅游等结合的时候，也能产生很好的经济效益。新西兰奶业在进行各样"奖项"的评比时，已经客观上促进了牛奶文化的发展。

培养新型农民：在对各样奖项进行评比时，通过对农民的技术培训，增强农民技能，加强人力资本建设。

参 考 文 献

Balance，2005. Farm Environment Award. Available from：http：//www. ballance. co. nz/fea. html/.

Benton，T. G.，Vickery，J. A.，Wilson，J. D.，2003. Farmland biodiversity：is habitat heterogeneity the key? Trends in Ecology and Evolution 18 (4)，182 - 188.

Boothroyd，I. K. J.，Crush，J. R.，Ledgards，S. F.，Huser，B.，Selvarajah，N.，2000. Impact of nitrogen flows from agricultural production environments on non-agricultural ecosystems in the Waikato region，New Zealand. In：Craig，J. L.，Mitchell，N.，Saunders，D. A. (Eds.)，Conservation in Production Environments，Managing the Matrix，Nature Conservation 5. Surrey Beatty and Sons，Chipping Norton，NSW，Australia，pp. 236 - 245.

Bowler，I. R.，1992. The industrialisation of agriculture. In：Bowler，I. R. (Ed.)，The Geography of Agriculture inDeveloped Market Economies. Longman，Harlow，Essex，pp. 7 - 31.

Buller，H.，Wilson，G. A.，Holl，A.，2000. Agri-environmental Policy in the European Union. Perspectives on Europe，Contemporary Interdisciplinary Research. Ashgate，Aldershot，UK.

Davies-Colley，R. J.，Nagels，J. W.，Donnison，A. M.，Muirhead，R. W.，2001. Faecal contamination of rural streams - implications for water quality monitoring and riparian management. Proceedings of the 43rd Annual Conference of the New Zealand Water and Wastes Association，10th - 21st September，2001. Wellington，New Zealand.

Duncanson，M.，Russell，N.，Weinstein，P.，Baker，M.，Skelly，C.，Hearnden，M.，Woodward，A.，2000. Rates of notified Cryptosporidiosis and quality of drinking water supplies in Aotearoa, New Zealand. Water Research 34 (15), 3804 - 3812.

EW, 2005. Balance Farm Environment Awards. http: //www. ew. govt. nz/.

Ferrier, A. , 2004. The need for commodity and value added products to sit side by side in Fonterra's Future. Address by Andrew Ferrier, CEO, Fonterra, to Waitoa Field Rep Open Day. < http: //www. fonterra. com/fonterra/content/news/fonterranews/displayarticle. jsp? elementId= k% 3A %5Cfonterraprod %5Cinetpub %5Cwwwroot %5Cfonterramediarelease %5C20040224 _ Address. xml/>.

Fonterra, 2003. About Fonterra. Internet homepage, Fonterra, Auckland, New Zealand.

Fonterra, 2005. To Lead in Dairy. Annual Report 04/05. Fonterra Corporate Centre, Auckland, New Zealand.

Jay, Mairi 2007. The political economy of a productivist agriculture: New Zealand dairy discources Food policy, 32, 266 - 279.

Leathwick, J. R. , Clarkson, B. D. , Whaley, P. T. , 1995. Vegetation of the Waikato Region: current and historical perspectives. Landcare Research Contract Report: LC9596/022, Prepared for Environment Waikato, Landcare Research, Hamilton, New Zealand.

MAF, 2003. Contribution of the Land-based Primary Industries to New Zealand's Economic Growth. Ministry of Agriculture and Forestry, Wellington, New Zealand.

Memon, P. A. , 1993. Keeping New Zealand Green Recent Environmental Reforms. University of Otago Press, Dunedin, New Zealand.

Memon, P. A. , 2003. Management of non-point source agricultural pollution: the New Zealand dairy industry. In: Windows on a Changing World, Proceedings of the 22nd Annual Conference of the New Zealand Geographical Society, 6 - 11 July, University of Auckland, New Zealand.

PCE, 2004. Growing for Good, Intensive Farming, Sustainability and New Zealand's Environment. Parliamentary Commissioner for the Environment. Wellington.

Potter, C. , 1998a. Conserving nature: agri-environmental policy development and change. In: Ilbery, B. (Ed.), The Geography of Rural Change. Addison-Wesley/Longman, Harlow, Essex, UK, pp. 57 - 84.

Potter, C. , 1998b. Against the Grain, Agri-Environmental Reform in the United States and the European Union. CAB International, Wallingford, Oxford, UK.

Stoate, C. , Boatman, N. D. , Borralho, R. J. , Rio Carvalho, C. , de Snoo, G. R. , Eden, P. , 2001. Ecological impact of arable intensification in Europe. Journal of Environmental Management 63, 337 - 365.

Wheen, N. , 2002. A history of New Zealand environmental law. In: Pawson, E. , Brooking, T. (Eds.), Environmental Histories of New Zealand. Oxford University Press, Melbourne, pp. 261 - 274.

Wilson, G. A. , 2001. From productivism to post-productivism... and back again? Exploring the (un) changed natural and mental landscapes of European agriculture. Transactions of the Institute of British Geographers, NS 26, 77 - 102.

Wilson, G. A., Memon, P. A., 2005. Indigenous forest management in 21st-century New Zealand: towards a 'postproductivist' indigenous forest - farming interface? Environment and Planning A 37 (8), 1493 - 1517.

6 新西兰恒天然奶农合作公司的奶粉拍卖

□ 胡冰川

6.1 恒天然简介

恒天然合作集团[①]（Fonterra Co-operative Group），成立于2001年，以下简称恒天然。其性质原是一家奶农合作社，其产权属于新西兰约11 000家奶农，集团总部位于新西兰奥克兰，其旗下的乳品品牌包括安怡、安满等，是世界上最大的六个乳制品公司之一，主导着超过1/3的国际乳品贸易，其市场覆盖全球140多个国家。恒天然集团作为新西兰最大的乳品公司，是世界范围内乳品生产、加工和销售的知名企业。恒天然90%的产品用于出口，其出口额占新西兰国内生产总值的7%；同时，恒天然也是世界上最大的乳品原料供应商，2009年全球销售量达到231万吨，年收入为160亿新西兰元，其出口的乳品原料种类覆盖了从基础原料到专业原料的全部范围。恒天然的全球雇员达到15 600人，其中新西兰本地雇员为9 500人，海外雇员为6 100人。2007年，根据其管理层的建议，恒天然决定将其资产在新西兰股票交易所上市，合作社持有上市公司2/3的股权，成员农户共分得15%股份，其余约20%为流通股。

尽管恒天然合作集团成立于2001年，其发展历史可以追溯到1814年，经过了50余年的发展，1871年，新西兰第一家合作性质的乳酪公司成立；其后，乳制品合作社开始在海外推销他们的产品；经历了20世纪30年代到60年代的发展，乳制品合作社开始通过合并，大大提高了运营效率，至此新西兰乳品局也逐渐形成；20世纪80年代，乳品局已有19个海外子公司与联营公司，1995年这一数字上升到80个，同时，新西兰乳品局已经成为全球最大的专业乳品营销网络；2000年，新西兰乳品合作社和猕猴桃乳品合作社已经覆盖了全新西兰原料奶生产的95%；2001年7月，通过84%的奶农参与的投票，接受了新西兰乳品局、新西兰乳品合作社和猕猴桃乳品合作社的合并，并成立了新的公司——恒天然合作集团有限公司。为了解决潜在的内部冲突，恒

① 资料来源：http：//www.fonterra.com/

天然购买了这两家合作社和乳品局的资产。因此，恒天然仍然是一个合作社性质的集团，其产权仍然归属于95%的新西兰奶农所有。

6.2 组织形式

恒天然作为合作型的乳品公司，是由外部四个团体组织而成。分别是：

新西兰奶农：恒天然是由近 11 000 名新西兰奶农组成，这些奶农从南到北遍布整个新西兰。恒天然的股东代表了全新西兰 95%的奶农。

董事会：恒天然董事会由 13 名董事组成，其中 9 名是从股东中选举产生，其余 4 名是由董事会任命。董事会有责任指导和监督业务管理和合作社事务。董事会使用委员会或工作组，以便更有效和高效的决策。委员会和工作组的向董事会提供书面报告；董事会致力为客户、股东及其他投资者提供及时的信息。

股东会：股东会由 35 名代表组成，代表股东权益，即新西兰奶农的权益。这 35 名代表由代表奶农的股东和供应商选举产生。股东会独立于恒天然，其主要职责是确保作为供应商的股东需求与利益。

牛奶专员：牛奶专员由股东会任命，主要职责是调解股东和恒天然之间的纠纷。

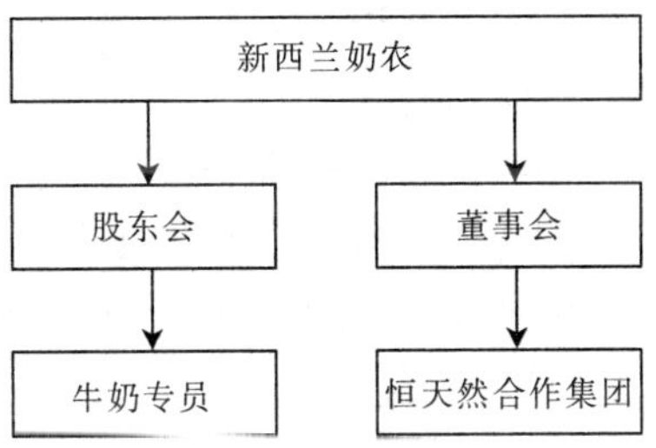

图 6.1　恒天然合作集团组织构成

6.3 在中国的发展

恒天然与中国的渊源可以追溯到 1972 年中国与新西兰刚刚建交的时候，当时中国就派代表团访问了“新西兰乳品局”（恒天然的前身之一），也是从那时起，恒天然就开始为中国市场提供婴幼儿配方奶粉，并开始了与中国的业务往来。1982 年，恒天然在香港设立了办事处，1993 年，恒天然在广州建立了办事处。与这一时期进入中国市场的其他国际乳业巨头相比，恒天然相对较为保守，其业务重点只是将干乳制品出口到中国。

2005 年，恒天然在上海注册并成立了恒天然商贸（上海）有限公司，负责其在中国内地、香港、澳门、朝鲜和蒙古市场的乳品原料营销和市场推广。总部位于上海，并在北京、广州设有办事处，全面覆盖中国市场，负责各区的客户及业务发展。2005 年 12 月 1 日，恒天然与三鹿集团结束了长达五年的谈判，签署了合资协议，恒天然集团注资 8.64 亿元人民币，认购了三鹿 43％的股份。

2006 年 6 月 15 日，恒天然与三鹿的合资公司正式运营，并成立三鹿高端乳品事业部，授权三鹿经营“安满”、“安怡”等奶粉品牌，而恒天然则通过三鹿的营销网络，实现内地的营销。在其供应客户名单包括蒙牛、伊利和三鹿三个国内品牌，雅培的奶粉等国际品牌的基粉原料也都来自该集团。2006 年，恒天然宣布在河北省投资建设牧场。该奶牛场饲养 3 000 头奶牛，并于 2007 年 10 月开始生产。

2007 年 4 月，恒天然集团与三鹿集团共投资 3 000 万美元，在唐山市汉沽管理区建设牧场，其中恒天然持有唐山牧场 85％的控股权。目前汉沽牧场有 3 300 头奶牛，总的规模是 5 000～6 000 头之间。2007 年 12 月，恒天然在唐山市汉沽管理区设立了其首个中国牧场。截至目前，这片牧场已经经历了两个产犊季节，现奶牛存栏约 4 800 头，其中半数奶牛每年产奶量可达到约 8 000 升/头。其目标是至 2010 年可产奶 200 万升。

2009 年 2 月，经过“三聚氰胺事件”，恒天然已经对三鹿的全部投资价值进行减值，同时，恒天然自有的奶粉品牌安怡、安满，也因由三鹿经营、部分奶源由三鹿供应而退出中国市场。2009 年，包括奶粉原料（大包粉）、自有品牌奶粉销售在内，恒天然在中国的年销售额为 64 亿元人民币。中国进口奶粉的 70％来自新西兰，国内市场上包括美赞臣、多美滋、蒙牛、伊利、雅培、达能等奶粉品牌都采用恒天然的大包粉。

2010 年 2 月 3 日，恒天然对外宣布，在河北投资建立两个新牧场，新建单个牧场与其之前在唐山的牧场规模相当。2010 年 10 月 20 日，恒天然宣布投资 2 亿元人民币在河北省玉田县兴建占地面积 42 公顷的牧场，扩大其在中国的牛奶生产。玉田牧场将于 2011 年 11 月建成并投入运营。

6.4 恒天然收入构成

恒天然把营业收入分成具有代表性的几部分：其中商品与配料包括新西兰牛奶供应、新西兰制造业、全球投资组合优化、全球贸易（包括中国成分业务）、全球供应链、恒天然在北亚、北美和欧洲（包括股权占投资）进行的成分和特种材料业务及企业；澳大利亚/新西兰代表新西兰快速消费品业务（包括出口到太平洋群岛）和澳大利亚快速消费品业务（包括牛奶供应和制造）；亚洲/非洲/中东代表在亚洲（不包括北亚）、非洲和中东的快速消费品业务及投资业务；拉丁美洲代表在智力和南美的快速消费品业务及投资业务。2010年恒天然总收入达到163.7亿新西兰元，比2009年增加4%；但由于商品和配料的利润的下滑，带动利润有所下降，同比下降13%。

表6.1　恒天然主营业务与利润

	商品与配料	澳大利亚/新西兰	亚洲/非洲/中东	拉丁美洲	总计
营业收入（单位：亿新西兰元）					
2009	105.0	31.2	16.7	7.5	160.4
2010	112.3	32.3	15.4	7.3	167.3
利润（单位：百万新西兰元）					
2009	548	248	120	106	1 022
2010	339	290	157	118	904

注：2009年数据年度是指2008年8月1日至2009年7月31日；2010年数据年度是指2009年8月1日至2010年7月31日。

数据来源：恒天然2010年年报摘录。

无论从收入及利润比例来看，商品和配料在总收入和总利润中均占较大比例：商品和配料在总收入中超过一半，达到67%；利润构成超过1/3，达到38%。分地区来看，按收入比例和利润比例的比重由高到低依次是澳大利亚/新西兰、亚洲/非洲/中东、拉丁美洲。

表6.2　恒天然主营业务与利润构成（2010）

	收入构成（%）	利润构成（%）
商品与配料	67	38
澳大利亚/新西兰	19	32
亚洲/非洲/中东	9	17
拉丁美洲	5	13
总计	100	100

注：2010年数据年度是指2009年8月1日至2010年7月31日。

数据来源：恒天然2010年年报摘录。

6.5　恒天然拍卖与交付方式

恒天然特殊的销售方式是网上拍卖。其将环球乳品交易网站（Global

Dairy Trade）作为基础的拍卖平台，卖方通过它批量销售乳制品。该网站于2008 年 7 月开始运营，为买卖双方提供全球化乳制品交易机会，提高价格透明度，查明期货价格并更好地管理价格风险。其交易过程包括五个关键步骤：

（1）交易活动开始的前五天，交易操作员确认可供交易量，并制定第一轮竞标价格；

（2）在交易活动开始时，每个投标人根据已公布起始价格输入他们期望的购买量。交易操作员在设定的一段时间后关闭第一轮竞标；

（3）在接下来的每一轮竞标中，交易操作员一次或多次提高价格，投标人输入新的购买量。就这样每一轮持续下去，直到竞标量达到可供产品的数量（即现有的供货量全部售完）。在这个过程中的任何阶段，投标人都不需要输入价格。只要他们输入竞标量，他们就一直被保留在竞标中；

（4）交易关闭后的短时间内，交易操作员在拍卖网站上确认竞标所得商品量，以及相应的以美元计价的每吨船边交货价格；

（5）在随后的几天内，销售商将会与客户联系，完成报价及合同程序。产品将会按照销售商的标准化物流系统被装运送货。

环球乳制品交易网站的交付期共有三个合同到期日。投标人能够“混合并匹配”这些合同日期，来确定一个与他们需求相符的交付概况。提供的三个合同期包括：合同期 1 ：“近期现货”合同，将在交易活动后第三个月提供装运货物。合同期 2 ：将在交易活动后第四个月开始装运货物，并在随后的三个月内每月交付相等的货物。合同期 3 ：较长期合同，在交易活动后第六个月开始装运货物，持续期为三个月。

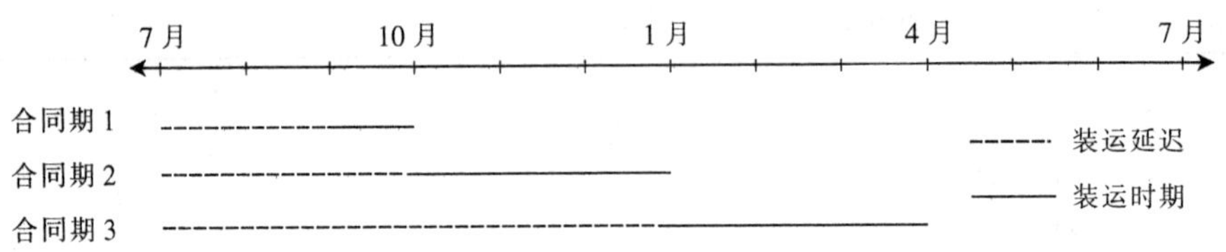

图 6.2　恒天然奶粉出口交付时间表

7 肯尼亚奶业发展的特点与启示*

□ 闵 贞

奶业是肯尼亚农业最重要的部门之一。在肯尼亚，60多万户小规模农户（Small-scale Farmers）饲养了约200万头奶牛。奶牛生产不仅为肯尼亚贫民提供了充足而优质的营养（牛奶），其他副产品（如牛粪、小牛等）也是这些贫民主要的收入来源之一。在1995年，肯尼亚奶业的产值为231亿Ksh①，约占整个农业生产总值的14%（Kodhek，1999）。在2000年，肯尼亚奶产量达到23亿升，其中63%流向市场，30%用于家庭消费，7%用于饲养牛犊（Republic of Kenya，2002）。2000年的牛奶产值达到352亿Ksh，占农业生产总值的25%。进入新世纪以来，肯尼亚奶业虽然有所增长，但是技术、制度与肯尼亚动荡的经济环境对奶业的健康发展有很大的制约。

小规模农户是肯尼亚奶业生产的主力军。这些农户贡献了超过56%的原奶产量和70%的市场交易量（Omore，2006）。然而，单产过低、技术服务欠缺以及政府扶持政策的低效率一直制约着农户的生产。

与印度奶业市场的发育类似，非正式销售渠道（Informal Marketing Channels）是肯尼亚奶业的主要销售模式。非正式渠道包括经纪人（Broker）、小贩（Hawker）、商人（Trader）、自助组织（Self-organized Group and Neighbors）以及直接将牛奶卖到城市的终端（如酒店等），这些渠道控制了至少60%的原奶市场。正式销售渠道（Formal Marketing Channels）包括合作社和加工企业。在城市地区的原奶市场供给方面，合作社是最主要的渠道②。另外的原奶由45家有资质的加工企业直接收购加工。

本文主要基于文献证据，对肯尼亚奶业生产的特点进行回顾。

7.1 奶业生产

7.1.1 肯尼亚全国的奶产量与市场需求

在肯尼亚，主要有两种奶牛：进口奶牛和本土瘤牛（Zebu Cattle）。全国

---

* 本文采用的资料和数据主要来自两方面：文献报告；肯尼亚Egerton大学的Andrew M. Karanja教授于2002年前后的调研数据。感谢Karanja教授团队的辛苦工作，以及在数据方面的慷慨帮助。

① Ksh：肯尼亚先令，1美元=77.5肯先令

② 由于肯尼亚70%以上的人口生活在农村地区，所以合作社占的原奶份额非常有限。

原奶市场的 60% 由进口奶牛生产，余下的 40% 由本土瘤牛提供。裂谷省（Rift Valley Province）和中部省（Central Province）的存栏量占到了全国的 80% 以上，整个农区的存栏量达到了 70%。①

从图 7.1 中，可以看到肯尼亚奶业经历了 1984 年前后的谷底后急速增长，从 1990 年开始的 15 年，年产量虽然有所波动，但都在 25 亿升上下。2005 年后，生产量开始上升。但是，近十年来，奶牛单产却很低一直维持在 1 800 升上下，远低于发达国家如新西兰的 4 500 升（Omore，2006）。

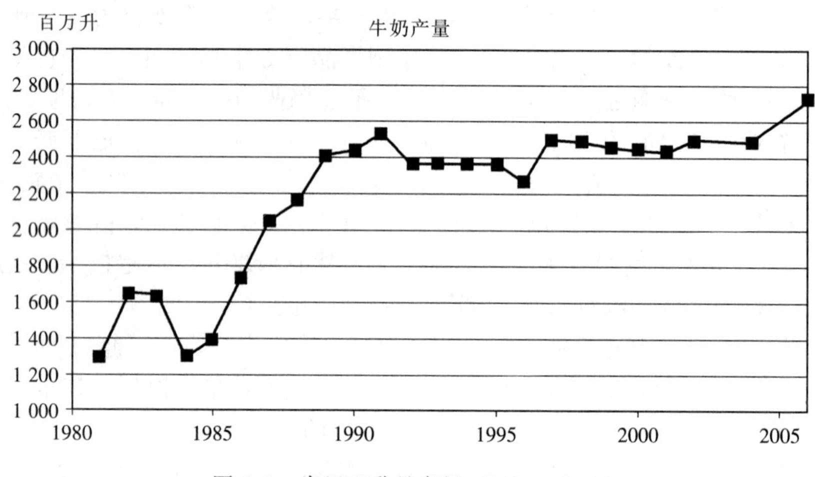

图 7.1　肯尼亚乳品产量（1980—2008）

与此同时，牛奶需求也大幅增长，人均占有量已经从 90 年代的 72 升到了 2008 年的 82 升。然而，城市居民的需求与农村地区的需求有很大的不同。城市居民的人均占有量为 125 升，而农村居民仅有 64 升（ILRI，2000）。城市居民的消费结构与收入水平也完全正相关，这说明，在肯尼亚牛奶的消费具有较大的收入弹性。

7.1.2　牛奶生产系统

肯尼亚的牛奶生产系统可以归为三类（表 7.1）：小规模圈养（Small-Scale Zero Grazing），中等规模放养（Medium-Scale Grazing）和大规模放养（Large-Scale Grazing）。

小规模圈养

平均每个小规模圈养农户都有两头泌乳牛，单产在 2 122 升左右，在不同地区单产有很大的差异。在这类农场中，牛奶产量主要与饲料和辅料的质量有

① 肯尼亚多山地，主要的农产品是茶叶。这里的农区主要是指种植区。

关。辅料一般包括糠麸、矿物盐等主要在泌乳期使用的营养物质。饲料主要是指青干草、青贮等。

表 7.1　三种不同类型的牛奶生产系统

项　　目	小规模圈养	中等规模放养	大规模放养
奶牛数（头）	3	12	146
泌乳牛（头）	2	4	33
土地资源（单位）	1	25	160
牛奶出售（升）	2 014	3 180	73 700
牛奶家庭消费量（升）	661	1 261	6 717
牛奶小牛使用量（升）	517	1 480	13 522
牛奶年产量（升）	3 224	7 519	103 077
单产	2 159	1 654	3 187
奶价（Ksh/吨）	16	12	15
牛奶收益（Ksh）	32 267	54 067	1 201 575
其他收益（Ksh）	22 966	34 667	657 833
总收益（Ksh）	74 282	127 379	2 203 983
市场产出	55 232	88 734	1 859 408
每头牛的平均收益（Ksh）	26 529	10 841	15 061
每头牛的平均产出（Ksh）	19 726	7 552	12 707
每头泌乳牛的收益（Ksh）	49 521	30 571	67 469
每头泌乳牛的产出（Ksh）	36 821	21 296	56 921
每亩地的产出（Ksh）		3 549	11 621

数据来源：肯尼亚住户调查，2005。

由于肯尼亚饲料产业的发展很不规范，很多饲料提供商都存在缺斤少两的情况，据 Andrew 教授在 2000 年的调查，很多饲料进口商提供给农户的饲料包装都被打开过，每包饲料均减少 5～10 千克。部分饲料提供商还在饲料中添加更便宜的米糠、杂草等。由于饲料产业的不健康，严重影响了部分小规模奶农的积极性。

绝大多数的小规模农户生产的牛奶主要是用于家庭消费，为了获得可以充当燃料的牛粪甚至也是部分地区农户养奶牛的动机（Omena，1999）。不过，小规模农户出售的奶价却是三种类型中最高的（每升 18Ksh）。小规模农户为市场提供了 62%的原奶。

小农户的饲养奶牛的收益包括：原奶收益（43%），小牛犊收益（31%），还有其他收益（如牛粪、畜力等）。

中等规模放养

中等规模放养户的效率是三种类型中最低的。这类养殖方式泌乳牛的单产在 1 510 升，比小规模农户低了 28.8%，比大规模散养户低了 46%。造成这种原因的直接原因是，因为绝大多数中等规模的养殖户在饲料、辅料的投入不足。

不同于小规模农户的圈养，中等规模散养户都有相对足够的草地。与大规模散养户不同的是，绝大多数中等规模农户都居住在相对偏远的地带，草地的成本很低。由于这些农户卖奶比较困难等种种原因，中等规模农户在生产方面的投资动力不足。每头牛的单产也很低（三种形式中最低，见表 7.1）。

中等规模农户生产的牛奶用于销售的 42%，余下的部分用于家庭消费和饲养牛犊。在海岸省（coastal province）的部分地区，中等规模饲养户主要饲养的是瘤牛，在农忙季节为周围的农户提供畜力服务。

中等规模奶户的奶价每升 9～12Ksh。

大规模放养

这类养殖户一般就是为了追求奶牛养殖的经济效益，所以商业目的性很强。他们一般采用进口冻精和人工受精技术。单产在好的地方可以达到 2 775 升，这样牧场的小牛犊的质量最好、价格也是最高的（1 头小母牛能卖到 5 万 Ksh）。

这些大规模牧场一般都使用玉米青贮做辅料，但青贮的质量不高（FAO，2001）。

牛奶生产的成本与竞争力

三种不同类型的农场饲养成本差异很大。小规模圈养农户虽然单产和奶价都是最高的，但其生产成本也是最高的（每升牛奶的成本高达 15Ksh）。从数据上看，中等规模与大规模放养户的成本比较低，主要原因是相当一部分放养户都在公共牧地上放牧，并且没有计算牧地的使用成本。若考虑牧地的使用成本，放养户每升牛奶的成本高达 15.1Ksh（Andrew，2004）。

农户的投资成本主要在饲料、辅料、繁育和兽医上。除了中等规模放养户外，其他两种养殖方式大都使用进口冻精和人工授精技术，在繁育成本上比较高。

Andrew 教授在 2003 年前后的调研数据，对三种不同类型的生产系统的成本做了调研，见表 7.2。

表 7.2　不同生产系统的成本比较

单位：Ksh

	小规模圈养	中等规模放养	大规模放养
可变成本*	8.6 (57%)	6.2 (59%)	8.5 (68%)
人工成本	4.9 (33%)	3.1 (29%)	2.7 (21%)
其他成本**	1.45 (10%)	1.2 (12%)	1.3 (11%)
小计	14.5	10.5	12.5

数据来源：依据 Andrew 教授 2003 年的调研数据整理

注：* 这里的可变成本主要是指饲料投入、疾病预防等费用。** 其他难以区分的成本。

DRDC（2002）将不同类型生产系统的成本与发达国家（新西兰和澳大利亚）相比（图 7.2），肯尼亚奶牛饲养的成本和价格与新西兰和澳大利亚差距不大。但是由于肯尼亚牛奶的单产只有澳大利亚的 1/3，所以收益率很低。提高单产是肯尼亚面临的很大的课题。

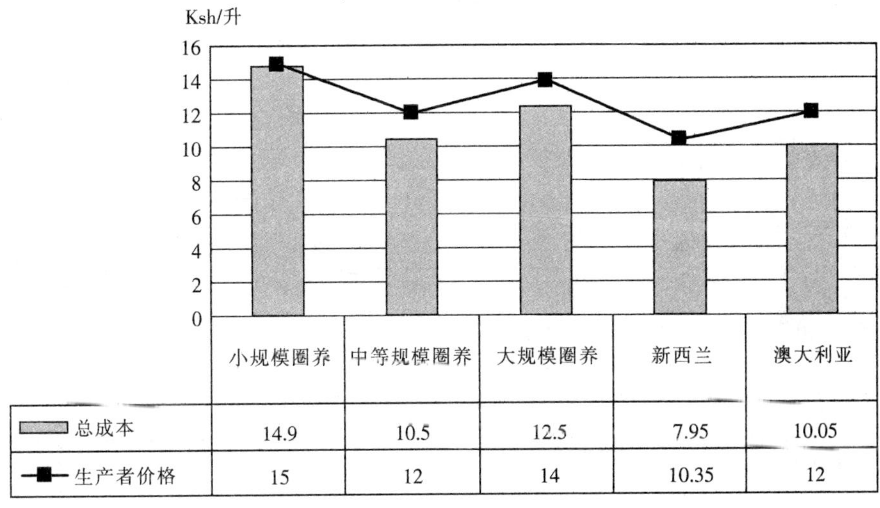

图 7.2　生产成本与发达国家的比较（2000 年 1 月）

小结

在肯尼亚，小规模奶户的生产成本和价格与中等规模和大规模农场相比，都有竞争力。不仅如此，小规模奶户的单产水平虽然比大规模农场要低，但囿于饲料产业的不健康，提升空间还是很大的。

在文献中，并未发现小规模农户无效率的证据。

7.2 牛奶收集、加工与消费市场

7.2.1 农村牛奶市场

在绝大多数的农村地区，牛奶是靠设在村里的中间商收集的。农民在各自家里，自己挤完奶后，通常将牛奶装在塑料桶（少数人用铝桶，主要是大规模农户）里运到收奶的地方，在部分地区，也有中间商上门收奶的情况。

在农村，主要有五类中间商：经纪人（Broker），小贩（Trader 或 Hawker），运奶员（Transporter），合作社（Co-operatives 或 Farmer group）以及加工商（Processor）。如前所述，肯尼亚农民卖奶有两种渠道，正式或非正式渠道。经纪人、小贩、运奶员属于非正式渠道，合作社、中间商属于正式渠道。肯尼亚农民每天卖两次奶，早上一次，晚上一次。通过正式渠道销售的牛奶只有 25%左右，其他绝大多数牛奶都是通过非正式渠道销售的（表 7.3）。

表 7.3　农村地区牛奶销售情况

渠　道		早上卖奶情况		晚上卖奶情况		平均价格（Ksh/升）
		平均卖奶量（升）	%	平均卖奶量（升）	%	
非正式渠道	经纪人	8.1	6.5	6.9	3.1	15.1
	小贩	7.3	14.2	4.7	5.9	14.2
	自己卖*	5.5	11.2	3	7	19.5
	邻居	2.7	39.1	2.5	72	22.9
正式渠道	合作社	6.7	12.6	3.1	3.7	13.8
	自助组织	11.9	0.6	0	0	13.0
	加工商	15.9	11.0	4.7	0.6	12.3
其他	其他	3.8	4.7	3.8	7.6	19.0

数据来源：Tegemeo 住户调查。

* 农民自己将奶卖出去，有可能直接卖给终端。

从表 7.3 中可以看出，农户通过非正式渠道销售的牛奶单价要高于正式渠道。将牛奶卖给邻居的价格比卖给加工商的价格高出 25%左右。

经纪人与小贩

在 Andrew 教授的观察中，经纪人与小贩甚至是比合作社和其他正式渠道更重要的中间商。

这些经纪人或小贩，一般使用最简单的交通工具（自行车等）走街串巷。他们提供给农户的价格是非常有竞争力的。他们自己在运输过程中仅能获得

1～2Ksh 的运输费用。

Omans 教授发现，有经验的小贩和经纪人仅需要使用简单的检测设备和感官就能区分奶的质量。通常情况下，每个小贩或经纪人都有相对固定的农户为他们提供牛奶。因此，虽然从理论上存在很大的牛奶安全风险，但事实上，关于这方面的报道很少。

奶业合作社与自助组织

目前，肯尼亚拥有 307 家注册登记的奶业合作社。事实上，奶业合作社在肯尼亚奶业市场上的地位不断降低。2001 年，肯尼亚有 370 多家合作社，交易 12.6 亿升牛奶；而 2008 年，肯尼亚的 319 家合作社，交易量维持在 12.7 亿升的水平。考虑到，牛奶产量从 2001—2008 年有所增加，奶业合作社的市场销售额事实上是下降的。

造成这种现象的原因很多，人类学家 Wilson Nyugo 教授将原因归纳为以下几点：①肯尼亚的奶业合作社在发展早期，是在世界银行等政府间和 NGO 组织的指导下进行的。在合作社的发展早期，有这些组织的指导和资金支持，而随着这些项目的结束，奶业合作社的运行就出现了很多问题。②奶业合作社的管理无效率让很多农民失去了信心。③在卖奶的时候，奶农倾向于在很短的时间内可以得到资金。非正式渠道一般是 3 天结款，而合作社至少需要两周。④由于肯尼亚有惠及全国的技术推广服务（冻精等），合作社在上下游谈判中的作用有限。⑤合作社里的农民往往失去了兼业的机会，而自己在家里养奶牛虽然产量不高，但自己有兼业的自由。

虽然合作社的地位不断下降，但合作社仍然为城市地区提供了大量的原奶（表 7.4）。

表 7.4 合作社原奶收购与销售

合作社	地区	月收购量（升）	市场份额（%）		销售价格（Ksh/升）			奶农支出（Ksh/升）	边际收入（Ksh/升）
			加工企业	本地销售	加工企业	本地销售	平均价格		
Glthunguri	Kiambu	1 228 605	51.3	48.7	16	20	17.95	14	3.95
Limuru	Kiambu	981 777	80.5	19.5	19	17	18.6	17.2	1.41
Aberdare	Nyandarua	510 000	100	0	12		12	9	3
Tulaga	Nyandarua	120 000	75	25	12	10	11.5	8	3.5
Muki	Nyandarua	156 995	100	0	12		12	8	4
Kule	Kajiando	12 000	0	100		22	21.9	18	3.88
Chepsir	Kericho	20 833	76.8	23.2	13	18	14.2	10	4.16
Singiroi	Bomet	280 206	100	0	13		13	10.8	2.18
Bahati	Nakuru	17 005	56.9	43	12	14	12.9	8.8	4.06
平均		360 713	71.2	28.8	12	14.4	14.9	11.5	3.35

数据来源：kuranja 教授的田野调查。

7.3 城市地区的牛奶市场

7.3.1 非正规市场

小农户生产的超过 80%的原奶都流向了非正规市场。中大型规模的农场生产的牛奶也有很大一部分流向了这里。在肯尼亚，非正规市场为穷苦的消费者提供了大量便宜的牛奶。

非正规市场的参与者主要是一些牛奶贩子和交易商。他们一般都会将从农民那里收购上来的牛奶带到自己在城市里的奶吧（Bar）或奶屋（Cottage）。2008 年，肯尼亚共有 1552 户这样的奶贩子（表 7.5）。

表 7.5 肯尼亚奶贩子分布情况（2008）

地区	生产者	加工者	奶吧	小规模乳企	奶屋	总计
Nairobi	499	11	170	6	8	694
Mombasa	65	3	2		24	94
Naivasha	73	3	52	2	3	133
Nakuru	65	7	61	2	9	144
Kericho	20	3				23
Kisii	11					11
Kisumu	29	3				32
Kakamega	16		6	1	1	24
Eldaret	32	2	22	4		60
Kitale	31	3	5			40
Nyeri	115	4	22	4	4	149
Embu	51	1	24	2	1	79
Meru	6	1	18	1		26
Narok	15		10			25
Voi	15	1	1	1		18
总计	1 043	42	393	23	51	1 552

数据来源：KDB，2006。

7.3.2 正规市场

将原奶送到加工企业进行加工的方式被认为是正规市场。从 1992 年开始，肯尼亚逐步允许私人企业（含合作社）进行乳制品加工，并逐步解除了价格管制，采用市场机制来引导乳品加工行业。

由于各种原因，肯尼亚乳品加工能力是逐年下降的（图 7.3）。

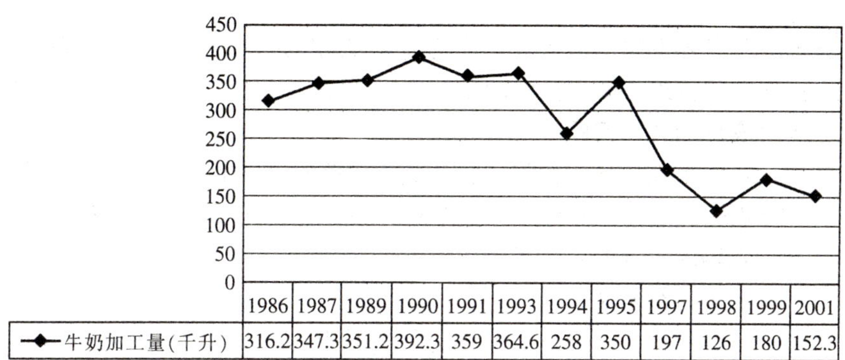

	1986	1987	1989	1990	1991	1993	1994	1995	1997	1998	1999	2001
牛奶加工量（千升）	316.2	347.3	351.2	392.3	359	364.6	258	350	197	126	180	152.3

图 7.3　肯尼亚乳品加工量（1985—2001）

数据来源：KDB，2004。

加工成本是逐年降低的，但是市场价格确实逐年上涨的（图 7.4）。

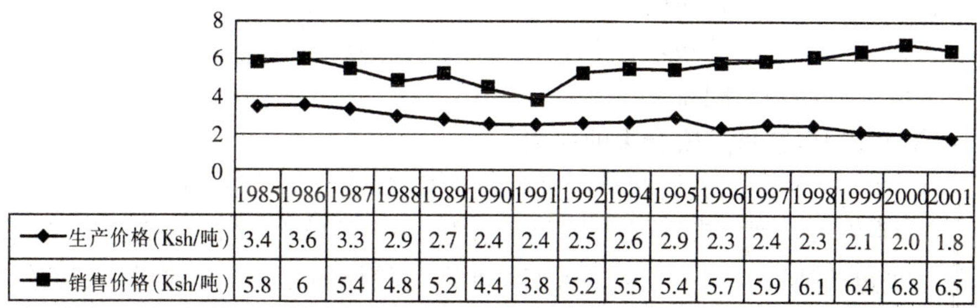

	1985	1986	1987	1988	1989	1990	1991	1992	1994	1995	1996	1997	1998	1999	2000	2001
生产价格(Ksh/吨)	3.4	3.6	3.3	2.9	2.7	2.4	2.4	2.5	2.6	2.9	2.3	2.4	2.3	2.1	2.0	1.8
销售价格(Ksh/吨)	5.8	6	5.4	4.8	5.2	4.4	3.8	5.2	5.5	5.4	5.7	5.9	6.1	6.4	6.8	6.5

图 7.4　肯尼亚奶业的加工与市场价格情况（1985—2001）

7.3.3　小结

非正规市场并不是非法市场，相对于将原奶送到加工厂的所谓正规市场，非正规市场有其自己的优势：周期短、营养成分高、便宜、便捷。

道德风险的存在使得非正规市场从表面上看没有效率。但在肯尼亚，大量的小贩满足了当地的牛奶需求。而企业加工的牛奶满足那些奶源缺乏的地区。

乳品加工企业的加工量减少，并非是因为其效率低下。相反，由于肯尼亚政府在世行的帮助下对奶源合理布局。通过市场规划，正规市场与非正规市场相结合，保障奶业市场有效率的进行。

目前，面临的重要问题是，因为在非正式渠道销售的牛奶过多，存在严重的浪费现象。另一方面，从国家层面看，牛奶的需求量还是没有满足。

7.4 结论与讨论

肯尼亚是世界上奶产量增长最快的国家和地区之一。肯尼亚在奶业发展过程中，有很多值得思考和讨论的问题：

小规模农户的效率问题

在肯尼亚，小农户虽然面临饲料产业不规范而带来的不利影响。但是，整体上看，小农户在非正式渠道下，还是很有效率的。相反，具有很好资源禀赋的中、大型农场却表现的效率不足。

合作社的可持续发展

作为一种制度安排，合作社在一定条件下能发挥很好的制度优势。在肯尼亚，合作社可持续发展的动力是不足的。如前所述，管理水平、资金制约和农户的实际需求，都是制约合作社发展的因素。

有效率的市场结构

在肯尼亚，虽然存在乳品浪费、安全风险等问题，非正规市场仍然有效率的为社区提供了安全、便捷、便宜的牛奶。正规市场仅需要满足奶源缺乏的地区就可以了。有效率的市场结构，不仅要能够消耗掉奶户的原奶，更重要的是，能满足市场的不同需求。

非经济因素在食品安全中的作用

人类学家 Wilson 教授在对肯尼亚乳业考察后的报告里写到：

"小贩们只是到经常收奶的奶户里收奶，……他们生产的牛奶也只是提供给几个固定的社区。……社区的人们对小贩是信任的，就像奶农对他们的信任一样。"

参 考 文 献

Bigsten, A. P. et al. 1997. Exports of African Manufactures: Macro Policy and Firm Behaviour. Gothenburg University. DRDC, (2002). Australia's expanding dairy industry-productivity and profit. Dairy Research and Development Corporation (DRDC).

FAO (2001). Dairy commodity notes. Commodities and Trade Division, Food and Agriculture Organisation of the United Nations, Rome.

Griffin, M. 1999. Overview of developments in the world dairy market. Paper presented at the 5th Holstein Congress of the Americas, Santiago, Chile.

Harries, B. 1993. There is method in my madness: or is it vice versa? Measuring agricultural market performance. In Abbott, J. (eds.) Agricultural and food marketing in developing countries; selected readings. CTA and CABI.

Hoff，K.，Braverman A. & Stiglitz J. E. 1993. The economics of rural organisation，theory，practice，and policy. Oxford University Press，New York，590p.

Jaffee，S. & J. Morton. 1995. Marketing Africa's high value crops. Kendall，Aowa.

Karugia，J. T. et al. 2001. Economic analysis of cross-breeding programmes in sub-Saharan Africa：A conceptual framework and Kenyan case study. Animal Genetic Resources Research 2. ILRI，Nairobi. 55p.

Koch，J. V. 1980. Industrial organisation and prices. Prentice-Hall，London. Kimuyu et al. (eds.) 1999. Kenya's strategic policies for the 21st century. IPAR，Nairobi.

Kodhek，A. G. 1999. Report on revitalising the dairy industry in Kenya. Tegemeo institute，Nairobi.

MoARD，2000. Draft dairy industry Bill 2000 and Dairy development Policy，Ministry of Agriculture and Rural development (MoARD)，Nairobi.

Ngigi，M. W. 1995. Liberalisation of the dairy industry. In conference proceedings on Towards2000：Improving agricultural Performance. PAM，Nairobi.

Nyoro，J. K，Kiiru，M. W & Jayne，T. S. 1999. Evolution of Kenya's maize marketing systems in the postliberalisationera. Workshop paper on agricultural transformation in Africa，held in June，Nairobi Kenya.

Omore A. et al. 1999. The Kenyan Dairy Sub-sector：A rapid Appraisal. MoARD/KARI/ILRI smallholder Dairy project，Kenya.

Omore，A. et al. 2002. Assessing and managing milk-borne heath risks for the benefit of consumers in Kenya. Smallholder Dairy (R&D) project，Nairobi.

Owango，M，Lukuyu B.，Stall S. J.，Kinyanjui M.，Njubi D. & Thupe W. 1998. Dairy cooperatives and policy reforms in Kenya：effects of livelihood and market liberalisation. Food Policy 23 (2)：85－173.

Rep. of Kenya. 2002. National Development Plan 2002－2008：Effective management for sustainable economic growth and poverty reduction. Govt. Printer，Nairobi.

Wakhungu，J. W and Baptist，R. 1992. Kenya AI policy issues beyond rehabilitation and breeding program consolidation. The Kenya Vet. 16：33.

Williamson，O. E. 1979. Transaction-costs economics：the governance of contractual relations. Journal of Law and Economics 22：61－233.

第四篇

奶业经济调研篇

1 呼和浩特奶牛养殖规模及效益调查报告

□ 于洪霞 乔光华 薛 强

2009 年底，内蒙古奶牛存栏数为 294.41 万头，占全国奶牛存栏数的 24.17%，位居榜首。2009 年内蒙古牛奶的总产量为 910.22 万吨，占全国牛奶总产量的 25.87%①。但是奶牛的养殖效益到底怎么样呢？尤其是作为养殖主体的散养户的养殖效益到底怎么样？值得关注和研究。呼和浩特市是内蒙古牛奶的主要产区，奶业主要分布在土默特左旗、和林格尔县、赛汗区等 9 个旗县区。我们在 2010 年 7 月通过随机抽样的方式调查了赛汗区、土左旗、和林县的 175 户养殖户，在调查户中，散养户占 64%的比例，其余的小区饲养，小区养殖本质上也是集中起来的散养。调查结果发现，2009—2010 年奶牛养殖效益较低，本文就此做了一些分析。

1.1 方法与数据

核算奶牛养殖的效益比较复杂，有很多种方法，有的以整群核算，有的以单头奶牛核算，前者由于涉及到牛群结构的变化和奶牛转群的成本效益分摊，核算结果争议比较大，受市场的影响比较显著，因此我们采用后一种方法。我们根据养殖户奶牛中一头中等水平的奶牛一年的收益和成本的情况计算养殖户在 2009—2010 年奶牛养殖收益情况。奶牛养殖收益包括牛奶收入、犊牛收入和牛粪收入，奶牛养殖成本包括饲草料费、医疗费、配种费、固定资产折旧费、燃料费、水电费和人工费、工具费和设施维修费等。奶牛的摊销未作计算。计算期为 2009 年 7 月到 2010 年 7 月。

2010 年 7 月 24－29 日课题组在呼和浩特市和林县、土左旗和赛汗区 3 个牛奶主产区，调查了 24 个奶牛养殖村，随机抽取了 210 户散养奶户和养殖小区奶户，有效问卷是 175 份，其中，散养方式（本文所说的散养是农户在自家院子里从事奶牛养殖）的奶户有 112 户，小区养殖（本文所说的小区养殖是集中在奶牛养殖小区内从事奶牛养殖）的户数为 63 户。问卷的内容包括养殖户

① 数据来源于《2010 中国奶业统计摘要》。

的基本情况、奶牛养殖的基本情况和单头中等产奶水平的产奶奶牛养殖的收入（奶牛养殖收益包括牛奶收入、犊牛收入和牛粪收入）和成本情况（奶牛养殖成本包括饲料、医疗费、配种费、工器具及维修费、固定资产折旧费、燃料费、水电费和人工费等）。

1.2 养殖户的基本情况

从年龄结构来看，175 户的平均年龄为 47.69 岁，30 岁以下的有 4 户，占 2%，30～40 岁的 40 户，占 23%，40～50 岁之间的 69 户，占 39%，50～60 岁的 43 户，占 25%，60～70 岁的 18 户，占 10%，70 岁以上的 1 户，占 1%，40～60 岁的养殖户占到了 64%，也就是说绝大多数的养殖户是 40～60 岁的范围的。见图 1.1。

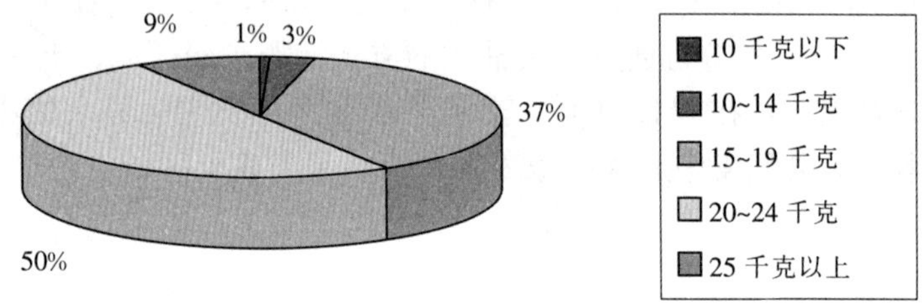

图 1.1 呼和浩特被调查的奶牛养殖户的年龄结构

从受教育程度来看，初中学历的有 93 户，占到了 53%，大专学历的只有 2 人，占 1.1%。初中和小学学历的是大多数，共占 80%。见图 1.2。

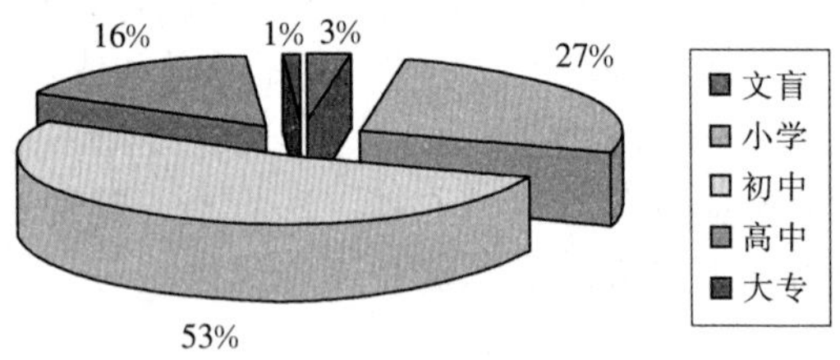

图 1.2 呼和浩特被调查的奶牛养殖户的受教育程度

1.3 奶牛养殖基本情况

1.3.1 泌乳期

175 户的平均泌乳期为 245 天。从结构上看，270 天的比例最高占到了

34%，180 天的只有 5%，奶牛的平均泌乳期为 7.5 个月即 225 天。见图 1.3。

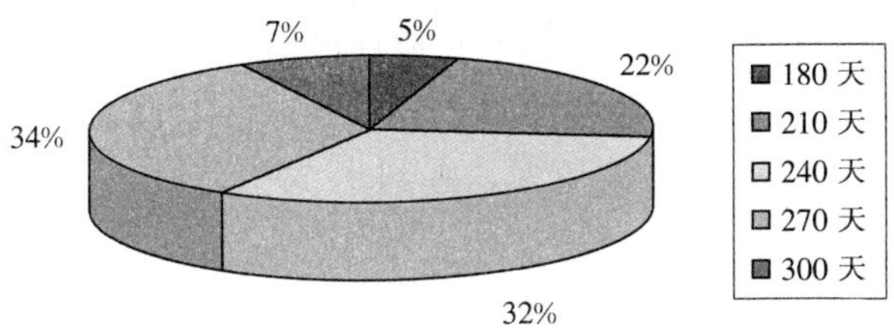

图 1.3　呼和浩特被调查户年泌乳期结构

1.3.2　奶牛单产

从奶牛的日产量来看，平均水平为 18.88 千克，从结构上来看，日产量在 20～24 千克的占到了 50%，10 千克以下只占到了 1%，可见低产奶牛的日产奶量太低，需要及时淘汰。见图 1.4。

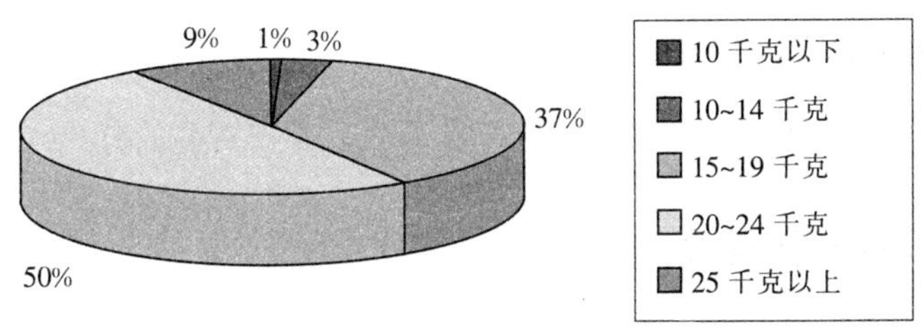

图 1.4　呼和浩特被调查户日产奶量结构

从奶牛年单产水平来看，被调查户的平均单产为 4 581 千克，年产 4～5 吨的户数居多，占到了 47%，5～6 吨的占了 21%，6 吨以上还不多，只有 9%，内蒙古 2009 年的平均单产是 4 000 千克，全国 2008 年的平均单产是 4 575 千克，2009 年上海最高为 6 880 千克，虽然所调查户的平均单产高于全国的 2008 年水平，但是还是偏低。见图 1.5。

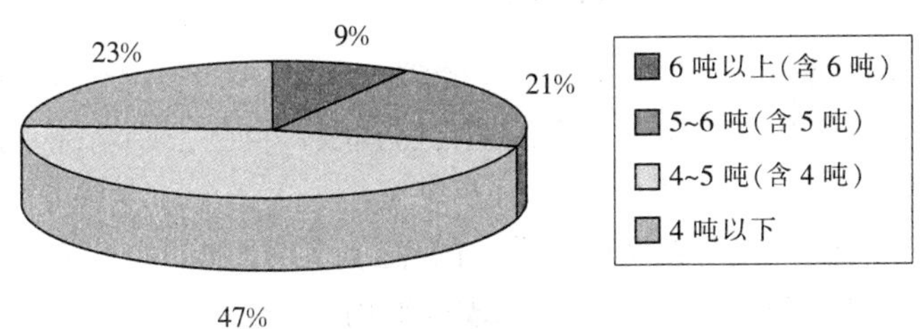

图 1.5　呼和浩特被调查户年产奶量结构

1.3.3 饲养规模

从所调查的养殖户来看，平均的饲养规模为 10 头，其中产奶牛平均是 5 头，后备牛平均 5 头，产奶牛占牛群的比例为 50%。从具体的结构来看，饲养规模为 6 头到 10 头的户数最多，占到了 39%，21 头以上的最少，只占 6%，见图 1.6。

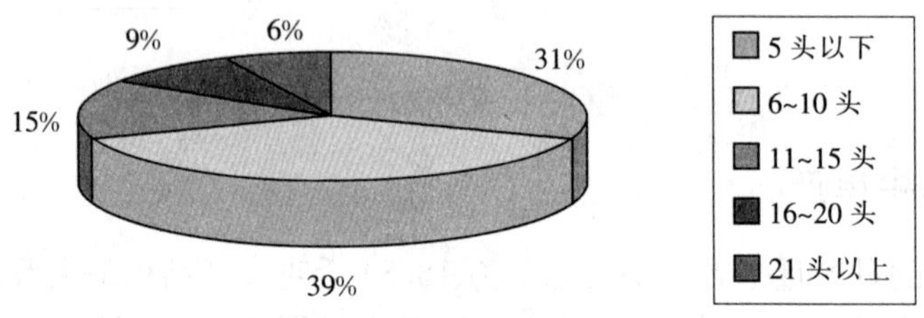

图 1.6 呼和浩特被调查户奶牛养殖规模结构

1.3.4 饲喂青贮的情况

在 175 户中，喂青贮的有 116 户，占 66%，不喂青贮的有 59 户，占 34%。

1.4 养殖效益情况

1.4.1 平均水平

175 户中等水平的单头产奶牛的平均收入为 11 661.92 元，其中牛奶收入为 10 989.06 元，年平均饲养总成本为 11 896.73 元，饲草料成本占最大的比例，平均为 8 957.605 元，2009 年的平均利润为－234.805 元。盈亏平衡点的奶价为 2.48 元，大多散养户当时的交奶价格为每千克 2.4 元，其中还有每千克不到 2.4 元。

1.4.2 散养和养殖小区对比分析

散养方式的奶户有 112 户，小区户数为 63 户。养殖小区其实就是集中起来散养，即养殖户在统一建设的小区里自己饲喂、自己去奶站统一挤奶，各自饲养自家的奶牛。

（1）饲养规模。从饲养规模来看，散养的奶牛数量平均是 7.2 头，其中产奶牛占牛群比例为 51%，小区的奶牛数量平均是 15.1 头，其中产奶牛占牛群比例为 49%。散养户的产奶期为 250 天，高于小区。从年产奶量来看，散养的产奶量比小区的产奶量高，主要是因为产奶期长。见表 1.1。

表 1.1 散养和小区对比表

	饲养奶牛数（头）	产奶牛数量（头）	后备牛数量（头）	产奶期（天）	天产奶量（千克）	产奶量（千克）
散养	7.21	3.66	3.52	249.96	18.8	4 604.1
小区	15.08	7.46	7.57	236.03	19.02	4 539
平均	10.05	5.03	4.97	244.94	18.88	4 571.55

（2）成本、收入的比较。从散养和小区的成本和收益来看，本计算期内都处于亏损状态，饲养成本相差不大，散养户每千克牛奶的成本为 2.591 元，小区每千克牛奶的成本为 2.614 元，小区的成本略高于散户。饲料构成一般是散养户购买浓缩料配合自己的玉米饲喂，小区养殖户则是购买全价饲料，粗饲料则都是玉米秸秆，有一部分配合玉米青贮。还有部分养殖户配合青草。根据调查，散养农户家里都有地，都种了玉米或者青贮，小区里的养殖户大多是外来移民，无地也没有租地种植玉米，饲草料都是购买，是饲料成本高的主要原因。见表 1.2。

表 1.2 散养和小区成本、收入对比表

	总收入（元）	牛奶收入（元）	产奶量（千克）	单价（元）	饲料成本（元）	总成本（元）
散养	11 552.5	10 742.5	4 604.1	2.41	8 843.1	11 927.98
小区	11 771.3	11 235.6	4 539	2.48	9 072.11	11 865.48
平均	11 661.9	10 989.1	4 571.55	2.445	8 957.605	11 896.73

（3）其他因素的比较。从饲养者的年龄来看，散养和小区相差不大，从土地利用面积来看，散养户的土地面积要高于小区饲养者，散养户可以自己种植部分玉米和青贮，这样也能节省成本。还有奶价上的区别，散养户每千克的奶价是 2.4 元，小区的每千克的奶价是 2.6 元，小区比散养户每千克高出 0.2 元。

奶牛基本上都是 5 胎以后淘汰。见表 1.3。

表 1.3 散养和小区饲养者的年龄、土地利用面积、淘汰胎数比较

	饲养者年龄	土地利用面积（亩）	淘汰胎数
散养	47.04	31.54	5.21
小区	48.9	22.4	5.19
平均	47.97	28.42	5.2

1.5 结论

2009年饲料价格高，而奶价长期在低水平徘徊，无论是散养户或者是小区饲养户都处于亏损状态。分析其原因，主要有以下几个方面。

1.5.1 养殖户方面的问题

一是养殖户的年龄偏大。养殖户的平均年龄是48.8岁，其中，50岁以上的养殖户占到35%，奶牛养殖是个消耗体力较多的工作，也是科技含量很高的工作，年龄偏大影响了养殖技术的学习和更新。在我们的调查中发现，养殖户的子女大多没有继承奶牛养殖的想法，他们或者出去打工，或者在农村从事其他的工作，一些养殖户也没有不希望子女继续养牛。

二是养殖户受教育程度低。从受教育程度来看，53%的养殖户是初中学历，文盲和小学文化程度占到了30%。奶牛养殖的科技要求比较高，科学的奶牛养殖方法对奶牛的产奶量、疫病防治都有很大的影响，这也决定了奶牛的养殖效益。目前养殖户对如何科学养牛的知识比较缺乏，奶牛有病后养殖户就直接淘汰当肉牛处理了，处理价格很低，这样也影响了收益。

三是养殖户缺乏资金。奶牛养殖需要大量的资金周转，用来购买饲料等。对于不种玉米的小区养殖户来说，更是需要大量的资金来维持运转，有的农户靠借钱购买饲料来养牛，为了节约资金尽量少喂料，影响了牛奶的产量，长期下去使奶牛的生产性能受到损害，致使奶牛单产下降。

1.5.2 奶牛单产水平、养殖规模和牛群结构方面的问题

计算期奶户年平均单产为4 581千克，这个水平明显有些低。养殖规模也小，呼和浩特的奶牛饲养还是以散养为主，由于受到养殖场地、饲料、劳动力、资金等因素的限制，难以扩大规模，产奶量受到限制，影响了效益。即便是小区里饲养，也受到资金、饲料等因素的限制，只能维持现有的小规模。合理的牛群结构是产奶牛占的比例达到60%，散养户的牛群结构是51%，小区养殖的牛群结构为49%，这样的牛群结构势必增加了饲养成本，减少了收益。

1.5.3 奶牛饲喂和管理方面的问题

一是奶牛饲养管理粗放。我们在调查中发现大多数地区奶牛饲养管理粗放，饲料营养搭配不当，饲料也没有定量标准，粗饲料以玉米秸秆为主，夏天有一些地边少量的草，相当一部分农户没有青贮窖，也不种青贮玉米。由于这些原因导致了奶牛产奶量的下降，收益也就明显下降。

二是忽视疫病防疫。很多养殖户没有疾病预防的观念，疫病发生往往造成巨大的损失。在我们的调查中，凡是效益好的养殖户都很重视疫病的防治，反之亦然。

三是缺乏优质牧草。奶牛是大食量的草食畜种，具有非常发达的瘤胃和反刍功能。在我们所调查的这 175 户中，几乎全部都是把玉米秸秆当粗饲料使用，养殖户就认为奶牛就吃玉米秸秆，他们不知道优质牧草饲喂对奶牛产奶的作用。在我们调查的养殖户所在的地区没有种植优质牧草。

1.5.4　养殖模式的问题

农民家庭养殖奶牛是奶牛养殖的主要形式，过去农民家庭奶牛养殖方式比农场的奶牛养殖和经营方式有成本竞争力。“三聚氰胺事件”后，散户和牧场奶价差距进一步拉大，散户的比较效益显著下降。各地政府通过建设养殖小区等方式推动规模化养殖，可是在我们的调研中发现，养殖小区的模式没有给奶农带来利益的增加，反而使他们的生产和生活不方便。

随着奶户效益的下降，很多散户退出了奶业。这种情况不仅在呼和浩特有，在内蒙古其他地区和黑龙江等主产省区都有发生。规模化牧场的成本高、收购价也高，相应地，乳制品的价格就会高。但中国的消费者能够承受多高的乳品价格？国产乳制品如何应对国际市场的竞争？我国乳业会不会由于原料奶成本的提高而丢掉国内市场？这些问题值得关注。

2 乳品消费者行为研究*

——哈尔滨市案例调研

□ 姚　梅、刘玉满

2.1 引言：调查方法及数据

奶业发展的主要动力来自于消费需求。消费者的消费行为对乳品市场需求具有重要影响。因此，了解乳品消费者行为对促进乳品消费需求和拓展乳品消费市场具有重要意义。

本次调查地点我们选取了黑龙江省哈尔滨市，一方面是因为黑龙江是我国奶牛养殖大省之一，2009 年全省奶牛存栏量达 196 万头，牛奶产量 529 万吨，分别占全国的 15.5%和 15.0%；另一方面是因为哈尔滨是黑龙江省乳品消费者人数最集中的省会城市，代表着我国乳品消费的主销区。

我们对所设计的《哈尔滨市乳品消费者调查问卷》进行了预调研，在此基础上形成了正式的调查问卷。正式问卷分为两部分，第一部分是受访者群体人口统计学基本特征调查，即性别、年龄、家庭的人口数、职业、工作年限、家庭年收入；第二部分是受访者群体乳品消费行为调查，问卷内容包括受访者对乳品品牌态度、品类选择及购买方式，等等。

此次问卷调查得到了哈尔滨市某大型零售企业的积极配合与支持。调查对象为该零售企业的会员顾客。我们锁定这部分消费者群体进行调查，一方面是因为会员顾客是该零售企业重要消费群体，其消费支出占该零售企业商品销售额达到 50%以上；另一方面，会员顾客对接受调查和回答问卷比一般顾客更为配合。调查采取对光顾零售企业的会员顾客按时间段等距离抽样的方法，每天访谈 15 人次，由调查员现场提问，并填写问卷。本次调查总共发放问卷 420 份，得到有效问卷 399 份。

* 作者感谢何广川先生对本题目调研的全力支持以及杨琦女士对文稿的技术支持。

2.2　受访者主要特征

2.2.1　受访者基本情况

性别构成：女性占93.7%，男性占6.3%。

年龄构成：20～25岁的占9.5%，26～35岁的占36.6%，36～45岁的占36.3%，46岁以上的占17.5%。

职业构成：31.1%是事业单位员工，25.3%是公司职员，19%是公务员，其他职业占24.6%。

工龄构成：15年以上的占30.8%，11～15年的占18.8%，6～10年的占26.8%，2～5年的占22.8%，2年以下的占0.8%。

家庭年收入构成：1万～5万元的占27.3%，6万～10万元的人占46.6%，11万～20万元的占19.8%，20万元以上的占6.3%。

家庭人口构成：三口之家占比最大，72.4%，其次是两口之家，占13.8%，再次是四口之家，占7%，五口之家占4.5%，一口之家占2.3%。

家里喝牛奶的人数占家庭总人口数的平均比例为66%，越是人口少的小家庭，喝奶的比例越高，见表2.1。根据家庭人口情况推断，孩子和老人喝奶的比例较高，中青年人群喝奶的比例相对较低，见表2.2。

表2.1　喝乳品人数占家庭总人数比例

家庭人口	均值
1人	100%
2人	79%
3人	63%
4人	64%
5人	63%
总计	66%

表2.2　喝乳品的人

类别	人数	%
老人	82.0	21%
孩子	247.0	62%
丈夫	94.0	24%
妻子	141.0	35%
其他人	48	12%
总计	399	

2.2.2 高收入群体基本情况

参考调研地家庭年收入的平均水平，本报告将本次调研中家庭年收入在 6 万元以上的受访者界定为高收入者，在此界定范围内，共有 290 个样本，其基本情况如下：

性别构成：女性占 94.8%，男性 5.2%。

年龄构成：20～25 岁的占 5.2%，26～35 岁的占 36.2%，36～45 岁的占 39.0%，46 岁以上的占 19.7%。

职业构成：34.5%是事业单位员工，21%是公司职员，19.7%是公务员，其他职业占 24.8%。

工龄构成：2～5 年的占 17%，6～10 年的占 27.1%，11～15 年的占 21.5%，15 年以上的占 34.4%。

家庭年收入构成：6 万～10 万元的占 64.1%，11 万～20 万元的占 27.2%，20 万元以上的占 8.6%。

家庭人口构成：三口之家占 74.5%，两口之家占 13.8%，四口之家占 5.9%，五口之家占 4.8%，一口之家占 1%。

2.2.3 高档乳品购买群体的基本情况

目前高档奶的划分主要依据市场销售价格来划分，本报告参照标准是平均价格在 16 元/升以上的液态奶。此次收集到的高档乳品购买者共有 87 人，其构成如下：

性别构成：女性占 93.1%，男性 6.9%。

年龄构成：20～25 岁的占 8%，26～35 岁的占 33.3%，36～45 岁的占 40.2%，46 岁以上的占 18.4%。

职业构成：27.6%是事业单位员工，26.4%是公司职员，24.1%是公务员，其他职业占 21.8%。

工龄构成：2～5 年的占 19.8%，6～10 年的占 22.1%，11～15 年的占 16.3%，15 年以上的占 41.9%。

家庭年收入构成：1 万～5 万元的占 31%，6 万～10 万元的占 41.4%，11 万～20 万元的占 19.5%，20 万以上的占 8%。

家庭人口构成：三口之家占 72.4%，两口之家占 10.3%，四口之家占 9.2%，五口之家 4.6%，一口之家占 3.4%。

2.2.4 中档乳品购买群体的基本情况

本调查所涉及的中档乳品是指采用利乐包包装的常温液态奶。调查样本中，中档乳品购买者共有297人，其构成如下：

性别构成：女性占93.9%，男性占6.1%。

年龄构成：20～25岁的占10.1%，26～35岁的占37.7%，36～45岁的占35.4%，46岁以上的占16.8%。

职业构成：32.3%是事业单位员工，25.6%是公司职员，17.5%是公务员，其他职业占24.6%。

工龄构成：2～5年的占24.1%，6～10年的占29.2%，11～15年的占19.3%，15年以上的占27.5%。

家庭年收入构成：1万～5万元的占25.9%，6万～10万元的占48.8%，11万～20万元的占20.5%，20万以上的占4.7%。

家庭人口构成：三口之家占71.4%，两口之家占15.5%，四口之家占6.7%，五口之家占4.7%，一口之家占1.7%。

2.2.5　基本情况分组对比

全部受访者与高收入群体、高档乳品购买群体、中档乳品购买群体几个组别之间的对比情况如下：

（1）购买者性别构成比较：高收入群体中，女性占比高于全部受访者0.9个百分点，高档乳品购买者中男性占比高出全部受访者0.6个百分点，见表2.3。

表2.3　购买者性别构成比较（%）

性别	全体	高收入人群	中档乳品购买者	高档乳品购买者
男性	6.3	5.2	6.1	6.9
女性	93.7	94.8	93.9	93.1
总计	100	100	100	100

（2）年龄构成比较：高收入群体、高档乳品购买者中36岁以上人群占比相近，均高于中档乳品购买者6个百分点，见表2.4。

表2.4　购买者年龄构成比较（%）

年龄	全体	高收入人群	中档乳品购买者	高档乳品购买者
20～25岁	9.5	5.2	10.1	8
26～35岁	36.6	36.2	37.7	33.3
36～45岁	36.3	39	35.4	40.2
46岁以上	17.5	19.7	16.8	18.4
总计	100	100	100	100

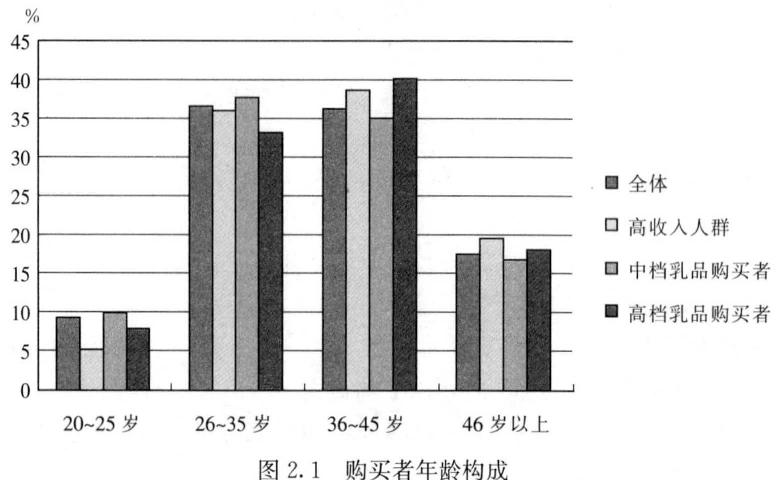

图 2.1 购买者年龄构成

（3）家庭年收入构成比较：高档乳品购买群体与高收入群体比例有差异，见表 2.5。中档乳品购买群体有近半数在本调查界定的高收入群体之内，说明了一部分高收入者选择了中档乳品消费。

高收入群体中家庭年收入 11 万～20 万元以上的所占比例高达到 35.8%，比高档乳品购买者所占该指标的比例高出 8.3 个百分点，这也意味着高收入者未必都是高档乳品的购买者。

高档乳品购买者的家庭年收入分组中有 1/3 的份额不在本调查界定的高收入群体之内，意味着非高收入者有一部分是高端乳品的购买者。

表 2.5 购买者家庭年收入构成比较（%）

家庭年收入（元）	全体	高收入人群	中档乳品购买者	高档乳品购买者
1 万～5 万	27.3	0	25.9	31
6 万～10 万	46.6	64.1	48.8	41.4
11 万～20 万	19.8	27.2	20.5	19.5
20 万以上	6.3	8.6	4.7	8
总计	100	100	100	100

职业构成比较：高收入群体与全体受访者相比，公司职员占比略低，公务员和事业单位占比高于全部人群；高档乳品购买者中公司职员和公务员占比较高，事业单位人员占比略低；中档乳品购买者中公务员占比最低，见图 2.2。

工作年限构成比较：高收入群体的工作年限明显高于全部收访者；高档乳品购买者的工作年限 15 年以上的占比显著高于其他人群，工作 6～15 年的低

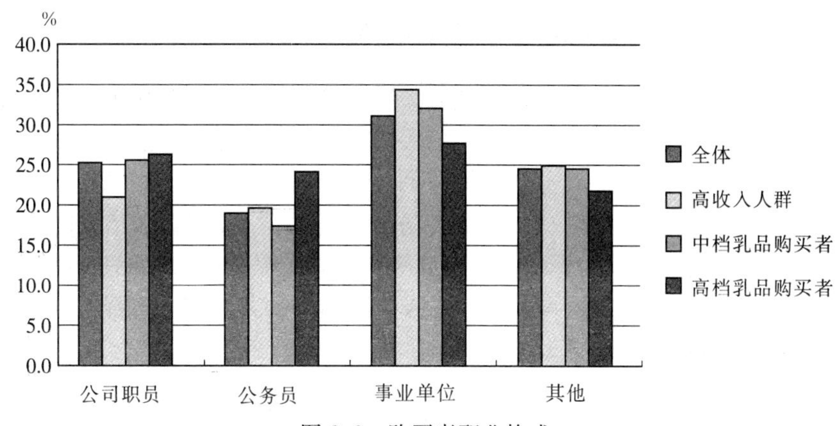

图 2.2　购买者职业构成

于其他人群，而工作 2～5 年的又略高于其他人群；中档乳品购买者中 15 年以上工作年限的人占比略低。

家庭人口构成比较：与其他人群比，高收入群体中，三口之家占比略高；高档乳品购买者中，单身和四口人以上家庭占比略高于全体；中档乳品购买者中，两口之家占比略高，见图 2.3。

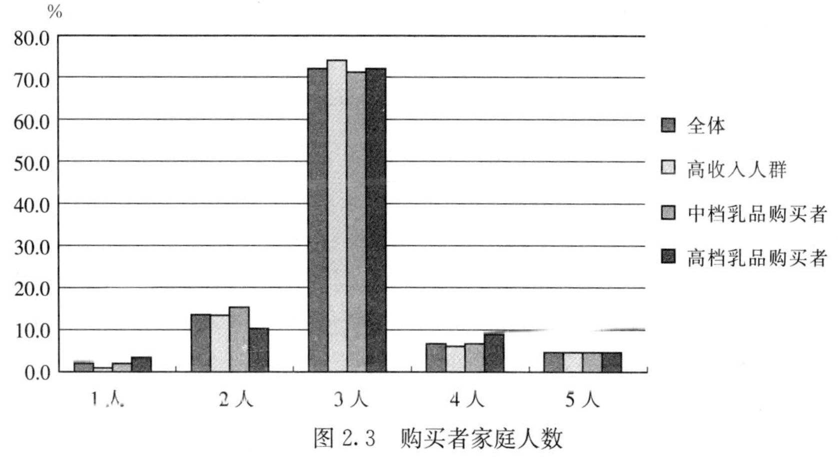

图 2.3　购买者家庭人数

2.3　受访者购买行为特点

消费者的偏好与习惯性行为直接决定消费者对乳品认识的层次。消费者对乳品的认知水准，将在许多方面直接或间接地影响乳品市场的销售、生产、服务和管理。本次调查涉及的乳品消费者行为包括关于品牌的偏好及其动机、品牌的忠诚度；关于品类的偏好；购买类型、购买频率、购买场所、媒体偏好等等。

2.3.1 受访者的品牌偏好及其影响因素

（1）品牌偏好分布。本次调查显示，受访者群体的品牌集中度和忠诚度较高，见图 2.4。具体表现为：全部受访者中，46.9%的受访者主要购买蒙牛品牌的产品，36.1%的受访者主要购买伊利品牌产品，另有 6.8%的受访者会首选完达山品牌产品。其中，23.8%的受访者只选择蒙牛产品，9.5%的受访者只选择伊利产品，4.3%的受访者只选择完达山，1.5%的受访者只选择光明产品。高档乳品购买者和高收入者中，选择伊利品牌的人略多于选择其他品牌的人群。中档乳品购买者则更多地选择蒙牛产品。

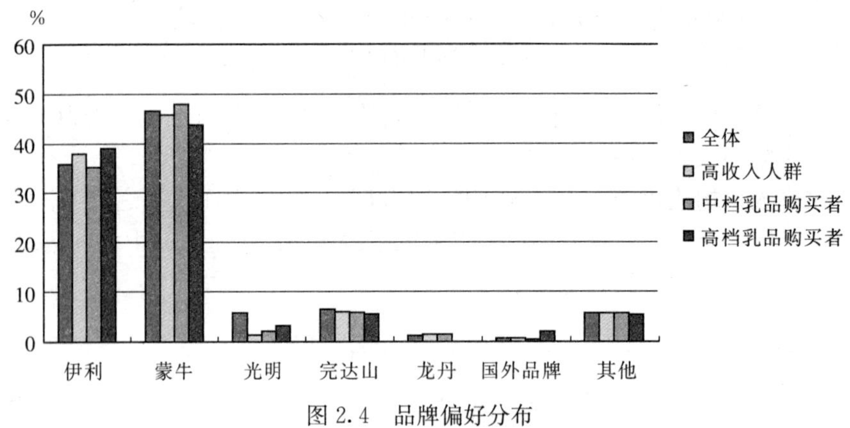

图 2.4 品牌偏好分布

（2）购买决策影响因素分布。从全部受访者来看，在品牌选择时，61.9%的人首先考虑口感因素，28.8%的人首先考虑安全因素，对功能和价格的关注度仅为 2.5%和 2.3%。其中，只考虑口感因素的占 33.2%，只考虑安全因素的占 18.9%；

高档乳品购买者相对更注重口感和功能，对安全关注相对略少，对价格基本不关注；中档乳品购买者相对更关注安全问题。高收入人群对口感和功能的关注略高于全体，对价格关注较少，见图 2.5。

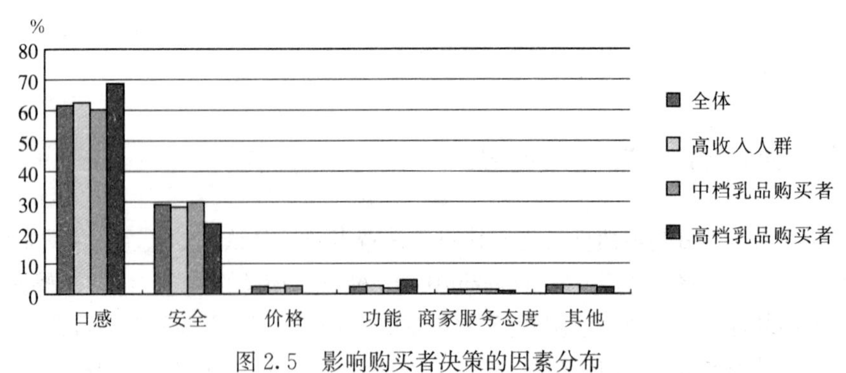

图 2.5 影响购买者决策的因素分布

2.3.2　品牌消费的稳定性分布

消费者对于一个乳品品牌消费时间的长短及其稳定性从一个侧面反映出消费者对品牌的忠诚度高低。

（1）品牌消费时间长度分布。本次受访者对于主要品牌消费时间长度的分布如下，55.5%的人消费 3 年以上，17.6%的人消费 3 年（二者之和达到 73.1%），16.3%的人消费 2 年，10.6%的人消费 1 年，见图 2.6。对于乳品品牌的消费有如此的时间分布显示消费者对乳品品牌的依赖程度较高。

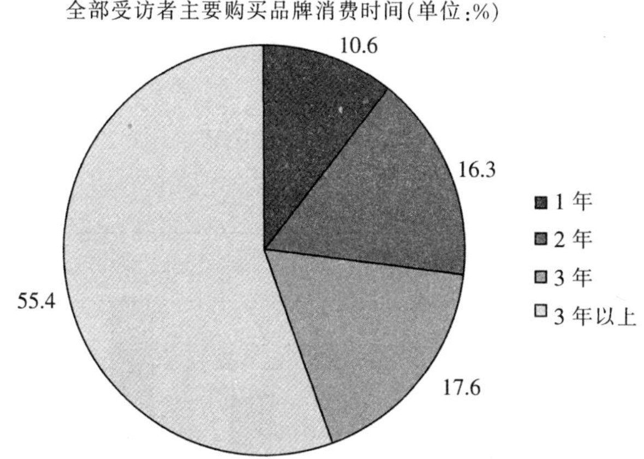

图 2.6　受访者品牌消费的时间长度分布

具体来看，不同品牌的消费时间长度有着差异，见图 2.7。

伊利品牌消费者中，消费 3 年以上的占 62%，消费 1 年的占 5%；蒙牛品牌消费者中，消费 3 年以上的占 53%，消费 1 年的占 13%。蒙牛、伊利的消费者中，消费 3 年以上的比例均高于其他品牌。光明品牌消费者中，消费 2 年的比例高于其他品牌，达到 30%；而当地品牌中，完达山品牌 1 年的比例高于其他品牌，接近 20%。

相比之下，蒙牛、伊利品牌分别聚拢了高比例的较长消费期的消费者，说明了消费者在这两个品牌上的依存度较高。

（2）品牌更换及影响因素分布。相当一部分乳品消费者经常消费某一品牌乳品后，会产生品牌偏好，形成习惯消费，很少转换品牌。对品牌更换情况的调查，也进一步印证了受调查的消费群体对乳品品牌依存程度有着一定的稳定性，见图 2.8。本调查显示，有 45.1%的人从不更换品牌，有 35.8%的人经常更换品牌。从分组结果看，中档乳品购买者从不更换品牌的占比高于其他人群；高档乳品购买者中，从不更换品牌的比例显著低于其他人群；高收入人群从不更换品牌的比例低于中档乳品购买者。

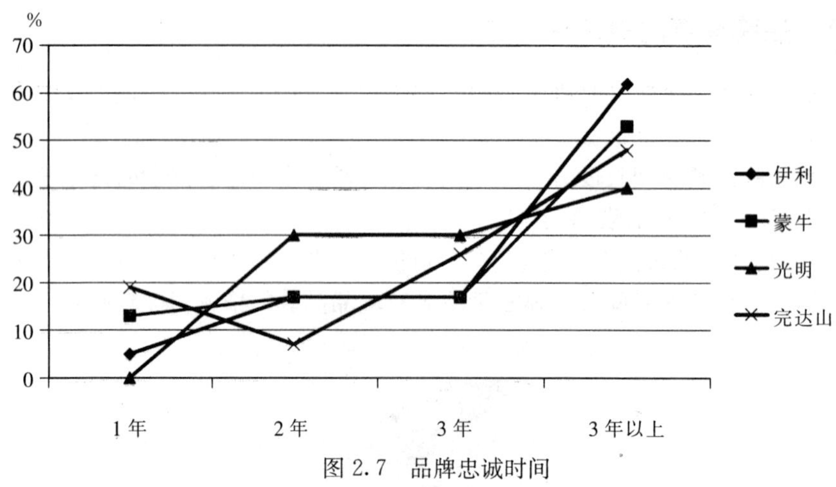

图 2.7 品牌忠诚时间

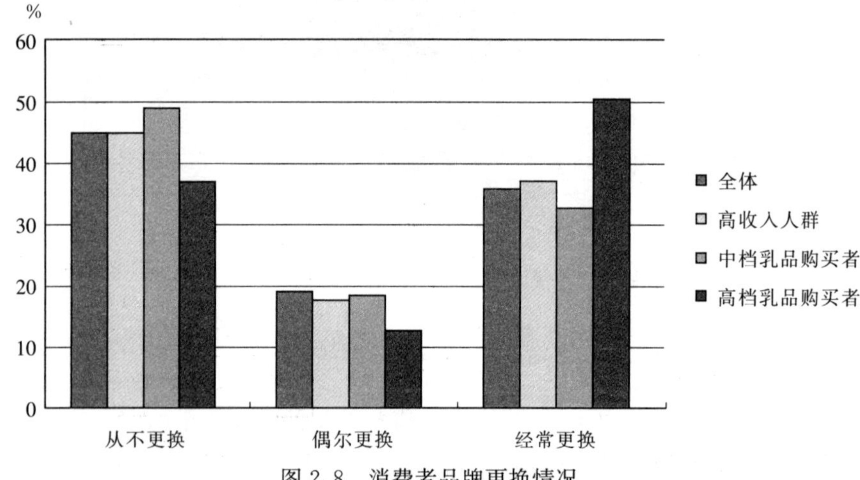

图 2.8 消费者品牌更换情况

不同品牌的更换情况也不同。偏好蒙牛的人群，从不更换的占比更大，经常更换的人相对其他品牌更少，说明该品牌的消费者忠诚度较高。伊利品牌和光明品牌，从不更换占比和经常更换占比相近。完达山经常更换比例高于从不更换的比例近 10 个百分点。

更换品牌的影响因素中：39.7%的人是追求新品，26.1%的人是因为原来品牌有负面新闻，18.8%是接受朋友推荐。

高档乳品购买者中，追求新品和朋友推荐的比例相对高于其他人群，广告和负面新闻的影响相对低于其他人群；中档乳品购买者中，受广告和负面新闻的影响相对高于其他人群；高收入人群中，受负面新闻影响相对于其他人群占比较高，受广告影响较小。

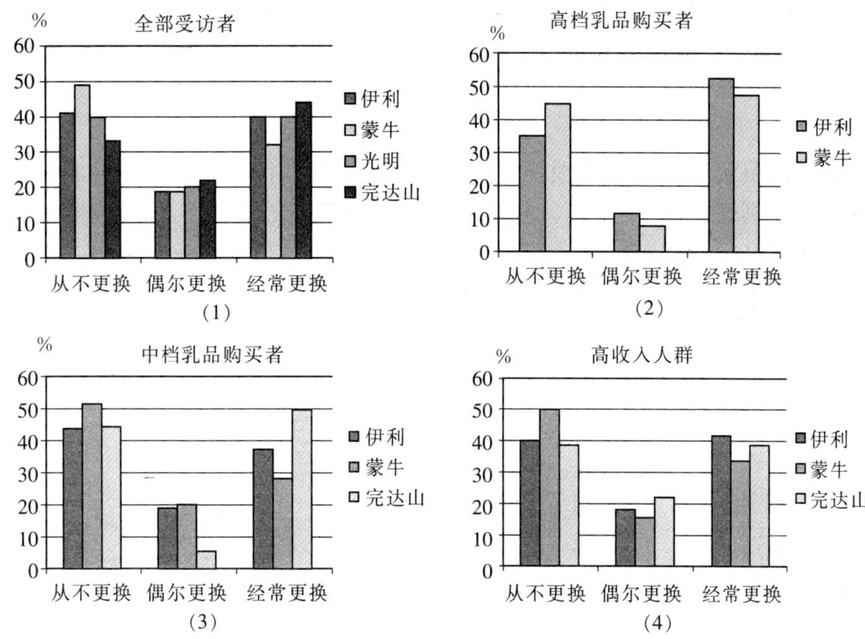

图 2.9　不同收入群体的品牌更换情况

对于品牌与质量安全的关联认知：60.9%的人认为知名品牌更安全，24.1%的人认为品牌与安全无关；高档乳品购买者中，认为知名品牌更安全的显著多于其他人群；中档乳品购买者和高收入人群则更多地认为品牌与安全无关，见图 2.10。

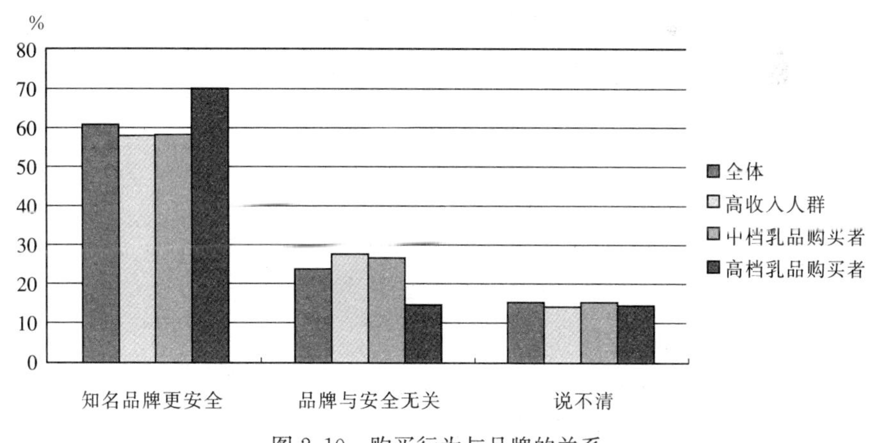

图 2.10　购买行为与品牌的关系

2.3.3　品类、档次偏好及其动机分析

（1）消费者的品类偏好分布。本次调查所涉及的乳品品类是指酸牛奶、常

温奶（超高温灭菌奶）、低温奶（巴氏杀菌奶）、奶粉、奶酪、黄油等。全部受访者中，超过半数的人消费酸奶，38.1%的人消费常温奶，6.3%的人消费巴氏奶；其中，只消费酸奶的占29.4%，只消费常温奶的占10.6%，只消费巴氏奶的占2.3%，见图2.11。

对于常温奶的消费，高档乳品购买者群体中的比例最高，比中档乳品购买群体中的比例高出近10个百分点。对于酸奶的消费，中档乳品购买群体所占比例比高档乳品购买群体中的比例高出近15个百分点。对于巴氏奶，高档乳品购买群体中的比例明显高于其他群体。

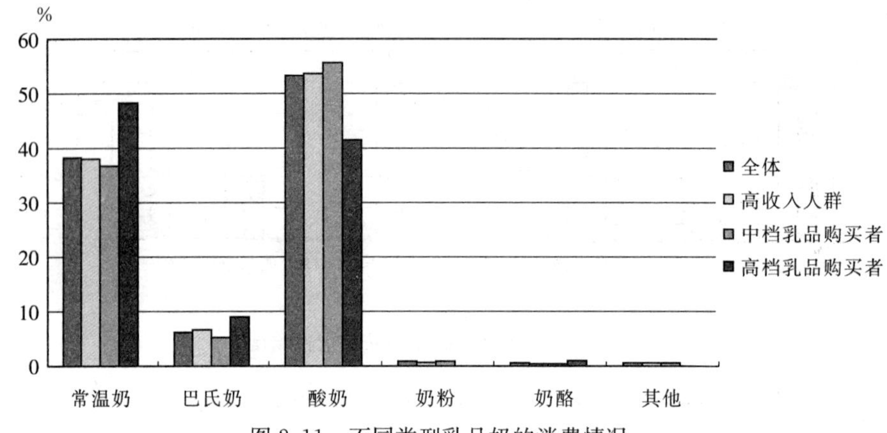

图2.11 不同类型乳品奶的消费情况

（2）消费者的乳品档次偏好分布。本次受访者中的74.8%主要购买中档乳品，21.9%的人主要购买高档乳品；只选择中档产品的占63.2%，只选择高档产品的占14.1%，见图2.12。

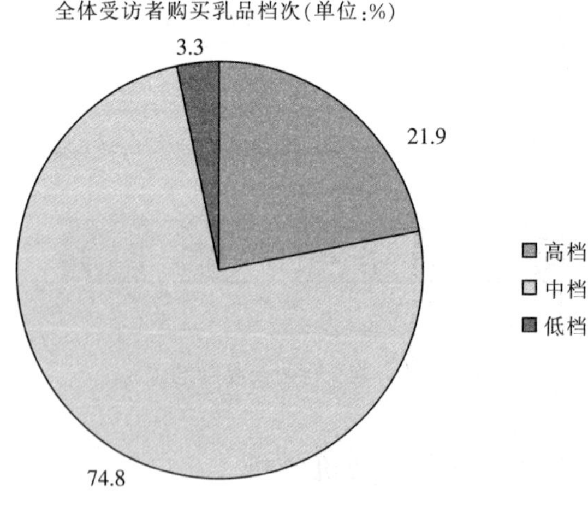

图2.12 不同档次乳品购买情况

高收入群体对乳品消费的档次偏好与全体受访者差别不显著，见图 2.13。

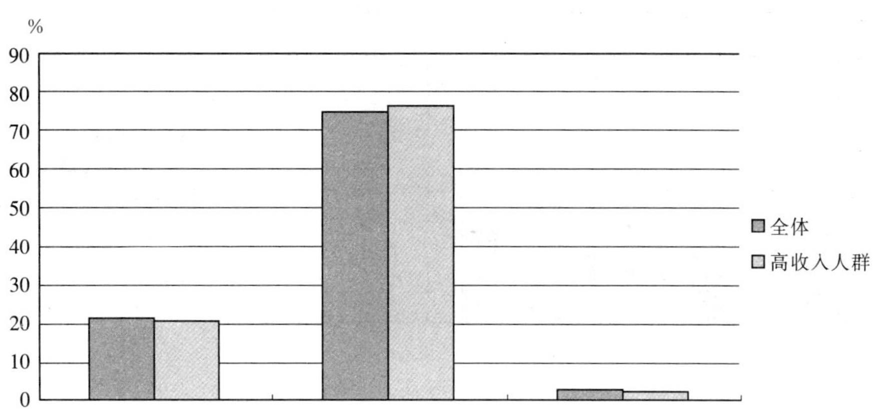

图 2.13　高收入群体与全体受访者的消费偏好比较

伊利品牌的主要消费者中，高档产品消费者占比高于蒙牛的数据，而蒙牛品牌的中档产品占比高于伊利；光明品牌的高档产品占比也较高，但因为样本量较小，不具代表性，仅供参考，见图 2.14。

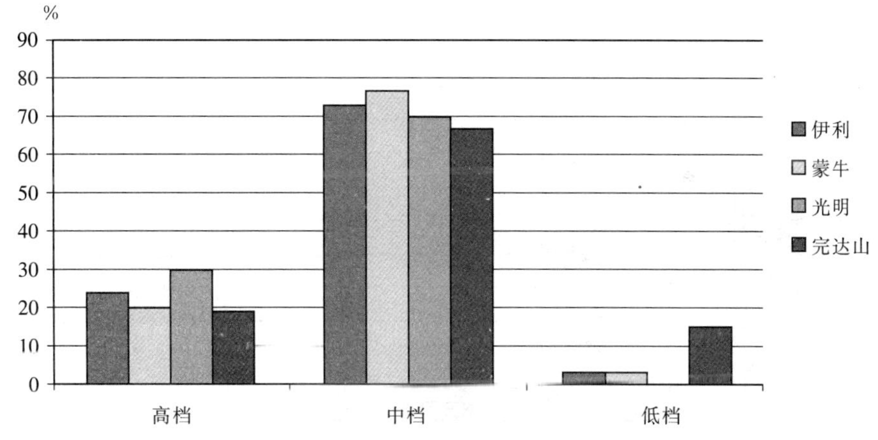

图 2.14　不同品牌消费者的乳品消费档次选择

（3）消费者选择乳品档次的影响因素分布。消费者在选购不同档次的乳品时，往往考虑品质（口感和感观）、安全、品牌、价格等因素。调查显示，影响消费者购买决策的主要因素是乳品品质，占 55.1%；其次是安全，占 24.8%；再次是品牌，占 14.5%。在选择高档产品的人群中，品牌和安全的占比要高于选择中档产品的；选择中档产品的人群中，品质的因素占比高于高档产品人群；高端人群选择档次时，对安全的关注也较多，见图 2.15。

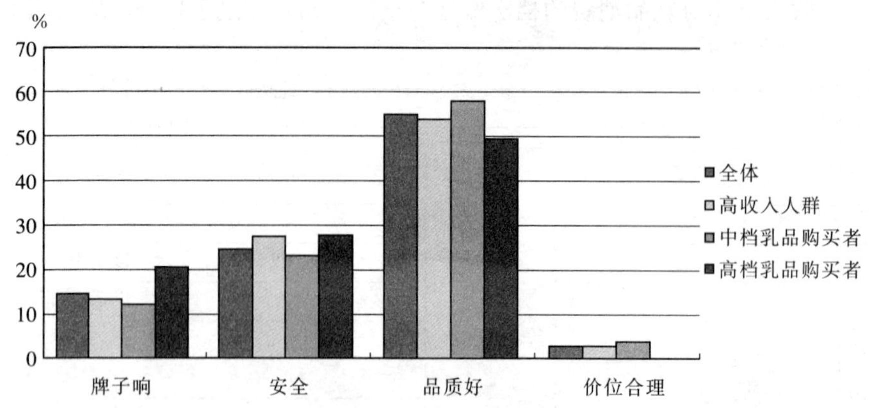

图 2.15　消费者选择乳品档次的影响因素分析

2.3.4　乳品消费习惯分析

（1）购买地点分布。全部受访者中，88.7％的人选择大型超市，5.8％的人选择社区超市，5.5％的人选择其他；高收入人群和高档乳品购买者更多去大型超市购买；中档乳品购买者去社区超市购买的占比略高于其他人群，见图 2.16。

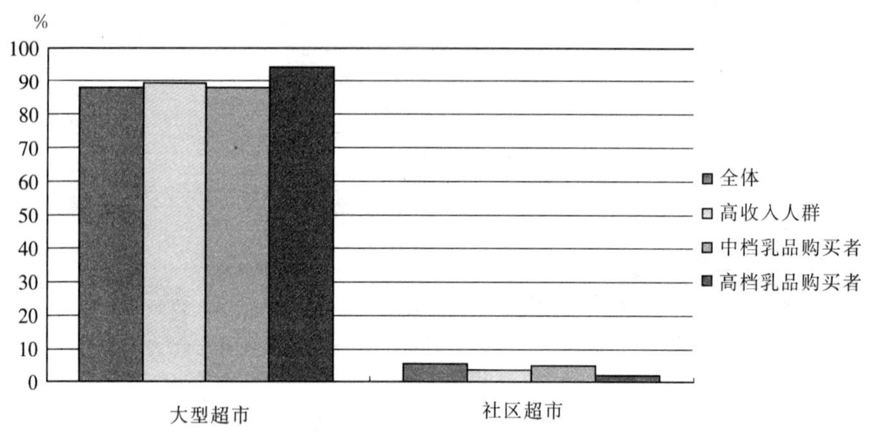

图 2.16　消费者购买乳品的地点选择

（2）购买距离分布。就近购买的特征突出。0.5 公里以内占 30.1％；0.5～1 公里占 36.1％，1 公里以外占 32.3％，高档乳品消费者和高收入人群的平均购买距离相对大些。

（3）去超市的出行方式分布。受访者中前往超市的出行方式，60.2％的自驾车，28.8％的步行，7.5％的乘出租车；高收入人群和高档乳品购买者更多采用自驾方式；中档乳品购买者乘出租车和步行的占比高于其他人群。

(4) 购买频率分布。受访者购买乳品频率为：一周一次的占 56.4%，一周 2 次的占 25.6%，一天一次的占 8.3%，其中，高档乳品购买者的平均购买频率略低；高收入人群的购买频率相对于其他人群略低。

(5) 购买数量分布。受访者中，46.6%的人一次购买一个大包装单位的乳品，如一箱（18～22 袋）或者一联（6～8 盒）；高档乳品购买者购买大包装的占比较高，见图 2.17。

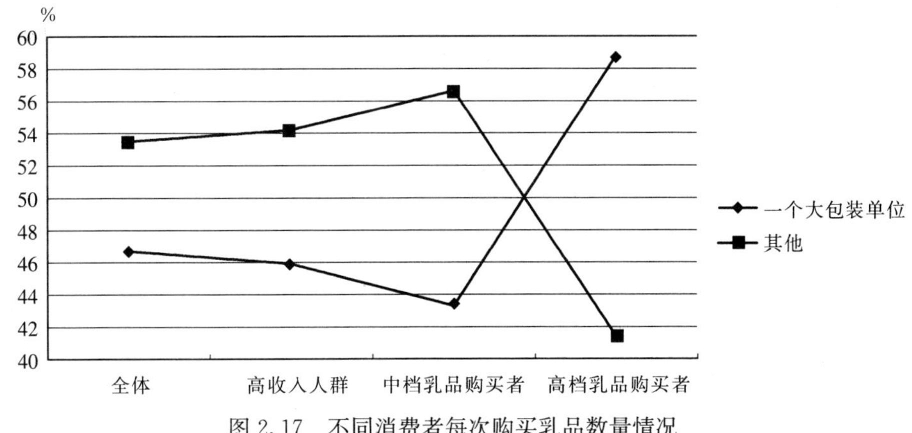

图 2.17 不同消费者每次购买乳品数量情况

受访者在购买乳品的同时，一般还会购买食品（占 88.5%），日用品（占 5.5%），购买服装的占 2%，见图 2.18。

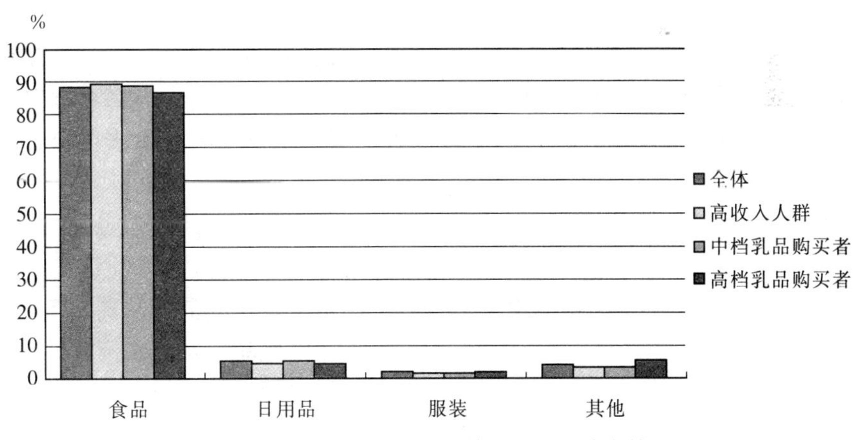

图 2.18 消费者购买乳品和其他物品的分布情况

2.3.5 媒体偏好分布

全部受访者中，关注乳品资讯的比例为 72%；高收入人群和高档乳品购买者对资讯的关注度更高，见图 2.19。

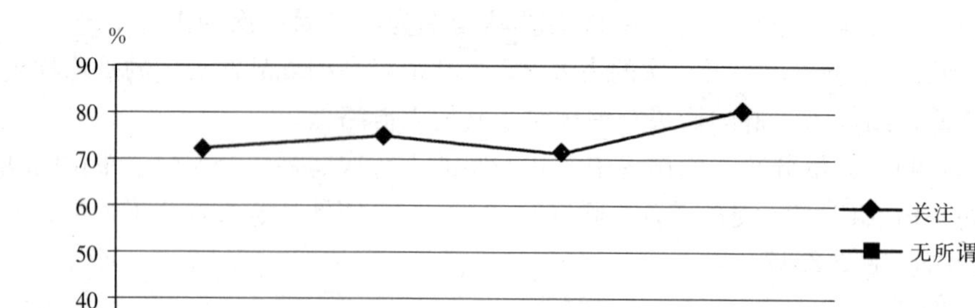

图 2.19　不同消费群体对乳品咨询的关注程度

在最关注的媒介中，38.6%的人选择电视，26.9%的人选择网络，关注新闻事件和报刊的人数占比为 16.8%和 6.2%，关注广播的人只有 0.8%；高档乳品消费者对网络、报刊和广播的关注比例高于其他人群；高收入人群和中档乳品购买者对电视和新闻事件的关注比例高于其他人群。

2.4　主要结论与建议

本次调查主要反映的是哈尔滨市当地相对具有消费实力的乳品购买群体的情况，其有一定的地域局限性和年龄局限性，还不能代表我国整体的乳品消费情况。但本次调查起码有助于我们具体了解东北地区消费者的乳品消费现状。

2.4.1　主要结论

(1) 购买决策女性化。本次调研观测的样本中，家庭消费的乳品多由女性实施采购，因此，我们有理由认为女性掌握着家庭乳品消费的决策权。这说明女性是影响乳品消费需求的主要因素。以女性为主的群体特征表明，一是女性更多地负责家庭的生活管理，决定着家庭单元的食品消费内容，影响着饮食结构的形成和调整；二是她们有经济基础作保障，有着一定的购买能力；三是她们容易接受乳品的营养知识，理解乳品的营养价值。这些使她们可以成为家庭单元乳品消费的主导者。从此次调研看，这部分群体的家庭乳品消费还具有较大的上升空间。

（2）乳品消费两极化。消费者尚未全部形成经常饮用乳品的消费习惯。本次调研群体以中高等收入为主，喝牛奶的人数占家庭总人口数的平均比例是66%。根据家庭人口情况推断，孩子和老人喝奶的比例较高，中青年人群喝奶的比例相对较低，呈现出消费群体年龄两极化的趋势。相当部分的受访者依然没有把喝奶视作“日常饮食”的一部分。乳品消费的普及率有待提高。从本次调研的结构看，经济收入虽然影响乳品的消费，但更多的还是营养观念和饮食习惯的作用。

（3）乳品消费品牌化。乳品消费的品牌集中度突出，品牌依赖格局处于基本稳定状态。消费者在经常消费某一品牌之后，会产生一定程度的品牌依赖，形成习惯性消费。本次调查显示有45.1%的人从不更换品牌，就说明了这一点。虽然经历了“三聚氰胺事件”，蒙牛、伊利等大品牌仍然是消费者比较信赖的品牌。对于品牌的忠诚度，不同品牌及其不同群体之间有区别。偏好蒙牛品牌的人群，从不更换品牌的人所占比更大，说明其品牌的忠诚度较高。

（4）乳品消费品质化。乳品消费进入理性化阶段，显示出明显的品质化态势。消费者与品牌的主要联系主要依赖于对乳品的品质和安全需求。60.9%的人认为知名品牌更安全；高档乳品购买者中，认为知名品牌更安全的比例显著多于其他人群。口感是消费者选择乳品品牌的重要因素。口感选择所占的比例大，说明消费者在其他依据因素不占主导的情况下，主要从自己的主观感受对乳品判断选择，因此，商家要谨慎对待消费者对乳品口感舒适度的认可，因为消费者口感舒适的前提是源自乳品本身的醇香口感。品质是选择档次的主要动机。饮品的质量要求本身就是所有消费需求中被消费者主要关注的对象。在对乳制品的选择过程中，质量的要求更是显得尤为重要。乳品的质量在此次档次偏好影响因素分析中排在第一位，充分体现出乳品的质量在乳品消费者心中的重要地位。消费者为了孩子、老人或自身健康的需要，更显示出对乳制品较高的质量要求。乳品品质是影响消费者认知和选择乳制品档次的首要因素。因此，确保产品质量，是建立消费者对乳企产品品牌偏好的基础。

（5）乳品消费中档化。人们喝乳品的理念在向喝好奶过渡。将档次分布及其影响因素分布结合起来看，在满足安全和品质的前提下的消费者对中档乳品的认可程度比较高。在档次的选择上，营养均衡、质量优良、安全卫生是消费者的真正需求。而从本次调查中出现的高收入者比例与高档乳品的购买者比例的差异来看，也反映出消费者面对几乎同质的乳品时，对高档乳品的价值还是有些迷惑。高档乳品消费应该属于那部分较高收入和追求更高品质以及精神层次概念的乳品消费者。这将促使对高档乳品的生产和营销进行反思：高档乳品应该如何体现高档。低档乳品的消费比例较小，显示出调查群体在追求品质时，对低价格乳品没有多少购买欲望。

（6）品类消费二元化。全部受访者中，超过半数的人主要消费酸奶，其次是常温奶，对巴氏奶和其他品类的乳制品消费需求很少。这表明，目前哈尔滨市消费者对乳品的消费需求呈现出明显的二元化特征。要打破乳品消费的二元化格局，就必须对乳制品进行细分，不断开发新品种，充分满足消费者多样化的需求，最终实现乳品消费多元化的格局。

2.4.2 几点建议

（1）积极拓展乳品消费市场。至今在我国一些地区营养观念存在着一种认识误区，人们习惯把乳品作为幼儿、老人和病人的营养食品，这是我国乳品低水平消费的重要原因。此次调研也显示了在老人和孩子之外的消费者乳品饮用习惯欠缺现象。据统计，世界发达国家人均乳品消费量为 100 千克，亚洲一些国家人均 40 千克，而我国城镇居民平均消费量仅为 14.91 千克。如若我国广大消费者能够调整营养观念和改变饮用习惯，培养喝乳品的习惯，将会使乳品消费市场有一个巨量的扩张。

（2）有针对性的培养消费者的消费习惯。要进一步提高国内消费者对消费乳制品的重要性认识，重视消费知识的宣传和消费习惯的培养。政府部门应发挥好市场调控作用，加大宣传与引导，积极开展一些公益性的乳品消费与营养健康等内容的宣传活动。企业及其相关部门要通过各种宣传媒体，采取各种形式开展乳品营养价值和科学功效的知识宣传，积极引导乳品消费。要积极转变消费者的消费观念，使消费者认识到乳品是一种有益健康的营养食品。要改变消费者的消费习惯，建立消费者对乳品的消费偏好，使乳品逐步成为人们日常生活必备的营养食品，从而扩大整体乳制品的市场需求。

（3）根据不同群体的消费特征调整产品结构。国际经验表明，人均 GDP 达到 3 000 美元以上时，消费水平将有较大提升。我国人均 GDP 已超过 3 000 美元，这意味着我们步入了消费加速转型期，居民消费将由原来注重数量增长在向数量增长与质量提升并行转变。近年，我国居民收入水平日益提高，居民健康意识在不断增强，膳食结构在逐渐改善，乳品已由特殊营养品转化为大众化营养食品，不同消费群体对乳品存在着不同的发展需求。市场营销学里的一个基本原理是产品细分，在乳品市场上，需要针对中高档不同消费群体进行功能分类，以实现乳品的多样化。乳品企业应在保证乳品基本营养成分的基础上，根据不同消费群体对附加营养成分需求的差异，加强对功能性乳品的开发，以满足不同消费群体的多元需要。同时，要注意对产品特色、口味等方面内容的开发，让消费者从特色、口味上对乳品产生偏好，使乳品成为一种有特色的受消费者偏爱的营养食品和营养饮品。

3 进口奶粉对完达山乳业的影响

□ 刘玉满 李 静

进入 2010 年以来，乳品消费市场呈现出较快的恢复性增长。在乳品消费需求的拉动下，不仅国内奶业生产实现了恢复性快速反弹，乳制品进口也创下历史新高。相关的统计数据显示，2010 年 1—7 月份我国干乳制品进口量达 43.32 万吨，同比增加 25.56%；其中，奶粉进口 26.12 万吨，同比增加 75.39%；预计全年进口将突破 40 万吨。然而，进口奶粉的快速增长会给我国奶业带来哪些具体影响？带着这个问题笔者走访了完达山乳业。

3.1 “三聚氰胺事件”使完达山乳业面临竞争压力

完达山乳业是我国最著名的地方乳品生产企业之一，完达山乳品在我国许多地区已成为家喻户晓的知名品牌。完达山乳业作为中国为数不多的集产、加、销一体化经营的乳品企业之一，公司不仅有属于企业自己的奶源基地，所有的奶站也都是企业的自有奶站。目前，企业的奶源基地饲养 40 万头奶牛，其中，饲养小区占 40%，自有牧场占 10%，其余为企业职工散养。同时，企业投入了 3 600 万元，建立了 200 个奶站，其中制冷式奶站 80 个。

完达山乳业是我国一个重要的奶粉生产企业。目前，企业年产 60 万吨生鲜奶，其中，50%用于生产液态奶，另 50%用于生产奶粉。2009 年，奶粉产量达 6 万吨，其中，原料粉 2 万吨，其余为配方奶粉。完达山乳业的奶粉生产规模还在不断扩大，2009 年收购了圣元的宝泉岭乳业资产，将圣元年产 2 万吨配方粉的企业收入麾下。同时，投资建设的兴凯年产 2 万吨配方奶粉项目和双城年产 3 万吨成品粉包装生产线项目也已建成投产。

2008 年“三聚氰胺事件”中，完达山乳业的产品未被检测出三聚氰胺，是国内少数未被牵连的几个企业之一。完达山乳业也因此在广大消费者心目中树立起诚信企业的形象，其品牌受到了广大消费者的青睐。因此，“三聚氰胺事件”后，企业的市场份额在不断提升。据了解，在“三聚氰胺事件”前，完达山乳业的市场份额为 1.2%左右，而事件后提高到 2.4%。

虽然完达山乳业未曾受到“三聚氰胺事件”的牵连，但是，企业并未因此而获益。恰恰相反，这次事件使完达山乳业蒙受很大经济损失。在“三聚氰胺事件”发生不久后的一段时期内，为了减少奶农的损失，完达山乳业照常收购奶农生产的生鲜奶并加工成奶粉，收购价一直维持在 2.20～2.40 元/千克，而当时有的乳品企业的生鲜奶收购价为 1.80 元/千克。原料奶粉的工厂成本约 2.4 万元/吨，而当时的进口奶粉价格甚至低达 1.70 万～1.80 万元/吨。由于受到进口奶粉低价冲击国内奶粉市场相当低迷，致使完达山乳业的奶粉销售出现了严重的价格倒挂，仅此一项企业就遭受了巨大经济损失。

“三聚氰胺事件”不仅使完达山乳业蒙受很大经济损失，同时，也使企业完全丢失了国际市场。“三聚氰胺事件”前，企业奶粉出口表现出良好的增长势头，并且是由企业直接出口。2007 年和 2008 年累计出口全脂奶粉达 9 000 吨，出口的主要国家和地区包括刚果、苏丹、阿尔及利亚、埃及、孟加拉及我国的台湾省（出口给台湾恒天然）。但是，“三聚氰胺事件”发生后至今，企业的出口仍未恢复。事实上，2009 以后完达山乳业就没有了奶粉出口业务，奶粉生产全部供给国内市场。

完达山乳业奶粉生产面临着市场竞争的巨大压力。根据完达山乳业的介绍，按照生产用途不同，奶粉可分为原料粉和配方粉两大类，不同类奶粉具有不同的用途。原料粉的主要用途是生产乳饮料和冰激凌，而配方奶粉是供婴幼儿和中老年人直接消费。完达山乳业的配方奶粉销售渠道有两条：一条是企业—经销商—门店；另一条是企业—经销商—分销商（批发）—门店。完达山乳业配方奶粉的销售地区主要有东北三省、河北、河南、山东、安徽等地。

目前，企业的原料粉完全生产成本为 3.10 万元/吨（不包括运输、销售成本），其成本构成如下：生鲜奶占 90%；制造成本（含折旧、人工、水、电等）占 10%。由于生鲜奶价格呈刚性增长，不存在降低原料粉生产成本的空间。原料粉的高成本生产，意味着企业无利可图，甚至是亏本经营。实际上，2010 年 7 月份进口奶粉的到岸价格低于国内企业奶粉的生产成本，当月进口奶粉的到岸价是 2.85 万元/吨，黑龙江奶粉的生产成本就是 3.10 万元/吨，而出售价只有 3.00 万元/吨，已形成价格倒挂。

由于生产原料粉已使企业处于负盈利状态，因此，完达山乳业只能把赢利点放在配方奶粉生产上，因为在配方奶粉的成本构成中，生鲜奶只占 70%，而制造成本和其他辅料（主要是添加的营养元素）各占 10%～20%。但是，配方奶粉的市场竞争也相当激烈，特别是进口配方奶粉，对国内奶粉生产企业形成了直接的冲击。

3.2 进口奶粉使完达山乳业受到直接冲击

与众多洋品牌开展市场竞争增加了完达山的市场促销成本。目前，国内奶粉市场的竞争主要表现为配方奶粉的市场竞争，而在配方奶粉的市场竞争中，婴幼儿配方奶粉的市场竞争尤为激烈。完达山乳业坦言，在众多知名洋品牌奶粉的市场竞争中，自己毫无优势，因为这些洋品牌早已凭借其在市场营销方面的经验占得市场先机。完达山乳业为了与这些洋品牌争夺市场份额，不得不加大市场促销力度，例如，增加广告费、陈列费、推头费、门店推介、企业导购、售后服务、礼品等。据完达山乳业估算，由于促销费用的上涨，企业利润下降了10％。销售成本增加压缩了企业利润增长空间，2009年在市场销售形势一片大好的情况下，完达山乳业利润率只有1％。

国产乳制品丑闻不断使完达山乳业的客户不断流失。到2009年底，完达山乳业就已经走出“三聚氰胺事件”的阴影，积压的2万吨奶粉已销售一空。然而，好景不长，“三聚氰胺奶粉重现江湖”、“某品牌婴幼儿奶粉含有雌激素”等事件使对国产奶粉刚刚恢复的信任再次出现危机。虽然经卫生部科学检测证实，该品牌婴幼儿奶粉雌激素检测符合国家标准，但国人因此而产生的国产品牌信任危机在短期内很难消除。受此影响，完达山乳业又开始出现奶粉积压的苗头，一些大客户表示要放弃与完达山乳业的继续合作，转向购买进口奶粉。完达山乳业估计，2010年企业的老客户流失量很可能达到50％。

考虑到市场诚信和市场价格等综合因素，国内一些乳品加工企业已经完全放弃使用国产原料粉。但是，到目前为止，完达山乳业生产的乳酸饮料和其他乳制品其原料粉都来自国产，还没有使用过进口奶粉。然而，由于国产奶粉的价格高于进口奶粉，如果继续以国产奶粉为原料进行生产，产品必然失去市场竞争力，企业很难在市场竞争中生存。因此，完达山乳业表示，如果进口奶粉的价格继续低于国内生产成本，为了企业自身生存，不排除也使用进口奶粉作为原料。

3.3　进口奶粉对国内奶业已经产生实际影响

中国奶粉产业具有先天的弱质性。根据完达山乳业介绍，现阶段国内奶粉产业的综合竞争力低于国际水平，主要体现在以下几个方面：第一，奶源质量低。欧盟的原料奶标准为：乳蛋白率为3.2％，乳脂率为3.7％，干物质含量为12.4％；而我国老国标的原料奶标准为：乳蛋白率为2.95％，乳脂率为3.1％，干物质含量为11.8％，主要营养指标都低于欧盟标准；第二，国产奶粉的营养含量低。进口奶粉的乳蛋白率和乳脂率分别为25％和28％，而国产的分别为23％和26％；第三，国产奶粉整体上安全性差。质量差，成本高，这是国内乳品企业的软肋。但是，进口奶粉质量也存在差别，有些产品的质量也并不高端，只是概念上的炒作。就配方奶粉而言，进口粉和国产粉实际上没有多大差别，甚至有些品牌的国产粉要好于进口粉，因为国产粉的配方是根据国人的生理需求制定的，比进口粉更精细一些。

新国标进一步削弱了国内乳品企业的市场竞争力。如前所述，目前黑龙江奶粉的生产成本就是 3.1 万元/吨，而进口奶粉的到岸价只有 2.85 万元/吨。生鲜奶质量差是导致国产粉生产成本居高不下的主要原因。随着新国标把乳蛋白含量从 2.95%下调为 2.8%，黑龙江省对生鲜奶的收购基价也做了相应调整。由于新国标的实施，使每吨原料粉的奶耗增加了 0.5 吨；由于生鲜奶基价的调整，使每吨奶粉的生产成本增加了 1 500 元。

国产奶粉已经在市场竞争中处于劣势。这主要表现在以下 3 个方面：第一，新生婴儿的“第一口奶”已经被洋品牌垄断。洋品牌通过各种手段垄断了医院渠道，使一些大中城市新生婴儿降生后喝的“第一口奶”都是洋品牌，而国产奶粉只能作为“第二口奶”。因此，第一段婴幼儿配方奶粉市场几乎被洋品牌所垄断，国产奶粉只好在第二段和第三段上与洋品牌展开竞争；第二，国产奶粉的市场份额不断被进口奶粉蚕食。2008 年“三聚氰胺事件”前，国产奶粉市场占有率为 60%，进口奶粉仅为 40%。2010 年，进口奶粉已经同国产奶粉平分秋色，各占 50%。展望 2011 年，进口奶粉有可能超过 50%的市场份额；第三，进口奶粉与国产奶粉的市场竞争正在延伸。以前进口奶粉所占领的市场主要是高端市场，主要是多美滋、惠氏、美赞臣、雀巢 4 家，各占有 10%左右的市场份额。现在各种中小品牌和杂牌洋奶粉也纷纷涌入，同时向中低端市场挺进，直接蚕食传统的国产奶粉市场。在奶粉进口大幅度增长的情况下，国内大品牌企业可能会继续增长，但是二、三线品牌将受到剧烈冲击，二线品牌可能有 1/3 发生亏损，三线品牌则可能 100%发生亏损。

进口奶粉对奶业的冲击已经悄然形成。完达山乳业认为，2010 年以来，进口奶粉量价齐升，对中国乳业已形成了不利的影响，为奶粉产业的发展埋下了潜在的危机。目前，全国奶牛存栏量和原料奶产量已经出现了增速放缓的迹象，究其原因，一是疫病导致了奶牛存栏量的减少；二是“三聚氰胺事件”后，散养户被逐渐淘汰，所有奶牛进小区的政策使一些散养户放弃了奶牛养殖；三是随着劳动力成本的提高，养殖奶牛的比较收益下降。在这种情况下，奶牛存栏量和原料奶产量都不会迅速增长，而消费市场迅速恢复的需求会被进口奶粉所补充。2010 年上半年进口奶粉激增的情况下，国内市场反应平淡，恰恰说明了进口粉对奶业的冲击已悄然形成，可以说是 2009 年进口奶粉对国内市场形成冲击后遗症的鲜明表现。

进口奶粉已经影响到国内奶业的进一步发展。在完达山乳业看来，进口奶粉对国内奶业的影响主要表现在以下两个方面：第一，对奶牛养殖环节的影响。进口奶粉每增加 10 万吨，将直接导致减少 85 万吨的生鲜奶需求，相当于减少了 34 万头奶牛养殖，直接影响到 3.4 万人就业；第二，对乳品加工企业的影响。在国产粉和进口粉价格倒挂情况下，生产和供应型企业的出路只有亏本销售或形成库存积压，对于需求型企业可能短期内能在成本上获得受益，但一旦国内产业链遭到彻底破坏，国内原料粉将完全依存于进口，届时进口粉的高价时代必然到来，最终受害的还是国内企业。

3.4　完达山乳业对决策者的期待

乳品行业是关系国计民生的产业，产业关联度高，产业链条长。一旦乳品市场出现供需失衡，将很难在短期恢复。从维护社会稳定、保护乳品行业发展、保护广大奶农利益等方面出发，国家有必要尽快出台保护政策。为此，完达山乳业对我国乳业的未来发展充满了期待，并提出如下几点建议：

（1）对中国奶粉产业应有一定程度的保护。中国奶粉产业具有先天的弱质性，其中，一个重要方面就是国内生鲜奶的成粉率低。就原料粉生产而言，新西兰是 7.5 吨生鲜奶产 1 吨粉，我国是 8.5 吨生鲜奶产 1 吨粉。若按生鲜奶价格 3.00 元/千克计算，我国乳品企业每生产 1 吨原料粉，就要比新西兰企业多支付 3 000 元的生鲜奶原料款。不仅如此，奶业新国际的实行则进一步增加了企业的生产成本，并由此进一步削弱了国内乳品企业的市场竞争力。

（2）弘扬民族品牌。应统一进行组织策划，搞好民族品牌乳品的公益性宣传，通过专家和各种方式，宣传国产奶源、奶粉的优势，树立消费信心。建立乳品广告宣传审核把关制，完善虚假宣传追责制。要让消费者明白，进口奶粉质量也存在差别，有些产品其实质量并不高端，只是概念上的炒作。就配方奶粉而言，进口粉和国产粉实际上没有多大差别，甚至有些品牌的国产粉要好于进口粉，因为国产粉的配方是根据国人的生理特点制定的，比进口粉更精细一些。

（3）增加对奶粉加工企业的补贴。原料奶收购标准的降低，相当于原料奶价格的变相提高，使得基础奶价由过去按老国标蛋白质 2.95 降至新国标 2.80，这给企业带来巨大压力。建议在奶粉企业发生价格倒挂的情况下，国家在保护奶农利益的同时对企业原料奶收购进行。降低国标也打击了消费者信心，政府的责任是促进产业发展，政府应该与企业共同分担社会责任，而不应让企业独自承担。

（4）应改革和完善进出口贸易管理协调机制。加强和完善乳制品进出口贸易管理，加强信息沟通与平台共享，是维护奶业产业安全的一个重要环节。由于该目标和系统的复杂性，任何单个的部门难以完成。为此，要建立由农业、商务、财政、海关、质检等部门共同参加的协调工作机制，形成统一、稳定、规范、高效的农产品外贸管理和调控体制，确保农业贸易政策与国内农业发展政策的统一和协调。

4 我国奶农专业合作社的现状、特征及未来发展

□姚　梅　刘玉满

我国奶业担负着改善城乡居民膳食结构和繁荣农村经济的双重任务，奶业的组织化程度及其制度安排关系到这一双重任务目标能否顺利实现。发达国家的经验表明，发展规范的奶农专业合作社是提高奶业组织化程度的一条重要途径，对于实现奶业的双重目标有着重要意义。《中华人民共和国农民专业合作社法》的正式实施，标志着我国农民专业合作社的发展已经从无序发展阶段进入制度导向阶段。我国奶业在经历了“三聚氰胺事件”之后，各级政府出台了一系列政策，加大了对奶业的整治、扶持和引导力度。在政策推力作用下，从事奶牛养殖的散户数量变得越来越少，与此同时，奶农专业合作社的数量呈现出快速增加的发展势头。然而，我国奶农专业合作社毕竟还处于发展初期阶段，在此发展过程中，暴露出的一些问题值得我们探讨和深思。

4.1 我国“奶农专业合作社”的现状

2009—2010年期间，我们先后到河北、辽宁、山东、新疆等地开展奶农专业合作社专题调研，走访了政府部门、科研和教学单位、乳品企业及一些奶农专业合作社。通过这些访谈，我们初步了解到了目前我国奶农专业合作社发展的一些基本特征。这些特征足以说明，我国现阶段的奶农专业合作社大部分还是形式上的或是名义上的，因此，奶农专业合作社如何实现规范化运作将是未来发展所面临的主要挑战。

4.1.1 政策催生了大批合作社

当前奶农专业合作社的建立大多不是奶农自发组织，而是外力推动的结果。

调查显示，目前奶农专业合作社表现在数量的忽然快速发展，这种增长的态势主要来自外部环境的变化和政府及其政策的推力。

（1）优惠政策的推动。规模化养殖是奶业发展政策导向的重点之一。规模化养殖发展加快的背景来自于“三聚氰胺事件”以后，奶业生产的质量安全备

受重视，国家的《奶业整顿和振兴规划纲要》、《奶业发展规划纲要》等一系列政策的导向作用，使得奶业规模化发展的优惠政策相继出台。例如，锦州地区奶牛业发展有如下系列优惠政策：

①地方性优惠政策。锦州地区可享受到的地方性奶牛业扶持政策主要有两项：一是省级标准化养殖小区建设项目，每建设存栏规模达到 100 头奶牛的省级标准化奶牛场，奖励 20 万元；二是牛奶加工企业建设项目，凡建设奶品加工企业，当年固定资产投资额达到 5 000 万元的，省政府奖励 500 万元；当年固定资产投资额达到 1 亿元的，奖励 1 000 万元。②中央优惠政策。锦州地区可以申报的中央财政补贴包括中央财政补贴建设奶牛规模养殖场项目和国家奶牛良种繁育项目。申报国家奶牛规模养殖场改扩建项目，存栏 200 头基础母牛以上的养殖场给予补贴 50 万元，存栏 500 头以上的奶牛养殖场，国家给予补贴 100 万元。申报国家奶牛良种繁育奖励项目，在项目计划内，每生产一头优质母牛，国家奖励 500 元。申报国家秸秆养畜示范项目，每个项目国家投资 160 万元。③税金优惠政策。开办牛奶加工企业，免收增值税，同时还可以申报国家农业产业化龙头企业建设项目，每个项目国家投资 1 000 万～3 000 万元。④土地优惠政策。建设奶牛养殖场和牛奶加工企业所用土地，可以作为农业产业化建设用地，使用土地可以不经国家土地管理部门审批，不改变土地用途，不交纳土地使用费。据介绍，在锦州集中养殖比率已经超过散养。

（2）原有奶牛养殖组织的名称变更。在规模化养殖浪潮中，众多规模化小区近阶段即刻转身，加之奶站的前向延伸，使得奶农专业合作社的数量增长突出。

“三聚氰胺事件”后，政府为了进一步加强奶站管理和维护奶农利益，鼓励发展了一大批奶农专业合作社。其中一些新近成立的奶农专业合作社大多数是在政府引导下，由私人奶站、小区或乳品企业名称变更而成。它们其中有的是为了获得生鲜乳收购的合法资格，有的是为了获取政府相应的优惠政策。

（3）单元规模的扩张。在相关政策的激励下，已经挂上奶农专业合作社牌子的组织也在积极扩大单元规模。如：锦州调研合作社 1 号点有场地向北侧延伸的扩建计划；锦州调研合作社 2 号点尽管对生存环境有些抱怨但仍有积极的扩建预期；新疆调研合作社 1 号点正在紧张地扩建二期，已投资 100 万元，建造了 12 栋牛舍，每栋可容纳奶牛 42 头，有 8 栋已订出；新疆调研合作社 2 号点二期投资 250 万元，扩建后计划容纳 600 户，可达到 700 头奶牛；这种扩建受到政策的激励。例如锦州，以 100 头奶牛的养殖规模算一个小区激励单元，1 号调研点有 500 头奶牛，相当于 5 份激励单元，可以享受 5 份规模养殖的政策优惠。

4.1.2　“社员”其实还是普通奶户

组织成员是一个经济组织的主要部分，组织成员在组织中的身份，反映出组织的某种性质。

合作社社员可以有四种身份。一是顾客：购买合作社的农业生产资料；二是惠顾者：享用合作社的服务，以相应比例得到利益返还；三是所有者：入社时缴纳股金，成为合作社的所有者；四是控制者：在合作社民主管理的过程中对重要活动投票表决。在理想的合作社中，所有的社员同时具有这四种身份。

我们的调研显示，奶农户的身份在进入合作社之后与入社之前相比变化不大。奶农户仍是生产者的身份，前述的其他身份特征没有明显显现。其以劳动力、生产资料要素的位置迁移形式进入合作社。与入社之前相比较，入社奶农户的养殖位置有了一个地理意义上的变化，由在自家院里养殖到进入合作社舍棚养殖。只是随着这个位移，奶农户的鲜奶交易对象固定下来，专供所在合作社。如果说奶农户初步地使用了合作社提供的一些初级服务的话，他们充其量算是合作社的非核心成员。

目前从奶农专业合作社与成员的关系来看，合作社得以运转主要是依赖于加入成员的数量及其成员的奶牛养殖数量，所以合作社对吸纳奶农户的积极性比奶农参加合作社的积极性更高些。

本次所调查的奶农专业合作社所容纳的奶农户数量不等，少则十几户，多则几十户；合作社内奶牛养殖头数不等，户均规模不等。

表 4.1　奶农专业合作社奶农户及奶牛的数量

名称	入驻农户个数	入社奶牛头数	户均规模（头）
锦州调研点 1 号	12	300	25
锦州调研点 2 号	27	240	9
新疆调研点 1 号	16	380	24
新疆调研点 2 号	34	180	5

4.1.3　合作的点没有延伸

与去年的调研情况相比较，奶农专业合作社中奶户与合作社之间所合作的内容没有延伸，大多仍局限在生产范围内。如集中采买饲料饲草，集中饲养（不是统一饲养，实际是饲养地集中，分别饲喂），统一挤奶，统一防疫，统一售奶。

新疆调研点 2 号办公室墙上张贴的合作社的服务内容如下：

档案管理。将成员每头奶牛的详细情况整理归档，如将奶牛的产地、体重、有无疾病以及奶牛的系谱、育种、产犊、产奶等情况录入微机，逐步形成一套比较完整的服务模式（实际上，这些内容大多还在准备之中）。

统一防疫灭病。奶牛进场之前，必须要隔离观察 7～15 天，抽血化验，兽医确诊没有传染病之后，打上耳标，记录档案，注射疫苗，填好免疫卡后入区饲养。

统一采购供应饲料。合作社先要对不同厂家的饲料做对比试验，然后由合作社出面组织供应商签订长期供货合同。

统一品种改良，并纳入良种补贴范围。

统一挤奶和销售结算。合作社投入资金引进现代化的挤奶设备并建挤奶大厅，将鲜奶统一销售给加工企业后，再对社员统一结算。

统一规划建设。由合作社统一规划，统一建设牛棚和青贮窖。

上述这些关系实际是一种基于牛奶生产业务形成的生产经营联合关系。

4.1.4 “合作社”其实还是奶站

（1）多块牌子一套人马。由于建立之初的种种原因，目前的奶农专业合作社同时有几个名称。有的受访者在谈及自己的组织时，会不时地冒出几个称谓：奶站、小区、合作社。在新疆昌吉市调研显示，奶农专业合作社同时具有托牛的功能。如：昌吉市××奶业专业合作社、昌吉市××奶牛托管所两块牌子并列竖在同一个大门的右侧。在这里托牛服务的项目已经细分为二类：一是全托户，不用参加饲喂和管理，不要求入社头数。收益量取决于交奶量，奶量不同返款额不同。交奶量 20 千克/日，返款 1 800 元；25 千克/日，返款 2 500 元；30 千克/日，返款 3 000 元。目前这个调研点全托户有 30 多户，有奶牛 80 头。二是半托户，这类户入社有数量门槛限制，要求最低养殖规模 30 头奶牛，采用自己饲喂方式。目前这里半托户有 4 户，有奶牛 100 多头。这个调研点实际是奶站、托牛所、合作社三合一。

（2）“社长”其实是奶站老板。此次调研显示，奶农专业合作社发起人的前身多是非奶农户：

锦州调研点 1 号的发起人自 1997 年从事收奶工作，2003 年起经营养殖场，现更名为合作社。

锦州调研点 2 号的发起人 2000 年经营奶站，2004 年在当地首当其冲建小区，现转为合作社。

新疆调研点 1 号的发起人经营奶站 12 年，2009 年成立合作社（托牛所）。

新疆调研点 2 号的发起人自 1994 年从事奶制品加工，2008 年成立合作社。

这些人在奶业流通环节的前期运营中，懂得了相关的技术，积攒下资金，积累了经验，并且具备了一些抵抗风险的能力，因而他们成为创办奶业规模化组织、维持奶业规模化组织运转的主要力量。

当前奶农专业合作社的决策机制基本是公司制，主要决策权集中在发起人手中。新疆调研点 2 号办公室的墙壁张贴显示，该合作社 2008 年成立，初期 8 人共投资 10.25 万元。其中，创办人投资 94 500 元，有 3 个出资人各出 2 000元，有 4 个出资人各出 500 元，创办人占出资总额的 92%。这种出资结构也决定了决策机制的集中化。入驻的社员绝大多数没有入资，基本没有参与决策。

几个调研点的扩建决定及落实均是创办者的抉择结果。

（3）社员并非是股东。调查中所见，合作社的股权集中在发起人或者是少数合伙人手中。虽然新疆调研点 2 号的股东数量比较多，但是，其股东与入驻合作社的农户大多不重叠。

现在，该合作社有固定资产 700 万元，股东 56 户，其中仅 8 户为奶牛养殖户。该合作社 2008 年成立当年的年底对股东曾有分红行为，每股分得 500 元红利（当年入股时一股 500 元）。

在该合作社里，仅是入驻没有入资的合作社的农户享受不到分红。

4.2　此合作社非彼合作社

4.2.1　发达国家的合作社

1995 年，国际合作社联盟成立 100 周年大会上对合作社曾有如下定义：合作社是由自愿联合的人们，通过其联合拥有和民主控制的企业，满足他们共同的经济、社会和文化需要及理想的自治的联合体。

一百多年的国际经验显示出的典范合作社的基本属性为：具有合作理念的社会志愿者带动、具有合作精神的企业家领办、穷人自我联合而成的自我帮助的自治组织。组织成员民主，按惠顾额返还盈余。

合作社与盈利企业有本质不同：合作社是由社会弱势群体通过联合而成的自助性经济组织，通过互助的方式努力使社员摆脱经济和社会困境。合作社的责任是要保护和增进社员利益，在社员的范围内实现公平，进而提高他们的经济、社会地位，使社员能够得到较好发展机会的组织。

4.2.2　《合作社法》中的合作社

《中华人民共和国农民专业合作社法》于 2006 年 10 月 31 日由中华人民共和国第十届全国人民代表大会常务委员会第 24 次会议通过，于 2007 年 7 月 1

日正式实施，同时《农民专业合作社登记管理条例》与 2007 年 5 月 28 日由中华人民共和国国务院颁布，与 2007 年 7 月 1 日同期实施。这同时也为奶农专业合作社的发展提供了法律保障。

上述立法中所指的合作社有如下基本特征：

(1) 立法对象为农民的专业合作社；不包括非农民的、非专业的合作社。《农民专业合作社法》第二条规定："农民专业合作社是在农村家庭经营基础上，同类农产品的生产经营者或者同类农业生产经营服务的提供者、利用者，自愿联合、民主管理的互助性经济组织。""农民专业合作社以其成员为主要服务对象，提供农业生产资料的购买，农产品的销售、加工、运输、贮藏以及与农业生产经营有关的技术、信息等服务。"

(2) 合作社员的投票权和盈余分配结构有特别的限定。允许团体法人成为基层社员，允许社员不等额持股，允许合作社盈余按股分红。但为了防止内部少数成员垄断现象的出现，在允许法人入社、允许社员持大股、允许股金分红的前提下，对团体社员的比例、持股大股东的表决权，以及合作社盈余按交易额返还的比例进行了限制：拥有 20 名成员以下的合作社，只能有一名团体成员；拥有 20 名成员以上的合作社，团体成员数量不能超过成员总数的 5%；合作社员大会表决，通常是先一人一票制度，但对出资额或与本社交易额较大的社员，可以按照所在合作社章程规定享有附加表决权，但附加表决权不能超过社员基本表决权总票数的 20%；合作社盈余按交易量（额）返还的比例不得低于可分配盈余的 60%。这样的限制规定使合作社在成员构成、内部治理结构以及盈余分配方面与公司制企业有了明显的区分。

(3) 所设定的登记注册门槛规定：登记人数下限为 5 名，注册资金多少不限。债务责任规定：社员对合作社债务仅以出资额和被提取的公积金为限承担有限责任。

(4) 以法律形式规定政府承担扶持义务。国家要给农民专业合作社以税收优惠、政策性金融支持以及财政、项目支持。

4.2.3 当前的"奶农专业合作社"

(1) 挂在墙上的规范。我们所到之处的"奶农专业合作社"的办公地点的墙上基本做到"规范化"：门外宣传牌子的内容和格式、颜色统一；标牌上和墙上的张贴内容及形式统一；制度文件展示统一，包括：合作社章程、合作社成员的权利和义务、合作社遵循的原则、组织经营流程、成员大会制度、董事长的职权、监事长的职权、盈余的分配方式、财务人员的职责，等等。但是，除了墙上张贴的章程、制度之外，我们在调研中很少见到关于合作社组织管理的其他记录。

（2）与典范合作社的差异。

宗旨差异：典范合作社宗旨突出强调穷人的联合和自助，具有益贫功能。虽然目前散户奶农的弱者地位明显存在，但当前奶农专业合作社的宗旨主要不是益贫，而更主要的是为了促使奶业的规模化和便于奶源质量的监督管理。

目标差异：典范合作社的组织目标是成员导向的互助。当前的奶农专业合作社的组织目标是市场导向下的创办者投资收益最大化。

成员差异：典范合作社是起始于弱势者的联合，所以成员必然具有同质性。我们调研看到奶农专业合作社的成员同质性不强：创办者与入驻者存在着巨大的经济上和资源上的差异。表现为，入驻户的规模不同，有的养殖3～5头，有的几十头；饲喂结构不同：如在粗饲料的饲喂上，有的饲喂苜蓿，有的只喂秸秆；牛的品种不同，有的是用一般冻精生产的牛，有的是国外优良品种冻精生产的牛；奶源的指标不同，因为饲喂结构的不同，奶指标中的乳脂和蛋白含量有高低之分；生产条件不同，有的大户已经配备了机械设备，有的户饲养设备还很传统；各种因素的差异最终导致各户的单产和总产收益有很大的差别。由于这些差异因素的存在，合作社初始即便有益贫的主导，最后也难免会产生异化。

功能差异：典范合作社的功能主要是自我服务，使用者是本社成员。在范围的界定上，既不包括非农民合作社，也不包括农民的非专业合作社。在制度的构建上也对外部资本有一定的排斥。我们调研中所见，为了满足资金的需求，奶农专业合作社已有不是使用者的成员，即奶农专业合作社的资本层面有外向扩展的倾向（如新疆调研点2号反映资本短缺是一个现实问题，这个现象随着合作社的扩展还会加强）。

文化差异：典范合作社的文化价值诉求是民主和追求公平。我们看到的奶农专业合作社的组织文化是高度集权。

决策机制差异：典范的合作社是民主决策，而奶农专业合作社的决策和运营主导是控制在领办人手中。大多奶农专业合作社的创办者集理事长、总经理职务于一身，集决策权和经营权于一身，操控组织运行，奶农户的参与积极性缺乏，参与度低（虽然奶户有退出权）。

4.2.4　主要问题

合作社应该是以人合为主要特征的组织，人合是关键。当前的奶农专业合作社有组织框架，但是其组成部分没有形成有机整体。

创办者与成员虽然同在一个组织里，但二者关系实际是以牛奶的买卖经营关系为主。在这个买卖经营关系中，奶价高低决定奶农的收益，售奶量多少决定奶农专业合作社创办者的收益。而奶价高低从某一个角度上看，是奶农专业合作社整体与企业的抗衡能力，奶农个体在这个博弈中表现得无能为力。而售奶量多少，一是决定了合作社自身吸纳奶户的能力，二是决定了合作社内部提供的服务对奶农饲喂模式影响程度的高低，合作社有着较宽裕的控制空间。因而奶农专业合作社的创办者比成员积极性高。

创办者与成员的目标和利益不完全一致性，组织的目标并不是合作社整体的建设和发展。奶农户大多数“被”组织化，表现为诱致式、被动式。组织成员之间联系松散，奶农不是积极主动的聚合，1+1 只是等于 2，不是大于 2。奶户在组织内单干，单独计算成本、产量，没有更多享受到组织的利益，组织利益与他们相关性不大。成员表现为不积极，之间的合作理念欠缺，缺乏归属感，顾眼前短期利益多，从自身利益考虑得多。目前是为了出售原奶可以获得比散户的较高价格而进入合作社。而奶价等方面一旦有变故，则会影响入驻者的稳定性，这会使合作社的持续性差。

入驻奶农大多还没有心理准备面对和承担合作社的经营风险，同时也得不到在合作社的应有权利。目前合作社经营收益和风险主要集中在创办者身上。合作社利益共享、风险共担的机制，决策上的民主机制、收益返还机制基本没有建立起来。我们调研的奶农专业合作社很少见到二次返利，即便有也达不到法定的底线。我们理解，立法中规定二次返利的情形条件应该是成员基本没有差异，而实际上看来，奶农专业合作社异质性明显，劳力、生产资料、资金等要素的投入不对等，且要素投入的边际效益也不同，难以操作。

从这个角度上说，目前的奶农专业合作社是一个框架未完全成型的有待进一步搭建的合作社。

我们认为，现在的奶农专业合作社与典范意义的合作社之间有着相当的距离，恐怕短期内难有大的改变。在奶农专业合作社组织建设方面表现出的问题是：

（1）有合作精神的领头人缺乏，成员合作理念欠缺。

（2）奶农的素质参差不齐，合作社管理方法原始，管理效率低。奶业环境骤然变化驱使下的一哄而上的奶农专业合作社框架基础不牢。

（3）奶农专业合作社内部的民主治理亟待加强。目前的奶农专业合作社虽然几乎都制订了章程，设立了理事会、监事会、成员大会，但实际大多为创办者所控制。这样的结果虽然便于提高决策效率和绩效，但是普通成员参与程度低，民主功能难以体现。

（4）奶农专业合作社组织经营范围向下游拓展无路。奶业的下游已被寡头企业所控制，奶农专业合作社没有多大的产业链空间和资源与之竞争，除非进行制度性改革和大的结构性调整。

（5）奶农专业合作社自我生长能力欠佳，竞争力不强，获利能力弱，对成员的凝聚力差。真正由奶农自己组建的合作社少，多由政府、奶业大户、企业主组建。

（6）一些实用主义、功利主义倾向的人员，有寻租预期，有借着发展奶农专业合作社之名套取国家奶业养殖优惠政策的行为发生。

4.3　打造未来的奶农专业合作社

在中国当前奶业市场体制尚不健全、要素市场发育尚不完善、法律基础保障尚不完备的情况下，对于奶农专业合作社而言，仅靠市场力量推动是不够的，迫切需要各级政府及有关部门的支持和保护。

目前政府对奶农专业合作社的建立起到了决定性的作用，如果不是当前政府的行政介入，奶农专业合作社也难有今天的增加速度和规模。而政府对奶农专业合作社的推动行为是否规范，政府对奶农专业合作社的界定是否准确，则是涉及到未来奶农专业合作社是否能够健康、持久发展的问题。

我们认为，政府对奶农专业合作社的推动要理清以下几个要点。

4.3.1　目标定位要明确

我们的政府要向自己提出这样的问题：究竟为什么要推动奶农专业合作社发展?

我们可以从奶农专业合作社的机理考虑政府支持奶农专业合作社的应有的目标定位。

要肯定的是奶农专业合作社需要政府的支持，政府也需要奶农专业合作社的发展。

从典范合作社的内部设计看，合作社内部制度安排为自助性，合作社是经济弱势群体组成的自助组织，其实行经济民主制，服务社员，不以盈利为目的。这些制度安排明显带有公共品特性，如果让这样的组织与完全市场导向的、以盈利性为目的企业展开竞争，其必然处于弱势。所以，其真正需要政府的扶持。

再者，奶农专业合作社所显示出的社会功能应该与政府的公共政策目标是一致的。奶农专业合作社应该不是普通的经济组织，其是政府实施奶业发展扶持政策的一个重要手段和途径。政府可以将奶农专业合作社作为奶源治理政策、奶业发展推动政策的操作平台，比如在奶农专业合作社推广新的奶牛养殖技术，推荐奶牛良种的使用，其组织成本会比散户低。还有，奶农专业合作社如果提供质量安全和相对可控的原奶，则可以在奶业健康发展方面稳健发挥作用；奶农专业合作社降低了奶农进入市场的交易成本，也相对提高了奶农的经济收益，这些都与政府的公共政策目标吻合。

目前的问题是，政府支持奶农专业合作社的近期核心点仅仅是把奶农专业合作社作为一个载体，来实现调整治理奶源，保障奶源安全供给，推动奶业规模化的预期。这个预期使得奶农专业合作社的组织运行导向近期不是其自服务能力的提高，不是以奶农专业合作社普通成员的利益联结为重点。

从典范合作社的实践来看，奶农专业合作社是奶农进入市场的一个通道。合作社的基本机理是在市场经济条件下，通过合作社成员之间的相互信任和联合，改善资源配置状况，改善自己在市场中的劣势地位。既然是这样，政府在提供支持和服务中，就一定要考虑奶农的诉求，以提高奶农的自助服务能力为支持合作社的基本点。这样才可以避免对奶农入社的一刀切行为，避免对合作社成立的“大呼隆”行为。奶农合作社应该是奶农的积极主动的自组织的行为结果，而不是奶农被组织的行为结果。

目前需要进一步思考和理清政府支持合作社的目标定位，政府在支持过程应该重点扶持奶农专业合作社的如下功能：

（1）增强奶农户市场地位的功能。通过奶农专业合作社，将奶农组织起来，使之从一家一户势单力薄的生产经营状态中解脱出来。通过集体的经营销售行为，提高奶农户在市场中的博弈能力，增加奶农户在市场地位中的谈判地位，以此来抗衡寡头企业对奶价的垄断力量，以此逐步改善奶农户的弱势地位。

（2）整体提高奶农户的收益功能。通过自服务组织体系，提高养殖资源的利用效率，增强奶业养殖和市场需求信息的传递速度，提高奶农户的生鲜奶质量在市场上的认同程度，提高原奶生产的产量，从而提高奶农户的收益。

4.3.2 组织界定要明晰

政府对所支持的奶农专业合作社应该有清晰的界定。要搞清楚：奶农专业合作社应该是什么样？政府现在所扶持的奶农专业合作社是什么样？

我们认为，一定要维持合作社的原则性。合作社的前提是构建成员间的公平，以成员自助服务为主，促进成员共同的利益增长。恪守这样原则的合作社，才具有公共物品性质。这是合作社与其他盈利组织的最大不同，这样的组织才真正需要得到政府的支持。政府所支持的合作社一定是按照合作社原则运行或者是正在创造按照该原则运行条件的组织。

政府要清楚所推动的合作社意愿是否是奶农的意愿。合作社原则的核心：合作、自愿、互助、民主。这几点在目前的奶农专业合作社上体现得还不明显。

随着《农民专业合作社法》的颁布，政府对于奶农专业合作社的扶持应该严格按照法律行事。政府对于奶农专业合作社的专门扶持政策应该只面向那些按照《农民专业合作社法》依法登记的合作社。

政府对奶农专业合作社的构建和评判，一要看其对奶农的带动性。不管由谁来牵头组建合作社，都必须积极带动奶农户，要把对奶农户带动作用的大小、社员共同受惠的多少作为对奶农专业合作社进行扶持和奖励的依据。二要看对奶农的服务性。应要求奶农专业合作社必须为入社奶农提供有效服务。要根据奶农的生产需要和进入市场的困难，突出做好关键点的服务。三要看分配方式的合理性。奶农专业合作社与农民之间不能只是买卖关系，奶农不但有向合作社提供产品的义务，而且有从合作社中获得收益的权利。绝对不能仅仅是组织者受益，而多数奶农民微利或无利。奶农专业合作组织必须建立起奶农利益保护机制，实行民主管理、照章办事。

现实中，某些地方的干部甚至为了追求政绩而采取了不重点考虑奶农意愿、由政府直接牵头领导、创办奶农专业合作社，奶农在没有其他选择的情况下成为奶农专业合作社“社员”（没有股份，不享受合作社的二次利益分配，没有话语权的社员）。小区纷纷更名为合作社，也使得小区的入驻者和合作社的社员身份和职能上没有什么明显区别。结果使得合作社的内容和架构失去本来特征，使得合作社变了味道。

政府在推进合作事业中，要将“公司＋奶户”、“小区＋奶户”以及奶业企业等等多种非奶农专业合作社与奶农专业合作社有所区分，以避免搭车现象，避免造成政府的扶持政策被某些掌握较多社会资源的组织所利用的现象，要使真正的奶农专业合作社享受相关的政策资源，要使真正的奶农从中受益。

目前在我国某些奶牛养殖区域，个别地方政府在推进本地奶农专业合作社过程中，甚至消除了奶业养殖的其他组织形式，清一色的“合作社”。要说及的是，即便是真正的规范的奶农专业合作社有如此阵势，也是不客观的。我国奶业发展的市场环境不断变化，奶业发展市场的主体也呈多元化状态，奶农专业合作社的正向作用不可能对这个市场做到全覆盖，也不可能对奶业养殖组织模式的进行极端垄断。奶农专业合作社只是奶业多元组织模式其中的一个组成部分。对于奶牛养殖组织模式的何去何从，要给在实践中的广大奶农以选择的空间和创新的空间。我们应该看到，发展奶农专业合作社是改善奶农户市场竞争条件的一种有效手段，而非目的。我国搞奶农专业合作社的契机、规模、形式到底如何，我们搞奶农专业合作社的中国特色是什么，还需要在实践中观察和探索。

4.3.3　扶持程度要得当

值得思考的是：政府如何做到在对奶农专业合作社的推动中，既扶持又不损害合作社的自治与独立的原则？

某些地方政府为了养殖规模化的预期，推动了这种大呼隆式的奶农专业合作社组建风潮，这种干预和推动是否适度？

合作法明确了农民专业合作社的法人地位，即市场主体地位。这样的话，政府不应硬性和过度干预奶农专业合作社成立预期和运作诸环节。合作社关键是人的合作意向，要使奶农理解合作社，要使他们知道合作社对他们的好处。

政府要加强对奶农户的研究，了解他们对于奶农专业合作社的具体需求。要尊重奶农自愿原则，给奶农以选择合作或不合作的自由，选择合作程度及合作规模的自由。当奶农有明确合作意向或潜在的合作意向时，政府可以引导和牵头。凡是进入奶业专业合作社的奶户要是自愿行为，而不是“不得不”的行为。相关部门要懂得奶农专业合作社的内涵和怎样扶持运作真正的合作社。

政府在奶农专业合作社中的角色定位应该是：在发展奶农专业合作社过程中，不是长官命令而是平等扶持；不是领导而是协调（协调合作社与外围各方面的关系）；政府主要是引导但不是包办，是给予服务但不是干预。

我国地域广阔，各地奶业发展所具备的条件和所处的阶段不尽相同，奶农专业合作社建立的时间点和创办形式会有所不同。政府在推进一个地区的奶农专业合作社时，一定要进行可行性调查，要因地制宜，不要盲目跟风。如果政府部门的干预扼杀了奶农专业合作社的自主性和生命力，最终奶农专业合作社将难以做到可持续发展。

4.3.4 扶持政策要跟进

（1）提升技术支持和服务。政府支持建立奶农专业合作社的重点绝不仅仅是帮助奶农专业合作社办理手续、悬挂牌子，关键是对奶农专业合作社的成立和运营给予系列支持和服务。具体包括：指导他们解读国家关于奶农专业合作社相关条款，指导他们建立奶农专业合作社的章程等法律文件（更重要的是敦促他们按照章程办事）；指导奶农专业合作社选举理事会成员，指导他们制定切实的发展战略规划和经营计划，指导奶农专业合作社进行运营状况或财务状况分析、编制预算；指导奶农专业合作社改进内部治理结构，直到奶农专业合作社按照规范路径正式运营。

（2）重视培训和教育。现在看来，导致从上到下对奶农专业合作社认识模糊和运营不规范的原因是对于奶农专业合作社的培训和教育严重不足。政府应该注重这项工作，这关系到奶农专业合作社是否成为真正的合作社，是否可以真正发挥其功能。政府对奶农专业合作社的培训重点内容应该是增强人们对于合作社原则和实践的理解，将奶农专业合作社的组织原则应用在奶业产业链的各个环节中。此外，还特别注重培养奶农专业合作社创办者以及成员应对市场的决策能力，提升奶农专业合作社财务运营能力和市场营销地位，最终使奶农的整体收益得到提高。

（3）加强统计分析。政府应该通过专门的渠道，定期收集奶农专业合作社的信息资料，加强对奶农专业合作社的相关统计分析。如经营状况分析、管理机制分析、发展走向分析，为奶业相关公共政策制定提供数据支撑，也可以为各个奶农专业合作社的经营和发展提供参考。

参 考 文 献

中国社科院农发所合作经济研究中心．2009. 农民专业合作组织的近期发展展望及其政策建议．《中国农民专业合作社发展新走向：理论研究·实践探索》．四川科学技术出版社．

苑鹏等．2007. 美国政府在发展农民合作社中的作用及其启示．农业经济问题，(09)．

王勇．2010. 产业扩张、组织创新与农民专业合作社成长．中国农村观察，(02)．

张军民．2010. 欧盟奶业合作社发展经验及对我国的启示．中国乳业，(05)．

杜吟棠．2009. 农民专业合作社法的立法背景、基本特色及其实施问题．《中国农民专业合作社发展新走向：理论研究·实践探索》．四川科学技术出版社．

徐旭初．2009. 新形势下我国农民专业合作社的制度安排．《中国农民专业合作社发展新走向：理论研究·实践探索》．四川科学技术出版社．

邵战林等．2008. 政府行为在国外农民合作经济组织发展中的促进作用及其对中国的借鉴．经济导刊，(13)．

王瑜．2007. 奶业专业合作社的理论分析及问题探讨．生产力研究，(12)．

黄正多．2008. 印度奶业合作社迅速发展的原因及其启示．南亚研究，(1)．

李彤，赵慧峰．2008. 农民专业合作经济组织的产权运行机制．中国农业会计，(8)．

左宁．2008. 发展农民专业合作社是建设现代农业的重要途径．湖南农业科学，(5)．

5 规模化奶牛场的循环经济运作模式
——新疆吉木萨尔县润源奶牛场的案例

□靖 飞 刘玉满 姚 梅

2008年“三聚氰胺事件”之后，我国奶牛养殖业逐步从以小规模的散户养殖为主向企业化、规模化养殖为主转变。在奶牛养殖规模化迅速发展的同时也带来了严重的污染问题，奶牛粪便、冲洗水和饲料残渣未经处理随便排放，对周围水质、空气、土壤造成严重污染，既直接影响畜禽养殖的防疫卫生，也给周边农村环境、农民生活带来了负面影响，制约了奶牛业的持续健康发展。采用循环经济思路发展奶牛产业正引起越来越多的企业（或养殖场）的重视，各地也因地制宜地摸索出了不同的发展模式。新疆吉木萨尔县润源牧工商发展有限责任公司奶牛场（以下简称“润源奶牛场”），从建立之初就明确了采用循环经济模式的发展思路，依靠资源优势，坚持循环发展，在我国奶业发展的低潮期逆势上行。目前已经发展成为初具规模，种养一体，管理水平较高的规范化奶牛养殖场。润源奶牛场循环经济发展模式的产生和发展，对我国奶牛规模化养殖的资源循环利用和环境保护具有一定的探索意义和实践价值。

5.1 润源奶牛场的成立与发展

润源奶牛场隶属于润源牧工商发展有限责任公司，该公司位于新疆维吾尔自治区昌吉回族自治州吉木萨尔县境内，主营建筑用砂开采及销售、谷物及其他作物的种植，牲畜、猪、家禽的饲养，农业、林木及果业种植，民用建筑材料、设备加工生产销售，砼结构构件制造；建筑工程用机械修理等。润源奶牛场是公司2005年投资建设的长效投资项目，坐落在距离吉木萨尔县城以南2.5公里的前山区润源生态园内。润源奶牛场从2005年元月开始投资建设，至今累计完成投资1 000万元，现已完成能容纳生产奶牛500头的硬件设施建设（包括挤奶大厅、圈舍、场地、机械设备和基础配套设施）。

润源奶牛场生产的核心——奶牛，都是高标准建设投资形成的。最初的奶牛都来自新疆德隆胚胎移植的荷斯坦奶牛，当时共购进160多头，后期繁殖均使用原装进口的美国冻精，并且对其来源进行严格控制。目前润源奶牛场已经拥有优质荷斯坦奶牛近400头，其中生产母牛200多头，育成母牛80多头，青年母牛70多头。在拥有优质奶牛资源的同时，润源奶牛场充分利用自身自然资源优势，采用循环经济模式，既降低了生产成本，也使得自己发展成为昌吉回族自治州乃至新疆为数不多的出产高品质牛奶的现代化规模养殖场。

5.2 润源奶牛场循环经济运作模式

循环经济是一种善待地球的经济发展模式。它要求把经济活动组织成“自然资源—产品和用品—再生资源”的闭环式流程，所有的原料和能源要在这个不断进行的经济循环中得到最合理的利用，从而使经济活动对自然环境的影响控制在尽可能小的程度。将规模化养殖场引入循环经济显得十分必要。润源奶牛场成立之初即利用其得天独厚的地理和环境优势，将循环经济理念引入到奶牛规模化养殖中来，取得了明显成效。

润源奶牛场在生产过程中采用循环经济理念主要体现在三个方面：

第一，奶牛养殖和种植业生产一体化循环模式。润源奶牛场占地面积353.33公顷，其中林地166.67公顷，饲草料地100公顷，这些以种植业为主的地块给种养循环提供了基础。润源奶牛场奶牛养殖采用分群管理，泌乳牛、待产奶牛和小牛采取舍饲方法。由此产生的牛粪便进入到储粪池，经过腐化和熟化处理以后，作为有机肥料，在牧草和青贮玉米种植环节使用，既节约了肥料成本，又改良了土壤，提高了牧草和青贮玉米的产量。收获下来的牧草和青贮玉米成为奶牛的饲料，由此形成了一个简单的“养殖—种植—养殖”的封闭循环系统，将由于规模化养殖带来的牛粪便污染解决在种植业环节，实现奶牛规模化养殖废弃物的无害化、资源化、减量化的目标，符合循环经济理念。

第二，放牧和天然草场的自然循环经济模式。在润源奶牛场，除了前文提到的泌乳牛、待产奶牛和小牛采取舍饲外，其余奶牛主要采取放牧方法，放牧时间从每年的5月中旬可以延续到当年的10月份，这是建立在其拥有133.33公顷天然草场的优势基础之上的。奶牛放牧有很多优势，首先是奶牛放牧节省人力。在牛舍饲养需给牛购买、加工精料、粗料，又得饲喂，清除粪便，这些都花费很多劳力，奶牛放牧则只需1～2牧工放牧一群牛就可以了，其他工作一般不需多少劳力。其次是奶牛放牧饲养成本低。舍饲牛精料、粗饲料开支大，一般可占到养牛费用的60%以上，而其牧地基本上是天然草场，没有多少投资；再次是奶牛减少粪尿污染，有利于环境保护。奶牛牛排尿排粪量大，不易清除干净，尤其牛尿更是如此。在草地上放牧牛的粪尿基本落入土中，充作有机肥，可促进牧草生长，无污染之虞。还有一个优点，在其天然草场上，有大量的可以作为草药的植物供奶牛采食，奶牛的身体好，不易得病，节省了奶牛治病开支。

第三，合理轮牧和退耕还林还草生态经济模式。为了充分利用草场，润源奶牛场在放牧安排坚持采取轮牧制度。采取这种办法，主要有以下两方面的好处：首先，提高牧草的品质。轮牧地放牧均匀，可抑制杂草生长，使优良牧草增多，改善了牧草成分，草场通过休闲，保证每次放牧利用的都是鲜嫩可口的牧草；其次，有利于草场的管理。在停牧时间里，可以对牧场进行管理，如去杂和清除毒草、灌溉施肥、除虫灭鼠，以及补播牧草等技术和管理措施。通过轮牧，可以很好实现退耕还草目标。同时，润源奶牛场还充分利用林地资源优势，特别是在夏季为放牧奶牛提供休息场所，既防暑降温，又将奶牛的排泄物直接还田，实现林地的良好发展。这些因地制宜、合理利用资源的举措，形成了最基本的生态经济模式。

5.3 润源奶牛场循环经济运作模式的成效

润源奶牛场依靠循环经济模式发展奶牛养殖，取得了明显成效，概括起来主要是“两低三高”：

最明显的“一低”是奶牛养殖成本低。奶牛养殖的主要成本一是饲料，另一方面是人工成本，润源奶牛场的饲料主要来自于自己奶牛场的耕地，其拥有26.67公顷苜蓿种植面积，一年可以收割两次，还有种植了13.33公顷的青贮玉米，这些都降低了其饲料成本，并且可以免受外界饲料价格波动的影响。润源奶牛场有近140多头奶牛采取放牧方式，降低饲养工人的雇用数量，目前养殖规模下，该奶牛场仅雇佣工人16人，大大降低了人工成本。

还有“一低”是奶牛各种疾病的发病率，死亡率低。这一方面是与润源奶牛场的位置密不可分。该奶牛场远离城区，与其他牛群接触的机会几乎没有，这位奶牛疫病防控提供了便利条件。另一方面也要看到，通过自然的放牧方式，奶牛采食天然中草药，提高了身体素质，降低了各种疫病的发病率，降低了牛病防治成本，进一步降低了奶牛养殖成本。

在追求自然、生态的养殖模式下，奶牛既可以充分享受自然，又可以享受依靠自己肥料生产出来的牧草和饲料，产出高品质牛奶成为必然，这是其中的“一高”。润源奶牛场在笔者调研的8月份，牛奶的乳脂率在3.6%～3.8%，乳蛋白率在3%以上，笔者同期调研的新疆其他地区牛奶的这两项指标分别在3.1%左右和2.8%～2.9%之间，牛奶具有明显的质量优势。在市场经济下，优质优价又成为必然，这是优良品质决定的第二“高”，牛奶收购价格高。润源奶牛场的牛奶主要收购商是位于乌鲁木齐的蒙牛生产厂，笔者调研时包括运费，蒙牛给润源奶牛场的牛奶收购价是3.57元/千克，同期其他地区乳制品生产企业牛奶收购价在3.2元/千克左右。在低成本、高价格的双重利好情况下，高收益就成为必然，这是第三“高”。

5.4　润源奶牛场循环经济运作的制约因素

伴随着润源奶牛场的不断发展，资金和技术正逐步成为其发展的掣肘。

润源奶牛场在前期建设中已经投入1 000万元以上，这些资金完全是企业依靠多元化经营，从矿山等其他产业获取的利润，政府在支持其循环发展上支持力度有限。润源奶牛场位于新疆东部，属于干旱地区，建设循环经济发展模式，其所拥有的耕地、林地灌溉都需要以滴灌为主，这些需要大量的设备投资。同时，该场占地面积333.33公顷以上，场区内道路等基础设施建设也需要大量的资金。另外，奶牛场欲扩大规模，还需投资建设新的牛舍和挤奶厅，引进、培育高产泌乳牛，这些也需要大量的投资。但这些投资对微利的养殖企业来讲经济压力很大。奶牛场场区是租用形式，而产品多是生物活体，没有房产、土地等固定资产可供抵押，难以从银行获得贷款支持。在这种情况下，资金压力成为其进一步发展的最主要的制约因素。

在资金约束之外，最明显的就是技术。润源奶牛场地处县城，条件比较艰苦，技术人才一般不愿意到该地就职，而采取循环经济模式发展奶牛场，技术十分重要，并且对技术的需求是多方面的。首先，是奶牛养殖技术，这些奶牛场发展的基础，而目前该场技术员是中专毕业，后一直没有机会提高、深造，对新的养殖技术缺乏深入了解；其次，其他与奶牛场循环经济发展模式有关的环节，包括牛舍设计、牧草种植管理等也缺乏专门人才，导致其目前牛粪便处理是简单的堆放无害化处理，这种方式目前没有暴露出更多问题与其气候环境有关，但这也是不容忽视的问题。这样的处理方式，有机肥效较低，也存在对周边环境污染问题，还有牧草种植方面产量偏低，对牧草种植管理缺乏技术支撑。

5.5　润源奶牛场循环经济运作的启示

无论从我国奶牛养殖发展趋势来看，还是从提高牛奶质量和保障其质量安全来看，规模化是必须坚持的方向。但是同时，不容忽视的问题就是环境污染。润源奶牛场的生态牧场形式给我们两点启示：

第一，坚持科学发展，退耕还林还草与奶牛规模化养殖可以实现协调发展。目前在我国很多地区为了保护生态环境，实施退耕还林还草，这个举措无可厚非。但是，我们也要看到很多地区简单地以禁牧作为主要的约束手段，这是值得商榷的。润源奶牛场的发展，既实现了退耕还林还草目标，也取得了明显的经济效益，其发展模式可供其他地区借鉴。在科学测算草地（场）、林地的载畜量之后，坚持合理的轮牧制度，非但不会破坏生态环境，相反还会促进其生态环境的恢复。

第二，政府必须从社会和生态效益角度考虑，加大对润源奶牛场这种生态牧场形式的资金支持。润源奶牛场的发展，将地处西部的荒山荒坡改造成绿草青青、林草茂盛的世外桃源，对该地区生态环境的改善也是有帮助的，具有十分明显的社会和生态效益。政府要将退耕还林还草等扶持政策向该类型企业倾斜，支持其进一步发展壮大。

第五篇

奶业经济研究篇

1 我国原料奶及乳制品市场价格波动分析

□ 李胜利 周鑫宇 曹志军

2009 年中国奶业经受了“三鹿奶粉事件”和国际金融危机带来的双重冲击和考验。这一年，中国奶业面临着机遇和挑战。2009 年中国奶业在各级政府强有力的领导下，在社会各界的关注下，行业同仁齐心协力，共同奋战，战胜了倒奶杀牛、信任危机、市场低迷、资金短缺、行业亏损等严峻的局面，消费、加工和养殖等奶业各环节超预期大幅增长、快速恢复，中国奶业基本恢复到“三鹿奶粉事件”之前的水平。

1.1 我国原料奶及乳制品市场主要特点

1.1.1 液体奶市场：总体稳定，少数品牌提价

2009 年以来，市场上液体奶的价格基本没有太大变化，只有少数的地方品牌主要是南方省份地方品牌对液体奶市场价格进行了调整，而一线品牌大多没有调整产品价格。同时，此次价格调整并不是针对全线液体奶产品，而是主要针对低温奶和几款高端奶产品，调整幅度平均为 0.1～0.2 元/袋（225mL），涨幅在 5%～10%。如 A 品牌从 2009 年 12 月上调低温奶价格约 0.1～0.15 元/袋（225mL），涨幅在 5%左右；B 品牌部分液态奶产品从 2010 年 1 月起价格上调 2%～5%；C 品牌从 2010 年 1 月上调订奶价格，每瓶奶上涨 0.1～0.2 元/袋（225mL），上调 200mL 纸杯装酸奶价格，从 2.0 元提高到 2.2 元，玻璃瓶装的鲜奶从 1.8 元涨到 1.9 元，涨幅 5%～10%。北方省份只有新疆乌鲁木齐出现部分产品涨价，2009 年 12 月初 D 品牌 220mL 巴氏奶 1.0 元上调至 1.3 元，E 品牌 400mL 巴氏奶从 1.5 元上调至 1.7 元，F 品牌 488mL 巴氏奶从 2.0 元上调至 2.5 元。

1.1.2 奶粉市场：绝大多数企业没有调价计划

本次价格调整只有一个品牌对其部分产品的价格进行调整，其他品牌的奶粉生产企业均没有调整价格的计划。该企业表示，从 2010 年 1 月 1 日起对部分产品实施价格调整，产品零售价格涨幅约在 5%～10%。如：高钙高铁 400 克

袋装产品的零售价格从原来的 30.6～35.5 元增至 33.7～39.1 元；但本次调价不包括婴幼儿配方奶粉。国际奶粉价格升高带动国内奶粉价格上升，大包装工业用奶粉（25 千克装，简称“大包粉”）价格为：国产有抗大包粉价格约为 2.1 万元/吨，国产优质无抗大包粉价格约为 2.7 万元/吨，而进口大包粉的价格约为 3.2 万元/吨。国产婴幼儿配方奶粉、成人奶粉的价格维持稳定，为对抗国外婴幼儿奶粉品牌，多家乳品企业纷纷推出高端婴幼儿奶粉争抢高端市场。

1.1.3 生鲜乳收购量：恢复性增长，出现季节性短缺

受到“三鹿奶粉事件”影响，进入 2009 年后国内乳品消费市场延续 2008 年末全面萎缩的态势，乳品消费大幅度下降，各大乳品企业产品均处于滞销状态，超市乳品柜台前“看的人多、买的人少”，各大乳品企业在原料奶方面均处于“收的越多、赔的越多”的状态，为减少原料奶收购量，各乳品企业采用多种方法限量收购原料奶，其中尤以“滋气味”不合格为由拒收原料奶的情况最多。2009 年 7 月乳制品市场出现回暖后，各乳品企业销售量以及原料奶收购量逐渐回升。到 2009 年 10 月底，蒙牛当月日平均收购原料奶达到 6 200 吨，同比增长了 29.5%。2009 年 12 月份后，随着元旦、春节临近，各乳制品企业开始为双节备货，导致原料奶需求量大增，部分乳制品企业开始出现原料奶供应不足的情况。2009 年 12 月份蒙牛、伊利两公司原料奶日收购量约 1.4 万吨左右，根据市场需求情况，按照以销定产推算原料奶需求情况来看，两企业至少有近 2 000 吨原料奶需求缺口。

1.1.4 生鲜乳收购价格：波动幅度大、不同养殖模式价格差距大

2009 年原料奶收购价波动较大，规模化牧场受“三鹿奶粉事件”和金融危机的影响最小。以国内某大企业全年原料奶收购价格变化来看，规模化牧场全年收购价最高，平均为 3.37 元/千克，养殖小区为 2.97 元/千克，奶站为 2.69 元/千克，扣除原料奶管理费 0.2 元/千克，散养户实际获得奶款只有 2.49 元/千克。原料奶收购价格规模牛场比养殖小区高 13.46%，比奶站高 25.28%，比散养户高 35.34%。

根据国家奶牛产业技术体系监测的 110 家规模化牧场原料奶收购价格变化情况以及国内某乳业公司在其主要奶源区域的收奶价格全年变化分析，我国大城市近郊区域全年收购价格最高，平均为 3.27 元/千克，尤以华南地区和华东地区最高，最高时可达 4.5 元/千克（深圳、广州 5－9 月份），这也是全国最高的牛奶收购价格，上海地区在 7－10 月份的原料奶收购价格平均为 3.6 元/千克；其次是中原地区，其全年平均价格为 3.00 元/千克；第三是内蒙古地区，全年平均为 2.98 元/千克；第四是东北地区，全年平均价格为 2.80 元/千

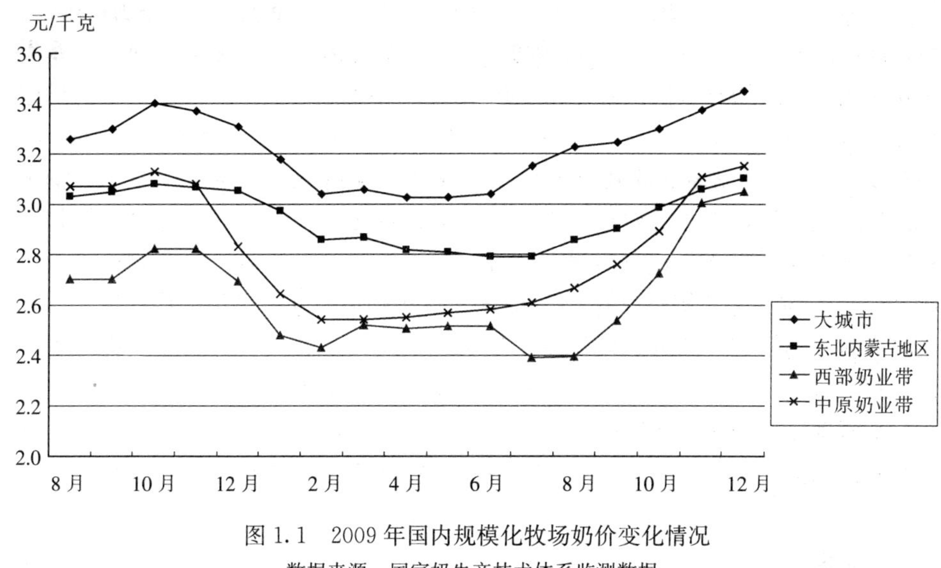

图 1.1　2009 年国内规模化牧场奶价变化情况

数据来源：国家奶牛产技术体系监测数据。

克；最低的是西北地区，全年平均价格为 2.72 元/千克。最高的大城市郊区原料奶收购价格与最低的西北地区相差 20.22%。

1.2　影响原料奶及乳制品市场价格波动因素分析

影响我国原料奶及乳制品市场价格波动的诸多因素包括国际乳制品市场价格因素、季节性供需矛盾因素、饲料价格因素、乳制品企业市场行为因素、行业风险因素，等等，而对我国原料奶及乳制品市场价格影响最主要的因素是国际乳制品市场价格因素和我国原料奶季节性供需矛盾。

1.2.1　国际价格带动国内乳品价格以及原料奶价格波动

我国加入世界贸易组织以后，乳制品市场就已融入了国际市场，开始受到国际奶业波动的直接影响。从图 1.2 可以看出，2007 年下半年的国际奶价骤然升高，我国同期原料奶价格上升迅速，大量生产工业粉，抢奶势态明显，国内出现购牛热。2007 年下半年，进口脱脂奶粉价格从 2006 年的 3.6 万元/吨上涨到 2007 年的 5.3 万元/吨，全脂奶粉从 2.5 万元/吨上涨到 3.8 万元/吨，乳清粉从 1.1 万元/吨上涨到 2.7 万元/吨，国内几乎所有的乳品企业都停止进口，开始在全国范围内争夺奶源，导致 2007 年原料奶价格持续上涨，这可能也为 2008 年的“三鹿奶粉事件”埋下了伏笔。

2008 年的金融危机，带动了国际奶价的下跌，我国同期牛奶销量下降，大量工业粉积压，大量出现倒奶、杀牛现象；2008 年第 4 季度，“三鹿奶粉事件”后，国内企业加大了进口奶粉原料的采购量。受金融危机影响，新西兰、澳大利亚等主要产区的原料粉价格相比 2008 年上半年下跌近一半，导致进口奶粉原料加速流入中国市场。2009 年 3 月，进口原料奶粉价格在 1.6 万～1.8 万元/吨，而在 2008 年 10 月之前价格还是 3 万元/吨左右，下降幅度高达 40%以上。受金融危机影响，除新西兰的奶粉原料外，美国、澳大利亚以及欧洲等主要奶粉原料输出国也同样存在大幅降价现象。而“三鹿奶粉事件”后，国产奶粉销量下降 40%，全国大包装奶粉市场严重萎缩，加工企业大包装奶粉严重积压，而且进口大包装奶粉与国产大包装奶粉价格倒挂的局面，使大量食品企业将订单转向进口大包装奶粉。黑龙江省个别地区原料奶收购价格已下降到 2.0 元/千克左右，而黑龙江省原料奶的生产成本为 2.43 元/千克，奶农生产原料奶要亏损 0.43 元/千克，持续的冲击造成奶牛养殖大面积亏损，“倒奶、杀牛”现象频发。

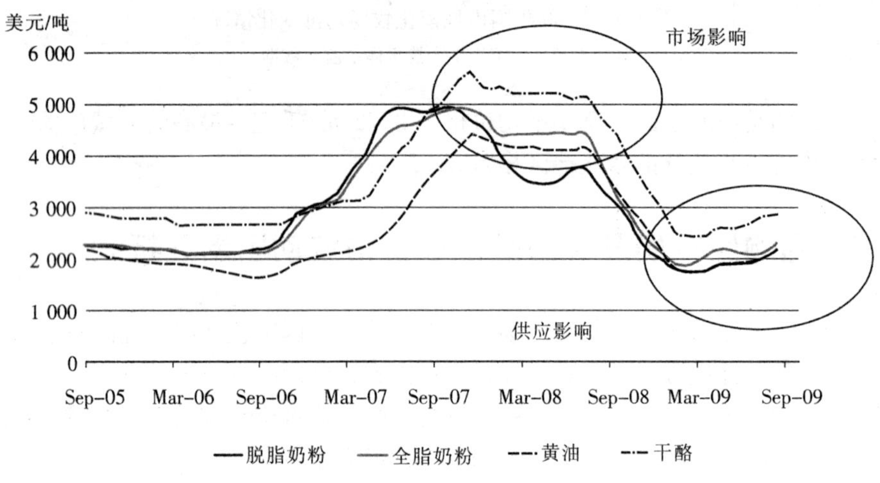

图 1.2　国际乳制品价格变化曲线图

数据来源：澳大利亚乳品局统计数据

2009 年下半年国际奶价强势攀升，我国同期原料奶价格迅速反弹，乳品企业工业粉断货，国内出现原料奶供应短缺和价格快速上涨。进入 2009 年 8 月，随着国际乳制品价格的上升，各乳制品企业纷纷抛售 2009 年年中积压的大包粉库存，原料奶逐渐从过剩转为短缺，到 2009 年 12 月，主要工业粉生产商库存已经基本销售完毕，出现断货现象。

1.2.2　原料奶生产量存在季节性差异，造成原料奶季节性短缺

自然条件对奶牛生产性能周期的影响决定了原料奶生产存在季节性差异。

我国主要奶牛养殖区域分布在东北、华北、西北等地区，该地区冬季寒冷。进入冬季后，受季节和饲养管理等因素影响，使部分奶牛不发情或发情不明显，造成配种难，延缓了部分奶牛的配种时间和产奶周期，造成了奶牛产奶期大多集中在夏季。同时，东北、华北、西北等地区，由于冬季较冷，大多数奶农人为控制产奶周期，将奶牛干奶期调整到冬季，回避寒冷的天气，从而导致了在东北、华北、西北等地区源奶生产的季节差。

我国西北与东北两个乳业主产区的原料奶生产高峰主要集中在5—10月，而产奶量的低谷主要出现在11月至次年3月。按照往年原料奶生产规律，预计随着气温的下降，2010年1—2月原料奶生产量还将进一步降低，原料奶供应短缺将持续到春节，春节过后原料奶生产量将逐步开始回升，奶价将会随着原料奶生产量的提高逐渐降低。

澳大利亚等国家的原料奶生产也存在季节性差异，从澳大利亚2008年、2009年以及2010年（预测）产奶量变化的曲线图中我们可以知道，澳大利亚的原料奶生产高峰主要集中在10—12月，而原料奶生产周期的低谷出现在每年的4—6月期间（图1.3）。

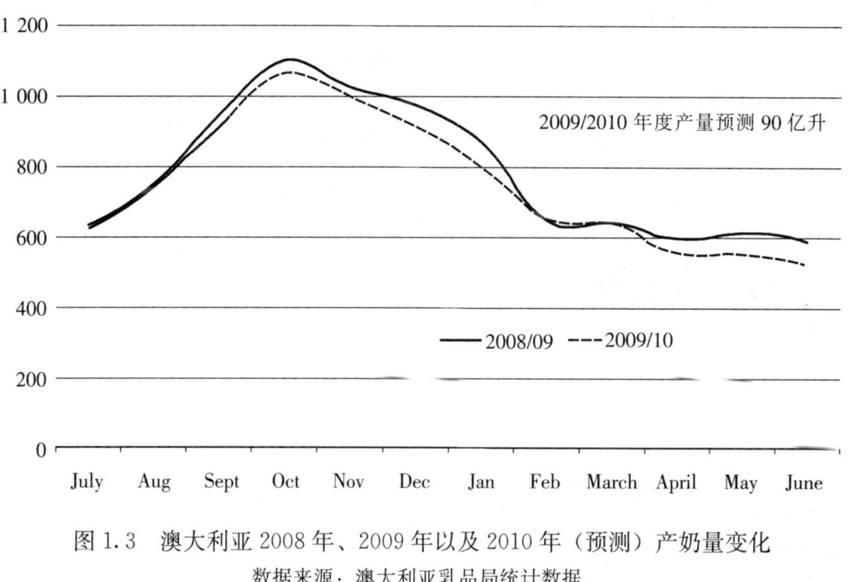

图1.3　澳大利亚2008年、2009年以及2010年（预测）产奶量变化

数据来源：澳大利亚乳品局统计数据。

1.2.3　饲料价格因素对原料奶价格影响大

奶牛规模养殖业中，饲料成本约占其养殖成本的65%～75%，在某些日常管理水平较高，产奶量高、发病率低的牧场，饲料成本占养殖成本的比例将进一步提高，北京三元、上海光明部分大型规模牧场饲料成本可达到养殖成本

的 90%左右。奶牛小区与散养户的养殖水平较低，只有水电、兽药、配种等费用，人工管理等费用不计入总成本，因此饲料成本约占其饲养成本的 90%左右。在原料奶价格不变的情况下，饲料价格的变动将直接影响奶农收益。

2009 年饲料价格上涨迅速，仅山东省 1—9 月份主要饲料原料价格中的玉米由 1.35 元/千克增长到 1.90 元/千克，上涨 40.7%；麸皮次粉由 1.25 元/千克增长到 1.74 元/千克，上涨 39.2%，而其他原辅料也出现了不同幅度的上涨。与此同时，乳品企业也根据乳制品市场以及饲料市场的情况对原料奶的价格进行了调整。为了解在饲料价格持续增长、原料奶价格调整后奶农的收益变动情况，国家奶牛产业技术体系进行了饲料成本及奶农利润的分析。

由于奶牛饲料需要玉米、青贮等多种饲料配合，为更好的探索饲料波动对不同养殖模式效益的影响，拟定饲料成本增长 30%，并以此为基础进行探讨。由于奶质较好，乳品企业对规模牧场的原料奶收购价格提高幅度较大，而对养殖小区、散户的提价幅度相对较小。从表 1.1 我们可以看出，三种模式在饲料成本的提高后，其占养殖成本的比例均有所上升，饲料成本上涨因素占原料奶价格的比例分别提高比例为规模化牧场模式 9%，养殖小区模式 16%，散养户模式 13%。受其影响，三种养殖模式的利润都分别下降，规模化牧场的养殖利润率从 33.3%下降到 23.9%，养殖小区模式的利润率从 25%下降到 8.8%，散养户模式利润率从 22.7%下降到 8.3%。由此可知，在乳制品企业提高原料奶收购奶价后，各种奶牛养殖模式仍受到饲料价格上涨的影响，利润率下降。

表 1.1　饲料涨价对不同奶牛养殖模式效益影响

	饲料涨价前			饲料涨价后（20%）		
	规模化牛场	养殖小区	散户	规模化牛场	养殖小区	散户
饲料成本/（元/千克）	1.50	1.60	1.50	1.95	2.08	1.95
养殖成本/（元/千克）	2.00	1.80	1.70	2.51	2.28	2.20
饲料成本占生产成本比例/%	75.0	88.9	88.2	77.7	91.2	88.6
奶农获得价格/（元/千克）	3.00	2.40	2.20	3.30	2.50	2.40
饲料成本占原料奶比例/%	50.0	66.7	68.2	59.1	83.2	81.3
养殖者利润/（元/千克）	1.00	0.60	0.50	0.79	0.22	0.20
利润比例/%	33.3	25.0	22.7	23.9	8.8	8.3

数据来源：国家奶牛产业技术体系调研数据。

1.3 对我国奶业的初步判断

1.3.1 少数地方品牌参与本次乳品价格上调

本次乳制品价格调整主要是南方省份的部分品牌及新疆的地方品牌对液体奶价格进行了上调，大多数的乳制品企业至今仍没有计划调整乳制品价格，反而准备在春节前加大促销力度，以抢占春节市场。

本次上调液体奶产品价格的品牌主要集中在南方省份，主要原因是南方品牌大多缺少足够的奶源供应，对国际奶粉依赖程度高，加工产品大多采购大包粉进行还原加工，受国际奶粉价格持续高位的影响，国内大包粉价格居高不下，南方品牌的生产成本近几个月保持在较高水平，为保证双节（元旦、春节）的市场占有率，不得已采取"高价采购原料、提高产品售价"的策略。而北方省份品牌大多拥有自己的奶源基地，对大包粉依赖程度低，所以受到国际奶粉价格影响较小，不需提高产品价格来维持利润。

与南方品牌不同，新疆的地方品牌为了能与区域内其他大型乳业抗衡，大多采取降低价格的策略来获得市场占有率，但受到原料奶、原辅料、运输等成本上升的影响，为保证企业利润，不得已上调产品价格，但其液体奶产品价格调整后仍比其他乳品企业同类产品低。

1.3.2 奶价上涨主要由于原料奶供应季节性短缺

乳制品消费旺季主要集中在天气转冷后至春节前的一段时间（10 月至次年 2 月），而这个阶段主要产奶省份的原料奶生产处于产奶周期的低谷期，供应量仅占全年供应量的 30%～40%，部分乳制品企业生产线达产率低于 50%，各企业纷纷采取提高原料奶收购价格等手段争夺有限的奶源。由于 2009 年上半年部分地区倒奶、杀牛现象较多，加之乳制品消费市场的快速恢复与国际奶粉价格的居高不下，使 2009 年冬季的原料奶供应更加紧张，带动了国内原料奶价格的快速上涨。

每年过了春节（2 月）至天气转冷（9 月）的一段时期，主要产奶省份的原料奶生产逐渐回升直至年度的产奶高峰期（7—8 月），该阶段东北、内蒙古地区产奶量约占全年产奶量的 65%左右。而此阶段，是乳制品消费的淡季，乳制品企业无法消化掉增加的原料奶供应量。为减少损失，乳制品企业通过提高收奶标准、降低原料奶收购价格来控制原料奶的收购数量，造成了季节性的原料奶过剩，原料奶收购价格下降。

1.3.3 乳制品市场供应充足、大范围提高市场价格可能不大

目前市场上乳制品货源充足，并有大量的买赠促销活动，并没有发现缺

货、断货或供应不足的情况。除少数品牌对旗下部分产品提高销售价格外，一线乳制品企业均没有提高价格的计划，相反大多数乳制品企业均在为争夺春节的市场的做准备，大范围提高市场价格的可能不大。由于目前乳制品市场竞争压力加大，加之刚刚复苏的世界经济形势，外资品牌、合资品牌、国内品牌都在积极抢夺有限的市场份额，大打促销战，而价格又是导致消费者产生购买的一个特别敏感的因素。因此，在近期一段时间以内，各奶粉企业应该不会轻易地大规模调高价格。但由于近期食用油和高档白酒等食品行业纷纷提价，不排除个别企业会借机提高乳制品销售价格。

1.3.4 乳制品企业决定乳制品价格

2008 年下半年，在奶业形势不景气的情况下，乳品企业选择降低原料奶收购价格、限制原料奶收购量来降低企业运营成本，由此有效地规避了原料奶收购、产品加工、乳制品运输贮存等成本，保护了企业的利益。而部分地区奶农因原料奶无处销售、饲料款无法回笼，不得已大量倒奶杀牛，承担了由此产生的市场风险。2009 年下半年，在国内乳制品市场恢复以及国际乳制品价格持续上扬的双重刺激下，从 7 月开始乳制品市场逐渐恢复，原料奶价格持续攀升，12 月达到最高，奶农、奶牛小区的原料奶收购价格普遍达到 2.2～2.5 元/千克，规模化牧场原料奶收购价格可达到 3.0～3.5 元/千克。

要想让奶农在农产品价格上涨中受益，必须破除奶农“涨价受害”的怪圈，打破企业的垄断行为，完善原料奶价格形成机制，提高奶农的生产积极性。只有这样，奶农才能在乳制品涨价中，得到实实在在的益处。

2 反刍动物生产与碳减排措施*

□李胜利　金　鑫　黄文明　曹志军

2009 年 12 月 7 日在哥本哈根举行的世界气候大会，从来没像今天这样引起全球的关注——60 亿人都在翘首以待。温室效应引起的气候恶化已成为 21 世纪全球面临的最严重挑战之一：30 年来全球最大的食物价格上涨、50 年来全球最低的谷物存量、澳大利亚百年不遇的干旱、太平洋地区已经有数十个岛国面临消失的危险，等等，而今后数年内环境问题还可能造成某些地区人畜共患病流行以及人口大迁移，导致经济和政治动荡。因此，全球各国有必要采取共同措施，减少工业和农业生产中的碳排放，保护我们共同的家园。

2.1 全球碳排放情况与碳税政策

世界气象组织发布的公报显示，从 19 世纪末到 20 世纪末的 100 年中，全球年平均气温上升了 0.7 ℃，而 20 世纪 90 年代是自 1840 年有正式气象记录以来最热的十年。目前，二氧化碳（CO_2）每年的增长速率约 0.5%（1.8 μmol/mol）；甲烷和氧化亚氮（N_2O）则分别以每年 1.1%和 0.25%的速率增长。联合国政府间气候变化专门委员会（IPCC）主席帕乔里披露大气中二氧化碳浓度在 2009 年达到 387 μL/L，为历史最高值。

针对越发严重的温室气体排放问题，国际上出台了“碳税”和“碳交易”等政策。碳税是针对化石燃料使用进行征税，旨在减少化石燃料消耗及二氧化碳排放，避免由此引起的气候变化。碳税最先在北欧国家实施，瑞典、挪威、芬兰、丹麦和荷兰是先行者，并于 1992 年由欧盟推广，目前已有阿尔巴尼亚、捷克、丹麦、爱沙尼亚、芬兰、德国、意大利、荷兰、挪威、瑞典、瑞士和英国等国家开征碳税或气候变化相关税。

联合国政府间气候变化专门委员会通过艰难谈判，于 1992 年 5 月 9 日通过《联合国气候变化框架公约》（简称《公约》）。1997 年 12 月通过了《公约》的第 1 个附加协议，即《京都议定书》（简称《议定书》）。《议定书》把市场机

* 基金项目：国家奶牛产业技术体系与奶业行业科技专项（nyhyzx07 - 036）资助项目

作者简介：李胜利，1965 年生，男，新疆库尔勒人，教授，博士生导师，主要从事反刍动物营养研究。

制作为解决二氧化碳为代表的温室气体减排的新路径，即把二氧化碳排放权作为一种商品，从而形成了二氧化碳排放权的交易。其基本原理是：合同的一方通过支付另一方获得温室气体减排额，买方可以将购得的减排额用于减缓温室效应从而实现其减排的目标。这种交易以每吨二氧化碳当量为计算单位，所以通称为“碳交易”。

2006 年上半年，全球碳交易量已达到 6.84×10^8 吨二氧化碳当量，超过 2005 年同期的 5 倍，碳交易额约为 150×10^8 美元，超过 2005 年碳交易总额。

2.2 各国近期的减排目标

发达国家经历了发展中国家目前的经济快速增长阶段，有义务对气候恶化承担更多责任，而且他们也拥有先进的技术和雄厚的经济势力，所以联合国政府间气候变化委员会对发达国家设立的减排要求为 15%～30%。当然，发展中国家也不能重蹈覆辙。在这次哥本哈根会议期间，各个国家和经济体根据自己实际情况作出了预期的减排值。

2.2.1 美国

美国白宫 2009 年 11 月 25 日宣布，美国将在哥本哈根气候变化大会上承诺 2020 年温室气体排放量在 2005 年的基础上减少 17%。据专家推算，这一目标仅相当于在 1990 年的基础上减少 4%，与发展中国家对发达国家的要求相距甚远。白宫还表示，美国的减排目标还包括到 2025 年减排 30%，2030 年减排 42%，2050 年减排 83%。

2.2.2 欧盟

欧盟 27 个成员国已同意到 2020 年时，将温室气体排放量在 2005 年的基础上减少 20%。如果其他世界强国签署了类似的减排方案，欧盟将在 2020 年前进一步削减到 30%，2050 年前削减温室气体排放 80%～95%。而且还将采取强硬行动制止毁林，并一致同意在 2020 年前，飞机制造业必须相对于 2005 年水平削减排放 10%，船运削减 20%。

2.2.3 韩国和日本

2009 年 11 月 17 日，韩国政府推出了最新的减排计划：2020 年前，在 2005 年的基础上减排 30%。因此，韩国已成为目前设立了最高减排目标的发达国家。但政府也坦承，这一减排目标的实现并非易事。日本则表示，如果其他经济体愿意承诺类似目标，日本 2020 年时可以减排 25%。

2.2.4 中国

国务院总理温家宝 2009 年 11 月 25 日主持召开国务院常务会议，研究部署应对气候变化工作，决定到 2020 年的温室气体排放量比 2005 年下降 40%～45%，而且将作为约束性指标纳入国民经济和社会发展中长期规划，并制定相应的国内统计、监测、考核办法。会议还决定，通过大力发展可再生能源、积极推进核电建设等行动，到 2020 年我国非化石能源占一次能源消费的比重达到 15%左右；通过植树造林和加强森林管理，森林面积比 2005 年增加 4 000 万公顷，森林蓄积量比 2005 年增加 13 亿立方米。这是我国根据国情采取的自主行动，是我国为全球应对气候变化做出的巨大努力。第 13 个五年计划期间，预计可以减少第 1 个 50 亿吨的二氧化碳排放量。

2.2.5 印度

印度作为发展中大国，减排也是大势所趋。印度决定在 2012 年开始的第 12 个五年计划中致力于发展低碳经济。到 2020 年单位国内生产总值二氧化碳排放比 2005 年下降 20%～25%，但不接受强制性减排协议。

2030 年，全世界最起码要减排 300 亿吨的二氧化碳。根据各国现有的减排目标，我们对全世界做一个预算，利用现有的政策和技术可以达到减排 300 亿吨二氧化碳的 81%，这是可行的目标。麦肯锡公司做的中国技术成本曲线显示，中国在 2030 年的减排量可以占到全球应减排 300 亿吨的 20%～25%，这是非常大的贡献。

2.3 温室气体种类以及农业对温室气体排放的贡献量

据联合国政府间气候变化专业委员会的第 2 次评估报告称，温室气体，如二氧化碳、甲烷和 N_2O，在大气中的浓度从 18 世纪工业化时代以来，已经有了很大的增加。究其原因，在很大程度上是由人类活动，主要是矿物燃料的使用、土地使用的变化和农业造成的。温室气体浓度的增加导致了大气和地球表面的变暖。全球温室气体的排放量中，最大排放量的是能源利用，占 24%；其次是砍伐森林转化为土地，占 18%；农业、工业和运输业同为第 3，各占 14%；然后是建筑占 8%，其他能源占 5%，废弃物占 3%。其中农业、废弃物和土地使用是非耗能的排放，而工业、建筑、运输、电力等则是耗能排放。

2.3.1 二氧化碳

海洋是大气中二氧化碳的最重要来源，地幔另一个来源。与人类活动有关的 3 个主要来源是化石燃料燃烧、水泥生产和土地利用变化。工业革命前大气中的二氧化碳浓度为 280 μL/L，到 2005 年，其浓度已经达到 379 μL/L，远远超过了过去 65 万年来自然因素引起的变化范围。

2.3.2 甲烷

甲烷是大气中含量最为丰富的有机碳气体，虽然在大气中的浓度低于二氧化碳，但全球变暖潜力指数（GWP）的分析显示，以单位分子数（也就是同体积）而言，甲烷的温室效应要比二氧化碳大 25 倍（美国宇航局的研究人员在 2009 年 10 月 30 日出版的《科学》杂志上刊登的研究发现，甲烷对气候变化的影响程度是二氧化碳的 33 倍）。而且甲烷不像二氧化碳一样可以被植物吸收进入物质循环，会在大气中不断积累。因此，虽然甲烷在大气中的浓度只有 1.7 μL/L，与二氧化碳的 379 μL/L 相比要低得多，但其对当前全球变暖的综合贡献率达到 19%，仅次于二氧化碳。

全球甲烷释放途径有两种：一种是自然源，如沼泽和其他湿地中物质的厌氧腐烂，其排放量不到甲烷总排放量的 25%；另一种是人为源，如水稻种植、家畜饲养、生物质燃烧、化石燃料生成和使用、固体废物堆存以及污水处理等。大气中甲烷的含量每年以 0.8%～1.0%的速度增加，1990 年全球大气甲烷的平均含量是 1.72×10^{-3} mg/kg，比 1978 年的 1.52×10^{-3} mg/kg 增长了 12%，比工业革命前期的 8×10^{-4} mg/kg 翻了一番。

2.3.3 N_2O

2005 年大气中 N_2O 的浓度为 0.319 μL/L。大气中 N_2O 的浓度远小于二氧化碳的浓度，但是 N_2O 产生温室效应的能力是二氧化碳的 310 倍，因而 N_2O 浓度的轻微增加就可造成很大的影响。

N_2O 的来源包括天然来源（海洋、土壤、森林等）和人为来源。人类活动中的 N_2O 释放源主要来自化肥使用、毁林（特别是森林变成牧场、农田）、化石燃料和生物物质的燃烧以及其他农业活动（可加速土壤中 N_2O 的释放）。

2.3.4 氟氯烷烃（CFCs）

CFCs 是人造化学物质，它被广泛用作制冷剂、喷雾剂、溶剂和塑料生产的发泡剂。大气中原来基本不含 CFCs，从 20 世纪以来，人工合成的卤素碳化物不断大量排入大气，使其在大气中的浓度迅速上升。氟氯烷烃- 11（CFC - 11）和氟氯烷烃-12（CFC-12）是最重要的氟氯烷烃，由于化学性质稳定，它们会在大气中滞留100～200年。研究表明，20世纪80年代氟氯烷烃导致的升温占全球温室效应引起温度升高部分的24%，如此下去，氟利昂将成为21世纪仅次于二氧化碳的温室气体。CFCs排放源较为简单，主要来自工业生产。

2.4　动物养殖与温室气体产生

根据食品与农业组织（FAO）统计，温室气体排放量的18%来自家畜。其中包括二氧化碳排放量的9%、甲烷排放量的37%和N_2O排放量的65%。全球反刍动物每年约产生甲烷8 000万吨，占全球人类活动甲烷排放量的28%。

对甲烷的一项最新研究表明，肉类生产造成的排放量远远高出当前预测值。据英国《独立报》报道，肉食生产形成的甲烷排放量占全球排放总量的51%，而不是联合国估计的18%；动物养殖业产生了320亿吨二氧化碳当量，比工业和能源行业综合的影响都要大。他们表示，联合国的数据从甲烷排放、土地使用和呼吸作用这3个重要方面严重低估了数百亿头牛、羊、猪、家禽以及其他动物排放的温室气体的影响。

科学家们越来越关注牲畜呼出的甲烷。古德里和安航认为，科学家大大低估了牲畜的甲烷排放量。他们称，按照甲烷所发挥的快速温室效应，其影响应该以20年为期进行评估，而不是2006年报告《牲畜的巨大阴影》中提出的100年。他们说，这将使牲畜的甲烷排放计算结果增加50亿吨二氧化碳当量，相当于全球总排放量的7.9%。

在土地使用方面，如果将目前用于畜牧养殖业的土地归还给天然植被和森林，将可消除大气中26亿吨二氧化碳当量的温室气体，相当于温室气体总量的4.2%。

甲烷通常是饲料在瘤胃发酵过程中产生，其产量依赖于饲料发酵和转化成动物产品的效率。在发酵过程产生的挥发性脂肪酸中，乙酸和丁酸可生成甲烷和氢气（H_2）；而丙酸可利用氢生成糖。产生的H_2在生成甲烷的过程中被产甲烷菌（古细菌）利用，随后通过嗳气从动物的嘴和鼻子中呼出，另外，乙酸还可被产甲烷菌直接转化成甲烷。

Sedorovich等的试验表明，来自于47公顷土地，其中70%为草场，饲养奶牛80头，每头牛产奶8 200千克（相当于每公顷土地生产牛奶13 957千克），每头奶牛消耗精饲料1 865千克的示范牧场，其甲烷主要来自饲养奶牛（396千克/公顷）和粪肥（171千克/公顷），等效于11 913千克二氧化碳；N_2O主要来自粪肥（8.8千克/公顷）、所施氮肥（5.4千克/公顷）和收割的农作物（1.5千克/公顷），等效于4 848千克二氧化碳；喂给奶牛的精料、施加到土地中的氮肥以及粪肥可产生3 434千克二氧化碳。所以该牧场每年每公顷土地总排出二氧化碳等效当量为 20 195 千克，相当于每生产 1 千克牛奶产生 1.45 千克二氧化碳等效当量。但 Capper 等报道每生产 1 千克牛奶可产生 2.31 千克二氧化碳等效当量。

2.5 减少反刍动物碳排放的技术措施

反刍动物具有功能强大的瘤胃，可消化吸收猪、鸡等单胃动物不能利用的农作物秸秆，我国每年有近 6 亿吨可利用的农作物秸秆，而目前用作饲料的比例不足 25%，大部分被焚烧还田，释放出大量的温室气体。因此，反刍动物（特别是奶牛、肉牛）被列为我国发展节粮型畜牧业和发展可持续畜牧业的首选畜种。但是瘤胃微生物在利用农作物秸秆的同时，饲料中的淀粉、细胞壁和蛋白质在其他微生物的作用下，分解成乙酸、丙酸、丁酸、H_2 和二氧化碳，产甲烷菌将二氧化碳、H_2、甲酸、乙酸、甲胺、次甲胺、甲醇及其他化合物转化成甲烷和二氧化碳。甲烷化学性质稳定，以嗳气的方式经口鼻排出体外。据报导，一头体重 250 千克的牛每天通过嗳气可排出超过 200 升的甲烷。放牧的内蒙古白绒山羊在牧草幼嫩期、旺盛期和枯黄期的甲烷产生量分别为 16.76、19.02 和 33.92 克/天。舍饲绵羊（25±5 千克）年排放甲烷和二氧化碳总量分别约为 4.38 千克和 53.66 千克。内蒙古双峰驼在牧草生长期的甲烷排放量为 295.87～502.09 克/天，结实期为 316.94～713.75 克/天，枯草期为 213.74～340.26 克/天，全年的甲烷产量为 137.7 千克/年。反刍动物的甲烷产量约为全球动物和人类甲烷释放总量的 95%，其中水牛排放量占 8%，其他牛排放量占 74%，羊排放量占 13%，骆驼排放量占 1%。因此，降低反刍动物养殖的温室气体排放量已迫在眉睫。

减少反刍动物养殖的温室气体排放量可以从 4 个方面入手：①提高单产水平，减少养殖数量，以提高养殖效益；②调控日粮；③调控瘤胃内甲烷的生成过程（包括两种方法：一种是直接抑制产甲烷菌的生长；另一种是通过减少生成甲烷的底物 H_2 的生成量。）；④降低反刍动物粪便的温室气体排放量。

2.5.1 提高动物的生产性能

提高反刍动物的集约化、规模化、标准化养殖水平，提高单产水平，降低奶牛养殖数量可以减少单位产品的温室气体排放量。大量研究表明动物生产效率越高，每单位产品产生的温室气体越少。从美国 1944 年和 2007 年的奶牛养殖情况可以看出，2007 年的奶牛头数、饲料饲喂量和土地使用量分别只有 1944 年的 21%、23%和 10%；粪便排放和碳足迹分别只有 1944 年的 24%和 37%；而奶牛单产是 1944 年的 443%（图 2.1）。

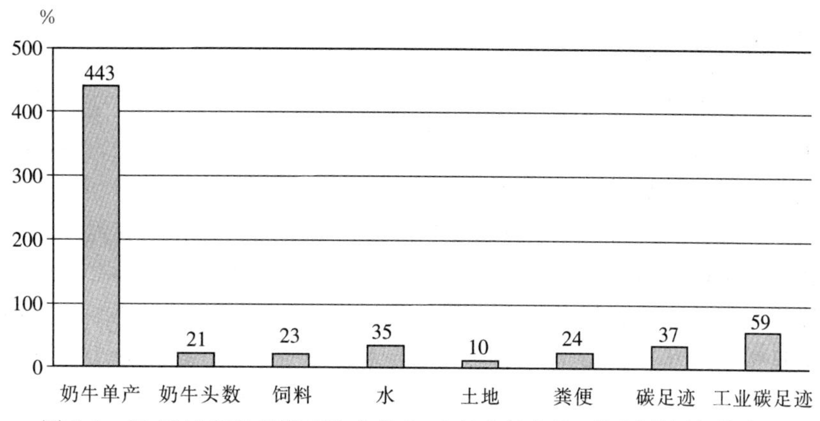

图 2.1　以 1944 年为基准对比全美 2007 年牛奶产量、资源利用与排放量

从 1944—2007 年，奶牛在遗传育种和饲养管理上都有很大的进步，奶牛头数减少，牛群结构也发生了改变，尤其公牛总头数减少了 15 倍，但是奶牛用于维持需要的养分代谢效率并没有显著变化，也就是说 1944 年和 2007 年产奶量相同的奶牛用于维持需要的营养量是相同的，但由于单产的逐年增加，奶牛的维持需要量所占比例逐渐降低，从 1944 年的 69%到 1975 年的 49%，2007 年仅仅占 33%。

从图 2.2 可以看出，2007 年奶牛的二氧化碳排放当量为 26.2 千克/（头・天），相对于 1944 年的 13.5 千克/（头・天）增加了近 2 倍，但由于奶牛头数的大幅减少、奶牛单产的提高以及相应的在饲料、水、土地等资源的使用上使得粪便产生的温室气体量也有减少，每千克牛奶的温室气体排放量为 1.31 千克，只有 1944 年的 36%。

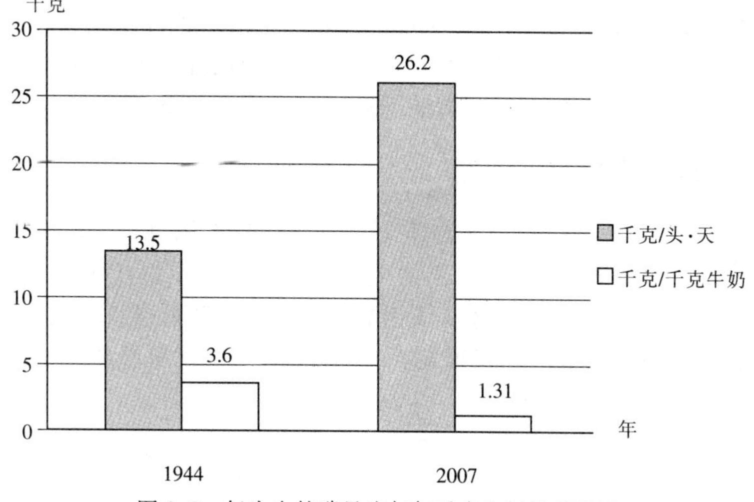

图 2.2　每头牛的碳足迹与每千克牛奶的碳足迹

2.5.2 减少瘤胃中原虫数量

减少瘤胃中的原虫数量可以降低甲烷的合成量，因为产甲烷菌大多是附着在原虫表面，并且存在一个共生关系，利用氢转化成甲烷。研究表明，降低瘤胃原虫数量可使甲烷的产量降低 20%～50%，而且改善了饲料利用率。有 5 种从瘤胃去除原虫的方法：①增加脂肪含量，因为脂肪对原虫有毒性，增加日粮脂肪水平可以减少原虫数量；②通过日粮手段来降低瘤胃 pH，这是通常考虑最简单可行的办法，但要注意不能低于 5.8，否则会造成亚临床性酸中毒；③增加日粮中皂角苷含量也能使原虫数量大大降低，尽管这种方法有引起胀气的危险；④添加一些植物和植物提取物，包括从热水中提取皂苷、丝兰提取物、无患子果实和毛瓣无患子果实的甲醇提取物；⑤灌注硫酸铜、十二烷基硫代硫酸钠或者十二烷基硫酸钠，但这几种化学物质没有一种被证明是完全有效的。Machmüller 的试验表明，在绵羊日粮中添加椰子油、葵花籽、亚麻籽可以明显降低甲烷产量和瘤胃原虫数量。

2.5.3 抑制产甲烷菌的生长

正常生理状态下产甲烷菌通过氢转移不仅能保持瘤胃内低水平的 H_2 分压，同时使单位底物发酵生成的 ATP 数量增多，进而提高其他微生物特别是分解纤维素微生物的发酵能。如何选择既可降低甲烷的生成又不影响动物健康和生产性能，这是今后的重要任务。

直接抑制甲烷生成的方法被广泛报道，使用卤化甲烷类似物、氯仿、水合氯醛、氨基三氯乙醛、溴氯甲烷、2-溴基已磺酸、三氯乙基三甲基乙酸盐（TCE-P）和三氯乙基己二酸（TCE-A），但是由于条件限制，没有一种方法是有效的。氨基三氯乙醛是一种安全的甲烷抑制剂并且能增加羊的活体重，然而随着饲喂时间延长它的抗菌活性下降。

2.5.4 降低瘤胃中 H+浓度

降低瘤胃中生成甲烷的前提物质 H+和甲酸等的浓度，可以减少甲烷的生成量。研究表明，苹果酸可以作为电子的受体，与甲烷产生菌竞争 H+，使甲烷生成量下降。在日粮中添加不饱和脂肪酸也可降低瘤胃内的 H+浓度。另外，莫能菌素不但可以直接抑制产甲烷菌，还可抑制形成 H_2 和甲酸的细菌。

日本带广大学教授高桥润一在研究因食用含有硝酸盐的饲料而中毒的家畜时发现，食用含有大量硝酸盐牧草的奶牛在嗳气时几乎不排出甲烷，进一步研究发现，如果在含硝酸盐的牧草中掺入 L-半胱氨酸，不仅可以防止动物中毒，而且不会影响牛奶和动物肉制品。这是由于添加硝酸盐后促进硝酸盐还原菌在瘤胃内的生长，与产甲烷菌竞争氢原子所致。因此，在动物饲料中添加适当比例的硝酸盐和半胱氨酸有可能抑制瘤胃产生甲烷而不产生毒性。

2.5.5　调控日粮精粗比

日粮精粗比对反刍动物瘤胃甲烷产量有较大影响。日粮精粗比影响乙酸和丙酸比例，进而影响甲烷产量，当饲喂以粗饲料为主的日粮时，乙酸的含量提高；当增加饲料中精料的比例时丙酸的含量增加。吸收的乙酸除一部分被用作合成乳脂的原料外，相当大的部分被氧化供能，而丙酸主要经肝脏转变为组织成分。乙酸经氧化后产生的过多二氧化碳又会被产甲烷菌合成甲烷，其中以乙酸为底物的甲烷合成占60%以上，以 H_2 和二氧化碳为底物的甲烷合成占30%。因此可通过调节日粮精粗比来降低二氧化碳和甲烷的产量。日粮精料高有利于丙酸的产生，另外，精料可以降低瘤胃 pH，可以达到除去某些原虫的目的，从而降低甲烷的产生。但是，当丙酸的比例过高（33%以上）时，就会影响生产性能，饲喂非常高的精料往往容易引起酸中毒、蹄叶炎、过肥等问题。

研究发现，日粮中的非结构性碳水化合物水平增加25%可以降低甲烷产量约20%。杨在宾的试验证明，谷物类精饲料的比例为80%时，饲料能量的3%～4%以甲烷的形式排放而损失；如全部供给纤维类粗饲料，则10%以上的能量随甲烷排放而损失。精饲料种类不同，甲烷排放量差异也很大，以大麦为基础日粮时，甲烷能占总能量的6.5%～12.0%；以玉米为基础饲料时，甲烷能在5%以下。韩继福等利用不同比例（0∶100、25∶75、50∶50、75∶25）的精料∶羊草日粮饲喂阉牛，由呼吸代谢室测试其甲烷排放量，结果表明阉牛瘤胃内丙酸和甲烷产量分别为3.26、4.57、6.63、8.81 mol/天和208.13、201.26、194.17、170.99 L/天，说明日粮中精料增加有利于丙酸发酵，减少甲烷排放量。汪水平等分别饲喂泌乳奶牛精粗比约为30∶70的“高低质粗料型”日粮、30∶70的混合型高青贮日粮、50∶50的精粗比例相当日粮及65∶35的高精料日粮，测得其丙酸产量分别为21.22、23.76、26.36和27.34 mmol/L，前2种日粮的瘤胃丙酸浓度分别与后两种日粮差异极显著（$P<0.01$）。张爱忠等以青干草为粗饲料，分别饲喂绒山羊精粗比为3∶7和2∶8的日粮，发现2∶8的日粮组的丙酸产量明显低于3∶7的日粮组。

Mathers等和Murray等研究表明，甲烷和二氧化碳排放总量及其动态也明显反应在饲喂方式上。在一定范围内少量多次饲喂有利于提高饲料利用率和吸收率，从而减小瘤胃内 pH 的波动幅度，较好地维持平衡状态，有利于瘤胃内纤维物质的降解和瘤胃发酵。先粗后精，以及先粗后多次添加精料的饲喂方式有利于瘤胃内挥发性脂肪酸以丙酸为主，不仅可以降低饲料损耗减少甲烷和二氧化碳的排放量，而且可以改善动物生产性能。

改变精粗比虽然可以有效降低甲烷的产量，但也产生了一定的副作用，如与人争粮、增加了氮的投入与排放等，所以其他降低甲烷产量的方法还应该进一步研究。

2.5.6 日粮品质及采食量

85－913－04－05 攻关课题组（农业部环境保护科研监测所，天津）的研究表明，喂氨化饲料的牛比喂普通饲料的牛每头每年少排放甲烷 17.11 千克，且氨化饲料具有营养价值高、易消化等优点，可使牛的饲养周期大大缩短，单位畜产品甲烷排放量明显减少。游玉波的试验表明，采食氨化、青贮和干玉米秸秆（日粮精粗比为 50∶50）日粮的肉牛甲烷平均排放量分别为 248.4、234.3 和 261.7 L/天，与采食青贮和干玉米秸的肉牛甲烷排放量差异显著（$P<0.05$）。

饲喂干草比饲喂青贮和粗切的牧草比细碎的牧草都能产生更多的甲烷。动物的生产率越高，每单位动物产品产生的甲烷量越少。此外，蛋白质在肠内消化不产生甲烷，可以添加过瘤胃蛋白以减少甲烷产量。

牧草种类不同，山羊的甲烷产量也不相同。以内蒙古白绒山羊为例，豆科类牧草中甲烷产生量依次为紫花苜蓿＞沙打旺＞中间锦鸡儿＞牛枝子＞刺叶丙棘豆＞西藏锦鸡儿＞红宁角；禾本科类牧草的甲烷产生量依次为针茅＞羊草＞冰草＞赖草＞无芒隐子草＞中亚狼尾草＞芨芨草＞苏丹草。Waghorn 等的研究也表明采食黑麦草和白苜蓿的绵羊的甲烷产生量最高为 25.7 克/千克 DM，而采食莲属植物的甲烷产生量为 11.5 克/千克 DM，采食不同牧草甲烷产生量可产生两倍的差异。Animut 等的研究表明，饲喂含单宁较高的牧草也可以降低山羊的甲烷产量。

甲烷排放量随采食量的增加而增加。内蒙古白绒山羊的饲养试验表明，维持水平组（干物质采食量（DMI）为 0.581 千克/天）的甲烷排放量为 10.43 克/天，甲烷能占采食总能的比例为 8.98%；自由采食组（DMI 为 0.839 千克/天）的甲烷排放量为 15.07 克/天，甲烷能占采食总能的比例为 6.28%。

2.5.7 添加离子载体

离子载体是由放线菌产生的一种抗生素，它具有改变通过微生物生物膜离子流量的作用。革兰氏阴性菌外膜结构复杂，通常不受离子载体的影响；但革兰氏阳性菌缺乏典型的外膜，因而对离子载体极为敏感。离子载体，像莫能菌素、盐霉素和拉沙里菌素可以改变瘤胃发酵，增加丙酸产量，减少甲烷生成量。为了比较莫能霉素、盐霉素和拉沙里菌素 3 种离子载体对肉牛能量代谢的不同影响，以 4 头西门塔尔×中国黄牛杂交一代公牛为试验动物，结果表明：

莫能霉素、盐霉素和拉沙里菌素对总能消化率没有显著影响（$P>0.05$）；分别使消化能转化为代谢能的效率提高 2.07%、1.85%和 2.07%（$P<0.05$）；使甲烷能与进食总能比减小 15.1%、17.6%和 19.3%（$P<0.05$）；使代谢能产热率降低 1.76%、2.92%和 3.87%（$P>0.05$）；使日粮总能沉积率提高 3.30%、5.62%和 8.07%（$P>0.05$）。

2.5.8　减少粪便中温室气体的排放

全球动物粪便排放的甲烷大约占已知甲烷排放总量的 5.5%～8.0%，排放的 N_2O 大约占全球 N_2O 排放总量的 7%。

牛粪便最常见的处理方式是堆放。研究表明堆放前期的二氧化碳和甲烷排放速率较大，中后期较慢；N_2O 在堆放前期的排放速率较慢，后期排放速度逐渐上升；堆放高度为 50 厘米的温室气体排放速度比 25 厘米的低。Sommer 等的研究表明，表面覆盖会减少液态粪便甲烷排放量，平均减少 38%，但是当温度升高时，表面覆盖的影响会变小。与表面覆盖减少甲烷排放相反，表面覆盖增加 N_2O 的排放。当没有表面覆盖时，N_2O 的排放几乎为 0，然而当形成天然表面外壳时，N_2O 的排放增加。但陆日东等的研究表明牛粪在堆放时覆盖玉米秸秆会减少二氧化碳、N_2O 的排放。另外，粪便的含水量影响粪便的硝化作用和反硝化作用。透气性很好或很差均不利于硝化或反硝化过程中 N_2O 的生成，因此动物粪便含水量很低和长期淹水时，N_2O 排放量都很小，但是粪便的干湿交替会促进 N_2O 的生成与排放。

粪便堆放可产生大量的温室气体。目前，利用牛粪便生产沼气和有机肥的技术已较成熟。沼气工程不仅能减少温室气体排放，还能提供大量的有机肥和提供一定量的清洁能源。按照政府间气候变化专业委员会 2006 年推荐的方法学计算，在南方炎热地区，一个处理 4 头猪粪便的户用沼气池，每年最大可减排温室气体 2.0～4.1 吨二氧化碳当量。

2.6　结语

反刍动物养殖是温室气体产生的一个重要来源，为达到全球气温上升幅度低于 2 ℃的目标，探索降低反刍动物温室气体排放量的方法已刻不容缓。

参 考 文 献

佚名．帕乔里．全球应该向“低碳社会”转变［EB/OL］．http：//zhiku.ditan360.com/gd-pl/3517.html.2008－05－14/2009－01－07.

腾讯公益．大气中温室气体浓度已达历史最高值［EB/OL］．http：//news. qq. com/a/20091213/001688. html. 2009－12－13/2009－01－07.

任奔，凌芳．2009. 国际低碳经济发展经验与启示［J］．上海节能（4）：10－14.

中国纺织节能网．碳税［EB/OL］．http：//www. texecnet. com/newEbiz1/EbizPortalFG/portal/html/InfoContent. html? InfoPublish _ InfoID=c373e922391edfe58ffba188c6e9ad28. 2009－07－06/2009－01－07.

管清友．碳交易与货币主导权［J］．西部论丛，2009，10：19－21.

马建国．中国石油上游业务开发清洁发展机制项目的探讨［J］．石油规划设计，2007，18（4）：1－3.

武复胜．温室气体与气候变化［EB/OL］．http：//www. studa. net/dilidizhi/080620/15215192. html. 2008－06－20/2009－01－07.

章克弟．一氧化二氮温室效应气体问题［J］．厦门科技，2008，2：47.

韩国青．温室气体对气候和环境的影响［J］．江西广播电视大学学报，1999，3：58－60.

李艳玲译．环境友好型反刍动物的日粮设计［J］．饲料广角，2008，11：37－39.

Sedorovich D M，Rotz C A，Richard T L. Greenhouse Gas Emissions on Dairy Farms［M］. Michigan：American Society of Agricultural and Biological Engineers，2008.

Capper J L，Cady R A，Bauman D E. Dairy's environmental impact［J］. Hoard's Dairyman，2009，9：547.

郭雪峰．2008. 内蒙古白绒山羊甲烷产生量估测模型的建立及其影响因素的研究［D］．博士学位论文．内蒙古：内蒙古农业大学．

史海山，丁学智，龙瑞军，等．舍饲绵羊甲烷和二氧化碳的日排放动态［J］．生态学报，2008，28（2）：877－882.

李霞，金海，薛树媛，永西修．内蒙古双峰驼甲烷产生量的体外估测［J］．饲料工业，2007，28（9）：38－40.

张运涛，方德罗．反刍动物甲烷排放及其对全球变暖的影响［J］．中国畜牧杂志，1999，35（1）：47－49.

Machmüller A. Methane suppression by coconut oil and associated effects on nutrient and energy balance in sheep［J］. Canadian Journal of Animal Science，1999，79：65－72.

Takahashi J，Young B A. The regulation of energy metabolism in sheep by nitrate and L－cysterne［C］. Aguileya I F，ed. Energy Metabolism of Farm Animal. Granada：EAAP Publication，1994：387－390.

Sommer S G，Petersen S O，Sogaard H T. Greenhouse gas emission from stored livestock slurry［J］. Journal of Environmental Quality，2000，29：744－751.

杨在宾．反刍动物碳水化合物代谢及瘤胃调控技术研究进展［EB/OL］．http：//www. sdfeedste. com/yingyangyanjiushuo/xsjl/200604/45. html. 2006－04－12/2009－01－07.

韩继福，冯仰廉，张晓明，等．阉牛不同日粮的纤维消化、瘤胃内 VFA 对甲烷产生量的影响［J］．中国兽医学报，1997，17（3）：278－280.

汪水平，王文娟，王加启，等．日粮精粗比对奶牛瘤胃发酵及泌乳性能的影响［J］．西北农林科技大学学报，2007，35（6）：44－50.
张爱忠，卢德勋，王立志，等．不同精粗比日粮条件下绒山羊瘤胃内环境和发酵指标动态变化的研究［J］．黑龙江畜牧兽医，2005（12）：23－25.
Mathers J C，Walters D F. Variation in methane production by sheep fed every two hours ［J］. Agricultural Science Cambridge，1982，98：633－638.
Murray P J，Moss A，Lockyer D R，et al. A comparison of systems for measuring methane emissions from sheep ［J］. Agricultural Science Cambridge，1999，133：439－444.
Murray P J，Gill E，Balsdon S L，et al. A comparison of methane emissions from sheep grazing pastures with differing management intensities ［J］. Nutrient Cycling in Agroecosystems，2001，60：93－97.
85－913－04－05 攻关课题组．利用秸秆氨化饲料养牛减少甲烷排放的潜力［J］．农业环境保护，1995，14（3）：117－119.
游玉波．肉牛甲烷排放测定与估算模型的研究［D］．博士学位论文．北京：中国农业科学院，2007.
Houghton J T，Callander B A，Varney S. IPCC Climate Change 1992—The Supplementary Report to the IPCC Scientific Assessment ［R］. UK：Cambridge University Press，1992：26－51.
Waghorn，GC，Tavendale，MH，Woodfield，DR. Methanogenesis from forages fed to sheep. Proc. NZ Grassl. Assoc，2002，64：167 － 171.
Animut，G，Puchala，R，Goetsch，AL，et al. Methane emission by goats consuming diets with different levels of condensed tannins from lespedeza ［J］. Animal Feed Science and Technology，2007.
郭雪峰，李华伟，金 海，等．不同营养水平下内蒙古白绒山羊的甲烷排放量［J］．中国畜牧杂志，2009，4（5）：42－44.
张晓明，叶尔森，莫 放，等．离子载体对肉牛能量代谢的影响［J］．中国畜牧杂志，2007，43（19）：39－42.
KhalilM A K，Rasmussen R A. The global sources of nitrous oxide ［J］. Journal of Geophysical Research，1992，97：14 561 14 660.
陆日东，李玉娥，石 锋，等．不同堆放方式对牛粪温室气体排放的影响［J］．农业环境科学学报，2008，27（3）：1 235－1 241.
Khan R Z，Müller C，Sommer S G. Micrometeorogical mass balance technique for measuring 甲烷 emissions from stored cattle slurry ［J］. Biology and Fertility of Soils，1997，24：442－444.
陆日东，李玉娥，万运帆，等．堆放奶牛粪便温室气体排放及影响因子研究［J］．农业工程学报，2007，23（8）：198－204.
谢军飞，李玉娥．不同堆肥处理猪粪温室气体排放与影响因子初步研究［J］．农业环境科学学报，2003，22（1）：56－59.
IPCC. 2006 IPCC Guidelines for National Greenhouse Gas Inventories，Volume 4：Agriculture Forestry and Other Land Use ［M］. Kanagawa，Japan：IPCC National Greenhouse Gas Inventories Program，2006.

3 国内苜蓿生产能否满足我国奶业的需求

□ 李胜利　杨茁萌　黄文明

我国苜蓿产业经过十年的运行和实践，苜蓿产量从2004年前后的供大于求到现在完全满足不了奶牛养殖业的需求，苜蓿种植面积逐年减少，产量大幅下降，已成为限制我国奶业健康发展的重要因素。特别是“三鹿奶粉事件”后，我国奶牛集约化和规模化养殖水平明显提高，对优质粗饲料的需求日益增加。正因为如此，2009年我国就进口了7.66万吨苜蓿。由于进口苜蓿质好价高，给国产苜蓿产业带来了新的挑战和发展机遇。因此，分析中国苜蓿生产与贸易情况对苜蓿产业和奶牛养殖业的发展均具有十分重要的指导意义。

3.1 我国苜蓿生产和销售情况

2001年首届中国苜蓿发展大会的召开正式揭开了我国以企业为龙头，以市场为导向，产学研一体的苜蓿产业化的序幕。2003年，全国用于生产苜蓿商品草产品，并进入流通的苜蓿种植面积有3.33万公顷左右，全国可生产苜蓿产品（包括草捆、草块和颗粒）30万吨左右（此数据来源于全国各苜蓿生产基地和草业公司的种植面积和实际产量，主要统计了作为商品流通的苜蓿产品数量，以下数据相同）。2003年是我国苜蓿发展的鼎盛时期，而当时的市场需求不足10万～20万吨，处于供大于求的局面。

我国苜蓿生产主要集中在甘肃、宁夏、内蒙古和华北平原，陕西和河南生产的苜蓿在当地销售；销售的主要地区为内蒙古、宁夏、河北、天津、山东、上海、江苏、北京、广东、四川、重庆等地区。自从国家取消农区退耕还林的补贴和农业税，增加粮食补贴后，我国农区种植的苜蓿没有任何政府补贴，苜蓿种植面积每年以20%以上的速度减少。2003年，甘肃省生产的商品苜蓿草产品合计约有15万吨，但是2008年只有5万～6万吨。

2008年，我国所有草业生产和经营公司的苜蓿总产量约为8万吨，而2008年全国的商品苜蓿草需求量在50万吨以上。2007—2008年度，我国广东、上海、天津、河北等地高价进口美国苜蓿近1万吨，到牛场价在2 200元/吨左右。

2009年，我国所有草业生产和经营公司的苜蓿总产量约为10万吨。由于

2008 年苜蓿市场好转，2009 年甘肃、宁夏等地区的苜蓿种植面积有明显的增加，增加了 0.53～0.67 万公顷，由于第一年产量低，商品草仅增加 2 万吨的。预计 2010 年会有 15 万吨以上的产量。

我国苜蓿的性价比明显低于进口苜蓿，国产苜蓿价格在 1 900～2 200 元/吨之间，而进口苜蓿价格在 2 250～2 400 元/吨之间。进口 1 级苜蓿 1 千克的营养价值相当于 1.5～2 千克国产苜蓿（按照相对牧草饲养价值计算）。详见表 3.1。

表 3.1　中国苜蓿与美国苜蓿主要营养价值比较

项目	CP（%）	NDF（%）	ADF（%）	NEL（Mcal/kg）	RVF（%）
美国苜蓿（特级）	22	35	28	1.60	180
美国苜蓿（一级）	18	42	33	1.48	150
中国苜蓿（一级）	15	50	41	1.30	90

标注：CP：粗蛋白；NDF：中性洗涤纤维；ADF：酸性洗涤纤维；NEL：产奶净能；RVF：相对牧草饲用价值。

3.2　我国奶牛养殖业的苜蓿需求量

按照我国奶牛头数平均每年 3%的增长速度预测，2015 年我国奶牛头数 1 575万头，2020 年 1 825.8 万头，按照牛群中成母牛 60%的比例，泌乳高峰期奶牛占 10%，每头泌乳高峰期奶牛每年饲喂 1 吨苜蓿计算，2009 年我国苜蓿需要量为 77.64 万吨，到 2020 年将达到 109.6 万吨（表 3.2），这还不包括其他产业的苜蓿需求量。因此，我国目前的苜蓿产量还远远不能满足我国奶牛养殖业的需要。

表 3.2　我国奶牛养殖业的苜蓿需求量预测

项目	2009 年	2015 年	2020 年
奶牛头数（万头）	1 294	1 575	1 825.8
成母牛头数（万头）	776.4	945	1 095.5
高产奶牛（万头）	77.64	94.5	109.6
苜蓿需要量（万吨）	77.64	94.5	109.6
需要耕地（万公顷）	10.35	12.6	14.61

注：按每公顷产苜蓿风干物质 7.5 吨计算。

3.3 我国苜蓿贸易情况

3.3.1 2009 年我国进口苜蓿量明显增加，达到了 7.66 万吨

2009 年我国进口苜蓿总量达到了 7.66 万吨，同比增加 290.90%，进口额为 2 043.41 万美元，同比增加 261.05%。2009 年平均进口价格为 266.71 美元/吨，比 2008 年有所下降（图 3.1）。2009 年，我国苜蓿进口量逐月增加，主要有三个因素，第一是“三鹿奶粉事件”让中国的奶牛经营者充分认识到好料才能出好奶，要养好奶牛，产出优质的牛奶，必须得用优质苜蓿；第二是我国苜蓿质量差，虽然价格比进口苜蓿低，但同等价格的国产苜蓿的营养价值明显低于进口苜蓿；第三是受国际金融危机的影响，国际上普遍存在倒奶、杀牛现象，苜蓿供过于求，而国内奶业恢复较快，苜蓿需求量增大，这一点也是 2009 年我国进口苜蓿价格逐月降低的一个原因。

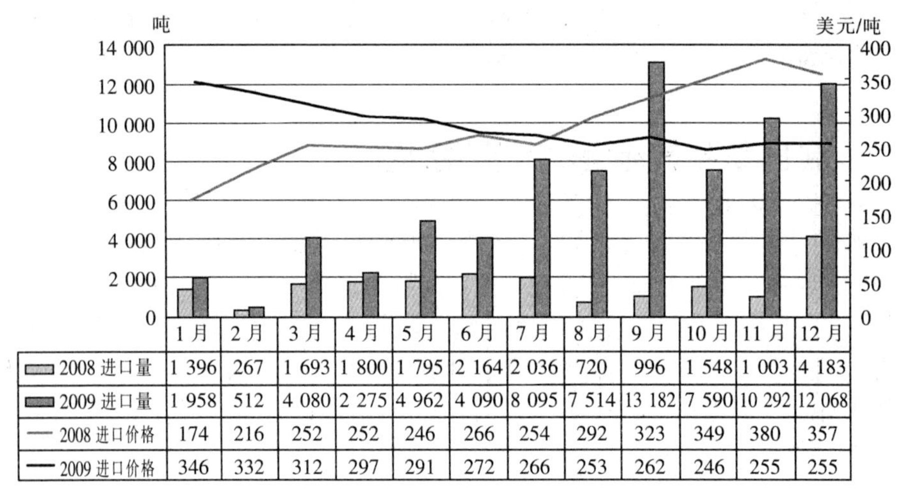

	1月	2月	3月	4月	5月	6月	7月	8月	9月	10月	11月	12月
2008 进口量	1 396	267	1 693	1 800	1 795	2 164	2 036	720	996	1 548	1 003	4 183
2009 进口量	1 958	512	4 080	2 275	4 962	4 090	8 095	7 514	13 182	7 590	10 292	12 068
2008 进口价格	174	216	252	252	246	266	254	292	323	349	380	357
2009 进口价格	346	332	312	297	291	272	266	253	262	246	255	255

图 3.1 我国苜蓿草进口情况

2009 年上半年，共进口了 17 877 吨苜蓿，而仅在 12 月份就进口了 12 068 吨，同比增加 188.48%，进口额为 308.16 万美元，同比增加 106.45%。这些数据说明我国对美国苜蓿的需求已进入快速发展和高需求阶段，市场已充分接受了进口苜蓿，进口苜蓿已经占到了全国苜蓿总销售量的 40%以上。苜蓿进口主要来源于蒙牛、光明、三元等大企业，同时，在规模牛场的带动下和各种技术培训的推广下，大量中小型奶牛场已开始登上市场舞台，成为苜蓿市场中的一个重要组成部分，而且发展潜力巨大。

根据我国目前的奶业发展形势，2010 年我国苜蓿进口量有可能超过 15 万

吨，而且在我国苜蓿种植业蓬勃发展起来之前还会逐年增加。

3.3.2　2009 年我国苜蓿出口量明显减少，减少了 1.5 万吨

由于国内市场需求增加以及国际金融危机对我国传统出口市场韩国和日本经济的影响，我国 2009 年苜蓿出口量与 2008 年相比，急剧下降，2009 年苜蓿出口量为 1.11 万吨，与 2008 年相比减少了 1.5 万吨，同比减少 57.5%，出口额 155.87 万美元，同比减少 68.04%。平均出口价格为 140.34 美元/吨。12 月份，出口 731.89 吨，同比减少 69.49%，出口额为 9.21 万美元，同比减少 75.58%。

3.4　进口对我国草产业的影响以及我国草产业发展的应对措施

3.4.1　目前国内苜蓿生产不能满足我国奶业快速发展的需要

2009 年，我国所有草业生产和经营公司的苜蓿总产量约为 10 万吨。预计 2010 年会有 15 万吨以上的产量。2009 年我国全年进口美国苜蓿 7.66 万吨，预计 2010 年要突破 10 万吨，接近 15 万吨，我国奶牛产业在优质苜蓿草方面的对外依存度将达到 50%。

3.4.2　从我国奶业长期发展来看，大量进口美国苜蓿也是不现实的

奶牛养殖会更广泛地使用优质苜蓿，效益会明显增加，收益面会明显扩大。随着对优质粗饲料认识的普遍提高和标准化养殖的示范，在未来 10 年里，全国苜蓿年需求会达到 100 万吨。因此，仅仅依靠美国进口是满足不了我国市场需求的，而且，也是不安全的。

3.4.3　发展我国苜蓿产业的支撑和措施

政府应当根据我国奶业发展纲要，及早立项扶持草业，有计划、有目的地在我国适宜种植苜蓿的干旱、半干旱区通过各种有效扶持措施，发展优质苜蓿基地。在适宜发展禾本科牧草生产的地区建立禾本科牧草干草基地；在降雨较丰富的地区，推广牧草青贮和半干青贮技术，以缓解市场供需的压力。同时，对国外市场应进一步开放，开放多个苜蓿和禾本科牧草出口国，草产品是初级农产品，科技含量低，附加值低，属于资源性产品，它是通过土地开发和水资源消耗而换来的产品，大量进口苜蓿和其他牧草既能满足我国的奶业发展，减轻粮食生产压力，又能保护我国水土资源，用美国的低附加值的农产品换回美国的纸币，防止美元储备过多和贬值。只要政府认真组织各方专家研究和解决国产和进口两个对立而又统一的矛盾，有效扶持国产苜蓿和牧草发展，控制和

协调好两个矛盾的关系，一定能利用两个牧草支撑点保障好我国奶业的健康发展。

（1）提倡种养结合。目前，我国饲养奶牛的企业不种植苜蓿，或只种植了少量的苜蓿，种植苜蓿的企业又不饲养奶牛，造成了种养分离的局面，导致种植者不能种出饲养者最需要的苜蓿。主要是因为种植者为了最大限度的获得产量，忽视了质量，没有在苜蓿的最佳收割期收获，这也是国产苜蓿质量不如进口苜蓿的一个主要原因。因此，提倡饲养企业在饲养奶牛的同时也种植苜蓿，以奶牛需要为标准，适时收割。另一方面，养殖企业也可最大程度的作到粪污还田，减少环境污染。

（2）给苜蓿产业进行补贴。苜蓿种植缺乏政府补贴。农作物种植均有补贴，包括直补、良种补贴等，而苜蓿属于特殊作物，多年生、既能防风固土，又能固氮改良土壤，但种植第一年又没有效益，却没有国家的农业补贴。草就是奶，就是肉，就是粮，而且每亩苜蓿转化成畜产品的能力高于种植小麦。补贴苜蓿种植，既能解决奶业发展问题，又能解决粮食问题。行业要加强呼声，同时，政府也要深入实际，调查研究，转变观念，科学决策。

（3）增加政府对牧草生产设备的补贴。苜蓿生产的收获加工机械和灌溉系统的投资十分巨大，一般企业都难以承受如此大的固定资产投资。干草加工设备落后，如我国二次加压苜蓿草捆密度较低（280～300 千克/立方米），而美国的密度能达到 400～450 千克/立方米，这就明显增加了运输成本。农民就更买不起这些专用生产设备了。因此，建议政府从政策和经济上给我国的大型苜蓿种植企业以补贴，以促进龙头企业的快速发展；同时给种植苜蓿的农民一定优惠政策，以满足散户和小规模养殖企业的苜蓿草需求。

4 进口奶粉对中国奶业的影响

□李 静

自2008年"三聚氰胺事件"后和中新自由贸易协定实施以来，中国进口奶粉成倍增加，这种情况对中国乳业是一个有益的补充，还是一个不利的冲击？目前还没有一个肯定的回答。为了解这一问题，我们不仅参阅了大量资料，还到有些乳制品企业进行实地调研，也参加了有关进口奶粉问题的报告会，总的结论是进口奶粉对我国奶业的冲击已经形成，主要表现在我国原料奶及奶粉的价格已与国际市场奶粉价格形成了联动，对我国奶业的健康稳定发展形成了不利的影响。

4.1 中国奶业的发展情况及在世界奶业中的地位

中国的奶业近20年来取得了飞速发展，据FAO统计，2009年，中国奶类产量4 013万吨，占全球的5.78%，居全球第3位（第一位是印度，第二位是美国）。其中，奶牛存栏（全群1 283万头）占全球的8%左右，其中成母牛730万头。因此从乳业生产量上看，中国已成为乳业生产大国。但是从人均看，中国的奶业发展还远远不够。全球人均牛奶占有量是95.4千克，中国只有26.75千克；全球每万人占有奶牛数量是196头、中国是92头；成乳牛单产水平也很低，目前中国接近4.8吨，而以色列是11.5吨、加拿大是9.5吨、美国是9.2吨；从人均消费看，城镇居民人均牛奶消费24.87千克，农村只有3.52千克。

从发展潜力看，中国奶业的发展还有广大的空间，目前的产量还不能满足市场的需求。因此，中国在近几年也迅速成为乳制品贸易大国，特别是奶粉进口大国。目前中国的奶粉贸易量已占全球贸易量的1/10。进口干乳制品已占国内生产量的20%，进口奶粉已占国内生产量的23%（见表4.1）。

表4.1 进口乳制品在中国奶业中的份额

年份	我国干乳制品产量（万吨）	乳制品进口量（万吨）	乳制品进口/干乳制品产量（%）
2001	74.3	18.5	24.8
2002	93.3	25.1	26.0

（续）

年份	我国干乳制品产量（万吨）	乳制品进口量（万吨）	乳制品进口/干乳制品产量（%）
2003	140.6	31.5	22.4
2004	142.4	34.0	24.0
2005	164.6	32.0	19.5
2006	215.5	34.2	15.9
2007	346.4	30.0	8.6
2008	285.3	35.0	12.3
2009	293.4	60.0	20.5
2010.1—6			

目前，世界乳品贸易的主要品种是干乳制品。从世界干乳制品出口情况看，大洋洲是世界干乳制品出口的主要地区，2009 年，其出口量占全球的 47％ 。在大洋洲，新西兰又是最大的出口国。新西兰牛奶产量的 95％用于出口，本国消费仅占总产量的 5％。年产干乳制品 150 万吨，其中奶粉 90 万吨，奶酪 25 万吨，黄油 33 万吨。干乳制品的 95％用于出口，是世界上最大的乳制品出口国，占国际市场 40％的份额。

中国目前是新西兰乳制品出口的最大目的地，其中奶粉已占其出口总量的 20％。特别是中新自由贸易协定自 2008 年实施以来，我国从新西兰进口奶粉数量急剧增加，从新西兰进口奶粉的比例也由 2008 年的 50％，上升到目前的 86％。见表 4.2。

表 4.2　我国近年奶粉进口总量及从新西兰进口奶粉的数量和比例

（单位：万吨）

年份	总量	新西兰		澳大利亚	
		数量	份额（％）	数量	份额
2005	10.69	8.23	77.01	1.22	11.38
2006	13.49	10.41	77.17	1.12	8.30
2007	9.82	7.15	72.81	1.25	12.69
2008	10.10	5.06	50.08	2.45	24.28
2009	24.68	20.39	82.63	1.81	7.31
2010.1—6	22.44	19.30	86.00	1.01	4.50

资料来源：海关总署。

从表4.2中看，中国上半年从新西兰进口奶粉的数量相当于去年一年的进口量。除了进口量大增外，进口奶粉的价格也同比上涨超过30%。与此同时，中国奶粉的出口依然在下滑。2010年1—6月，全国共出口奶粉2，089.49吨，出口额607.35万美元，同比减少76.16%，其中云南出口912.68吨、天津798.15吨、辽宁180.00吨、黑龙江69.96吨、山东53.90吨、北京25.60吨、陕西23.14吨、上海14.70吨、广东7.40吨、四川3.94吨、安徽0.02吨。

4.2　奶粉进口激增的原因及对中国奶业的影响

中国近两年进口奶粉激增特别是从新西兰进口奶粉激增的原因主要有以下：

（1）中国奶业还处于恢复期中。三鹿事件后，中国奶业发生了危机，出现了倒奶杀牛的现象，奶牛存栏量大幅减少，奶牛存栏量大约减少300万头，至使中国奶产量出现下降。由于奶牛的生产周期长，一头牛约需要3～5年才能产奶，因此，中国奶业目前还处于缓慢的恢复期中，但市场需求没有萎缩，致使进口奶粉填补了恢复期中中国奶制品的市场空间。

（2）中国消费者对国产奶粉的信心还没有恢复。“三聚氰胺事件”打击了消费者信心，使消费者转向进口奶粉，而近两年几乎每隔一段时间就会爆发出奶粉安全事件，使消费者对国产奶粉的信心一直在低谷徘徊。

（3）金融危机使人民币对新西兰元大幅贬值。由于中国政府采取盯住美元的汇率政策，金融危机使美元对新元大幅贬值，人民币也相应大幅贬值，人民币对新西兰元的汇率从2009年1月的4.403的历史最高点贬值到2009年9月的6.008，贬值了36%，以美元计价的新西兰奶粉价格出现大幅下跌。致使进口奶粉的到岸价格低于国内奶粉的生产成本，国内一些企业纷纷放弃国内奶源，大量进口原料奶粉。

（4）中新自由贸易协定生效。2008年4月7日签订的《中华人民共和国政府和新西兰政府自由贸易协定》生效，从新西兰进口关税大幅降低。根据中新自由贸易协定，2008年启动时的关税为10%，随后逐年递减，至2019年为0。目前是7.5%，2011年为6.7%。根据目前国际市场奶粉价格水平，关税水平每降低1%，直接导致完税价格低350元。2008年中新自由贸易协定启动以来，新西兰出口我国奶粉数量和份额均急剧上涨。虽然协定中规定了特保额度，但2009年和2010年两年进口量都突破了特保额度。因此，中新自由贸易协定的实施是新西兰奶粉进口激增的直接原因。

进口奶粉的大量增加是对国内市场需求的有益补充还是对中国国内奶粉产业形成了的挤压？这是一个需要回答的重大问题。

(1) 从总量上看，中国干乳制品 2007 年达到最高，为 346.4 万吨，2008 年下降到 285.3 万吨，2009 年有些恢复性增长，达 293.4 万吨，但距离 2007 年时水平还差 53 万吨。而进口干乳制品大幅增加，可以说是数量上填补了中国干乳制品产量下降留出的空间。2009 年，中国奶粉进口 24.68 万吨，比 2008 年的 10.1 万吨增加了一倍多，但是国内奶粉产量也同比增加了 9.56%。

2010 年上半年，根据国家统计局数据，全国规模以上乳品企业 1－6 月份乳制品（含液体乳和干乳制品）产量 1 000.31 万吨，同比增长 8.88%，其中液体乳 853.38 万吨，同比增长 8.81%，干乳制品 146.92 万吨，同比增长 9.30%，奶粉 55.1 万吨，增长 10.6%。6 月份乳制品产量 179.32 万吨，同比增长 5.67%，其中液体乳 151.09 万吨，同比增长 5.05%，干乳制品 28.22 万吨，同比增长 9.12%，干乳制品中，奶粉产量为 10.9 万吨，同比增长 18.5%。因此，从总量上看，尽管有“三聚氰胺事件”的影响，但得益于中国国内奶粉市场需求的快速增长，国内奶粉生产量好像并没有受到挤压，进口奶粉对国内市场是一个有益的补充。

(2) 从结构上看，以前进口奶粉的所占领的市场主要是婴幼儿配方奶粉这类高端市场，如多美滋、惠氏、美赞臣、雀巢、雅培五家，占有约 50%左右的市场份额 。现在各种中小品牌和杂牌也纷纷进来，进口奶粉进一步向中低端挺进，直接蚕食传统的国产奶粉市场。甚至有少数个体经营户直接进口大包奶粉分装成小袋向农村出售。因此，国内的配方粉市场结构在这两年发生了变化。2008 年，中国奶粉市场上国产配方奶粉与进口配方奶粉的销售量的比例是 6：4，2010 年这一比例则变为 5：5，2010 年则可能变为 4：6。因此，从结构上看，不论是配方奶粉市场还是中低端奶粉市场都明显受到了进口奶粉的冲击。

(3) 从价格决定上看，进口奶粉的价格波动直接影响了国内奶粉的市场价格，使国内奶粉的定价权受制于国外。一些企业在进口奶粉价格高时，就转向国产奶源，在进口价格低时就转向进口奶源。这使进口奶粉的价格决定了国内原料奶的价格，从而压低了国产奶的价格增长空间，不仅降低了奶农的利润，也降低奶粉制造企业的盈利空间。如 2010 年 7 月份，国产奶粉的生产成本是 31 000 元/吨，但销售价格只能是 30 000 元/吨，形成了价格倒挂。由于进口奶粉的低价冲击，2009 年，完达山乳业的奶粉利润只有 2 000 万元。从近两年国内原料奶的价格趋势看，国内原料奶的价格波动与国际奶粉价格的风向标——新西兰恒天然的奶粉拍卖价格的趋势基本一致，只是有 3－4 个月的滞后期。这说明，我国奶业的价格决定权已受到国际市场的影响。

(4) 从对消费者的影响看，消费者为进口奶粉支付了过高的价格。据了解，进口奶粉的中国市场上的销售利润率至少在 40%以上。而据三元乳业的人员介绍，在国内生产同样高质量的奶粉，每桶奶粉的生产成本只有 40 元左右。由此可见进口奶粉在中国市场上的暴利。

（5）从对企业的影响看，进口奶粉对中国奶粉企业的影响有三种情况：一种以进口奶粉为原料的纯加工型企业，如三聚氰胺事件后完全改用进口奶粉进行生产的某些企业，对于这类企业来说他们是进口奶粉增加的受益者。第二类是投机型企业，即进口奶粉低格低就使用进口奶粉做原料，进口奶粉价格高就使用国内奶粉做原料，这类企业也是进口奶粉的受益者。第三种是基地型的奶粉企业，进口奶粉对他们形成了直接的冲击：一是进口 10 万吨奶粉相当于 85 万吨原料奶，对应的是 34 头奶牛和 3.4 万个就业岗位，因此进口奶粉不利于这类企业生产基地的稳定发展和员工的就业；二是降低了企业的盈利，由于进口奶粉向中低端挺进，与完达山这类的国产奶粉企业形成了直接了竞争。企业为了竞争，就得不断增加促销费用，促销费用的增加，压低了企业的利润空间，如完达山乳业估算，由于促销费用的上涨，企业利润下降了 10%。三是进口奶粉的到岸价格低于国内企业奶粉的生产成本，如 7 月份奶粉的到岸价是 2.85 万元/吨，黑龙江奶粉的生产成本就是 3.1 万元/吨，出售价是 3 万元/吨，已形成价格倒挂。成本的差异直接导致了国内奶粉企业之间以及与国外奶粉企业之间不平等的竞争。四是抢夺了国内奶粉企业的客户。由于进口奶粉的低价竞争，使国内奶粉企业的一些客户（工业用粉等）转而使用进口奶粉。如完达山乳业在今年就流失了一些客户。从销售量上看，流失达 50%以上。

由上可见，进口奶粉已对我国的奶粉产业形成了冲击。然而还不只如此，从目前情况看，国产奶粉与进口粉的竞争中，国产粉已全面处于劣势：一是生产成本高：如前所述，2010 年 7 月奶粉的到岸价是 2.85 万元/吨，黑龙江奶粉的生产成本就是 3.1 万元/吨。而奶业新国际的实行则进一步加大的企业的生产成本。根据完达山乳业介绍，蛋白质从 2.95 下降到 2.8，会使每吨奶粉的奶耗增加了 0.5 吨，使每吨奶粉的生产成本增加 1 500 元。二是营销费用高：进口配方奶粉很早就进入到了医务渠道，使中国婴儿的第一口奶被进口奶粉所占领，并形成了对进口奶粉的依赖，国产奶粉只能抢食第二口奶或第三口奶，这样促销成本要相应增加。另外，国内的大型超市和大卖场很多由外资企业把持，他们集体对国产奶粉形成了某种歧视。使国内奶粉企业进入超市的费用也相应提高。三是市场价格低：为了促销，很多国内奶粉企业不得不降价销售，采用低价竞争策略，这使国产奶粉的利润率远低于进口奶粉。四是产品质量差：首先是原奶质量低。原料奶的质量决定了奶粉的质量，我国原料奶的质量本来就低于国际上多数国家的标准，奶粉的质量也就相应低于进口奶粉。如新西兰是 7 吨奶一吨粉，中国是 8.5 吨奶一吨粉。现在新国际则可能使原料奶的质量进一步下降，奶粉的质量也会相应进一步下降。其次是国产奶粉的口味差，营养含量低。进口奶粉的乳蛋白率和乳脂率分别为 25%和 28%，而国产的分别为 23%和 26%。第三，安全性差。这方面的安全事故已屡见不鲜。五是市场信誉差："三聚氰胺事件"后，三聚氰胺奶粉至今没有完全从市场绝迹。而新的早熟事件更可能进一步打击国产奶粉企业的信誉。

4.3 奶粉进口的趋势及中国奶业发展面临的挑战

根据目前国产奶粉的市场情况以及国际市场的运行趋势，国内市场对进口奶粉的需求从近期看可能会进一步增加。主要原因有以下：

(1) 国内市场对进口奶粉的需求还会增加，特别是婴幼儿和老年人口的增加会进一步扩大对进口奶粉的需求 。因此，进口奶粉的数量还会进一步增加。

(2) 更多中国奶制品企业以进口奶粉做原料：一些奶粉企业可能被迫使用成本更低的进口奶粉原料来替代国内原料奶粉。

(3) 更多的国家和企业会加入到向中国出口和销售奶粉的队伍中来。一是一些国外企业继续寻求进入中国。如亨氏竞购了美赞臣，宣布将进军中国奶粉市场，乳多宝国际公司（Rodobo International，Inc.）宣布完成对三家中国乳品公司的收购，以扩大其在中国的产能。二是一些国家也寻求向中国出售奶粉。目前新西兰的奶粉占了中国进口奶粉 86%的份额。我国与澳大利亚的自由贸易协定也正在签署中，一旦签署，来自澳大利亚的奶粉也会迅速增加。目前欧盟、美国的牛奶也处于过剩状态，也有可能增加向中国的出口。另外，阿根廷、巴西、乌拉圭等南美国家奶业发达，采用放牧生产方式，成本低、产品质量较高，基本情况与新西兰、澳大利亚相似。近几年中国奶制品进口的快速增长也引起了这些国家的高度关注。

(4) 国产奶粉的市场份额会进一步下降。目前奶牛存栏量和原料奶产量都出现了减速的迹象：一是疫病导致了奶牛存栏量的减少，受 2010 年初全国大范围低温冻害和口蹄疫防疫措施的影响，直接造成奶牛非正常淘汰和单产的降低，据专家估计，全国奶牛减少 200 万头以上，占总存栏 16%左右。全国原料奶减产幅度达 20%左右；二是"三聚氰胺事件"后，散养户逐步退出，所有奶牛进小区的政策使一些散养户放弃了奶牛养殖；三是饲料价格上涨：主要是玉米价格和进口苜蓿草的价格都大幅上涨，奶农生产成本提高。而奶价受国际市场的影响进一步上涨的空间很小。四是劳动力成本提高，养殖奶牛的比较收益下降。按目前的奶价（2.7～3.0 元/千克），以每头牛年产奶 5 吨计算，每头牛的年收益在 1 500～2 000 元左右，养 10 头产奶牛以上年收入才能达到 20 000 元左右，还不算人工成本。而目前务工劳动力工资急剧上升，据在河北、辽宁的调查，一般小工的日工资在 80 元，大工日工资在 150 元，打工的收益远高于养奶牛的收益，因此，一些奶牛养殖户都放弃了又脏又苦的养奶牛，而改为出去打工。打工收入提高这一趋势在短期内不会逆转。

除了上述这些看得见的不利因素外，中国奶业发展所面临的最根本的挑战是中国奶业的产业化发展方式本身所面临的危机：即公司加农户的产业化模式使奶农和乳制品企业的利益始终处于冲突之中。这种利益矛盾和冲突是造成中国奶业不断出现安全问题、疫病防控体系难以健全、奶业生产人才和技术缺乏、奶业市场受制于国际市场、消费者对国产奶粉信心低下等等中国奶业所存在的问题的根本原因，改变中国奶产业的这种利益联结方式才是中国奶业健康发展的根本出路。

4.4　我国奶业发展的出路与对策

从上面的情况看，中国奶业发展面临的形势很不乐观，如果我国政府没有相应的政策和措施，就目前情况看，中国奶业的出路可能有以下：一是中国乳制品企业的主要产品将主要是液态奶，逐步放弃原料奶粉的生产，奶粉行业将主要使用进口奶粉做原料粉；二是一些生产奶粉尤其是中低端奶粉的生产企业将陷入破产，或都出售给外资企业或与之合资；三是中国奶业市场上的定价权将更深地受制于国际市场。

由此看，如果我们国家愿意让国际奶制品企业和主要奶粉生产国继续分享国内奶制品市场的迅速增长，就可以继续目前的乳制品贸易政策。如果想使我国的奶业得到持续稳定的发展，则要出台相应的保护措施，主要有以下：对国产奶粉企业给予财政补贴，尤其是基地型奶粉企业进行补贴；进一步扩大学生奶计划，扩大国产奶粉的需求；实行税收优惠，不应按加工产品征 17%的增值税，而应按初级产品征 13%的增值税；实行贷款贴息，尤其是对企业的奶源基地建设给予贷款贴息；对进口奶粉进行限制，目前的进口许可证没起到什么作用，应采取进一步的措施，限制进口，可以对进口奶粉实行技术准入，如国外婴幼儿奶粉主要是低温干燥技术，目前进口的奶粉主要是高温干燥技术；加强市场监管，限制无序进口和过度竞争；加强宣传，让消费者逐步消除对国外产品的迷信。

5 浅议构建奶业产业链的诚信链接机制

□ 姚 梅

5.1 引言：问题的提出

近年，我国奶业发展迅速，2009 年与 2000 年相比较，奶牛存栏头数已由 488.7 万头增至 1 218 万头，增长近 1.5 倍。我国奶类总产量由 918.9 万吨，增长至 3 650 万吨，增长了 3 倍。液态奶产量由 134.1 万吨增长至 1 641.64 万吨，增长了 11.2 倍。我国牛奶人均占有量由 6.39 千克/人增至 26.36 千克/人，增长了 3.1 倍。经过多年的发展，我国奶业产业链条不断延伸和拓宽，形成了跨越一、二、三产业链条。奶业成为畜牧业中最具有发展潜力的产业之一。然而，2008 年底爆发的“三聚氰胺事件”重创我国奶业。有人称之险些断送了奶业过去二十年的辉煌。这个事件打击的不仅是奶业的某一个环节，而是整个奶业产业链。事件爆发之时，奶业产业链各个环节无一幸免。

养殖环节出现交奶难现象，原奶价格整体下降，奶农不得已倒奶、杀牛，奶农的收益受损，养牛积极性受挫。企业骤然减少收奶量的同时，压级压价，使奶牛养殖业遭受巨震。

加工环节面对的是产品滞销，销量迅速下滑，利润损失巨大，事件涉及企业的形象损害程度至今难以估计。

销售环节表现为消费者对整个奶业的信任度急剧降低，转求替代品，乳制品需求骤然减少。

从实质看，“三聚氰胺事件”是一场波及奶业产业链条始点至终端的诚信危机。这个事件暴露了奶业产业链发展的诚信链接要素不健全及其链接机制的脆弱，产业链某一个环节的诚信链接出现问题，结果却导致整个产业链条出现多米诺骨牌式的连锁反应。

奶业产业链的链条一端连着农村千万奶农，一端连着城乡亿万消费者，这个产业链的一个最不能忽视的链接要素就是诚信。当前，我国奶业正处于复苏期，在此时期，我们更要反思和重视的是诚信与奶业经济发展的关系 。

5.2 诚信应该是奶业产业链的基本链接要素

我国奶业产业链是指乳品从原奶生产到终端乳品消费过程中所涉及的环节及主体。

主要环节为：上游有奶牛养殖、原奶生产及其与之相关联的牧草种植、饲料种植、奶牛良种培育、兽医、兽药等行业；中游有原奶流通、乳品加工及其与之相关联的机械设备制造行业，下游指乳品从零售到消费环节。

与之相对应的经营主体及其类型是：前端有奶牛养殖主体（如：企业性质的规模化牧场、养殖小区或奶业合作社、奶农）及其与之紧密关联的牧草青储种植户、饲料、兽药生产企业、奶牛良种繁育企业等；中间有奶站（包括个人投资的和企业投资的）、乳品企业（产业化龙头企业、规模企业、小企业）；终端有乳制品销售商（包括分销商、批发商及零售商）及最终消费者。

奶业产业链的整体任务应该是：不断提供给消费者满意放心的产品。

奶业产业链的发展态势应该是：整个产业链条显示出平衡性，各经营主体在链条的协调和持久发展。

5.2.1 奶业产业链各主体间需求取向的共性

我国奶业产业链从前端的奶农到终端的消费者，表现出链条较长和主体较多且类型复杂。但抽象地看，这个产业链各主体间存在着共同的需求取向。

（1）交易关系的共同需求。我国奶业产业链条的延展是在的市场经济条件下逐步发生的，各个主体之间的基本关系是供给和需求的交易关系。链条各环节之间既然是交易关系，就需要有交易规则引导交易行为，以保证交易制度规范和交易秩序的正常，而诚信就是重要的交易规则之一。

奶业产业链从养殖户到加工企业再到零售商环节横跨第一产业、第二产业、第三产业，其中的各个环节有着不等的时间和空间距离，奶业产业链的物流及其信息流传递过程中，必须有诚信规则、诚信制度作为各环节彼此相连和相互制约的链接条件和链接内容，以使各环节之间保持长期稳定的和安全的经济关系，使得各经营主体对奶业经济有正常的交易目标预期。

（2）重复交易关系的共同需求。从奶业各主体资本的专用性和产业特殊性而言，有效的交易不是一次性的，而是重复性发生。原料奶无论从自然属性，还是社会属性来看，其专用性都较强。从原料奶的自然属性来看，其理化性质不稳定，保鲜期短，销售半径较小，空间移动过程的时间敏感性强，需要有稳定的销售渠道。从原料奶市场属性来看，其用途是特定的。目前，我国原奶基本只有一条进入市场的通路，就是进入乳制品加工企业，而很少有其他市场渠道。在生产的专用性资产方面，对于养殖主体而言，主要是奶牛、牛棚，规模化的奶牛场还建有排污系统等相关设施。对于乳品企业来说主要是乳品加工的生产线，用于牛奶运输的冷罐车等。这类资产转作他用的成本和风险都较高，这些决定了只有交易的重复性和连续性发生才是有效率的。而产业链各环节传递（交易）要保持重复性、连续性发生就要有一个维系各环节得以长期交易的基本条件，既在产业各环节之间形成一个诚信关系通路。在此基础上的物质流和信息流的传递，可以强化各主体的传递预期，使传导有更持续的确定性，减少各环节之间的摩擦，减少传递成本，提高效率。

（3）效益最大化的共同需求。单从经济学角度看的话，奶业产业链上每个主体是逐利的，形成奶业产业链各组成主体的共有的经营目标是效益最大化。而诚信是经济活动中一种有价值的资源，如果各主体对整体奶业产业链的诚信有共识，诚信则会成为交易的润滑剂，可以降低交易成本，提高效率和收益，进而推进交易预期目标的实现。

总之，奶业产业链各环节间的交换行为中表现出的诚信关系、诚信行为决定了奶业的整体增量和发展，也决定了各产业主体的收益量和主体之间的收益分配关系的协调度。

5.2.2 诚信在奶业产业链上的功能

现代市场经济，可以说是信用经济；没有诚信就没有秩序。彼此相联、互为制约的信用关系链条维系着错综繁杂的市场交换关系，市场愈发达就愈要求诚实守信。

在市场经济条件下，奶业产业链各主体具有相互依赖性和要素的相互传导性，而形成这个依赖和传导的基本要素是诚信。乳品质量安全问题给消费者和乳品相关产业造成了十分巨大的经济损失。现在乳品质量安全问题已不仅仅是生物学、卫生检疫学方面的问题，更是包括经济学、管理学、社会学、心理学以及政治学所面临的问题。乳品安全问题一定程度上是市场秩序紊乱的结果，而造成这种结果的原因是缺乏诚信机制。

2008 年的“三聚氰胺事件”也证明了，诚信这个基本要素对整个产业链发展起到牵一发而动全身的作用。诚信是这个产业链的灵魂，是这个产业链中核心的东西。缺失了诚信，就动摇了产业链的根基，削弱了产业链基本维系和延续的力量。而一旦奶业产业链诚信约定被毁坏，链接就会受阻，奶业经济秩序就会被打乱。更会影响到消费者对奶业经济的信任度，在终端会表现出消费拉动变弱。从而，阻碍奶业产业链的延展动力。

奶业产业链的延伸，在表现为加工的深化过程同时，也是一个诚信的累积过程。在消费者的感受中就是如此，经过一个个产业环节，到达消费终端。消费者首先关注的是，每个生产环节是否安全，乳品的质量是否安全，是否货真价实，这是他们对奶业诚信的心理需求。如果此心理需求得到满足，以乳制品最终消费为结果的、奶业产业链的要素传递过程方才被认可。这个循环是需要谨小慎微的，消费者对于奶业产业环中的任何点位的诚信极为敏感。一旦有某一个产品、某一个环节没有符合消费者的诚信需求，或者是伤害了消费者的诚信需求，这个非诚信的产品或环节会产生多米诺骨牌效应，波及整个奶业产业链。

所以，诚信在奶业产业链中功能应该是：

1. 奶业产业链上各环节之间的交易基础之一是诚信。奶业各主体之间应该是诚实守信的交往关系，奶业产业上链各环节的交换，应该是以等价交换为特征。

2. 奶业产业链的出入规则之一是诚信。一个具有诚信度的奶业主体，应该受到市场的选择，并增加发展的机会；诚信度差的奶业主体，应该减少机会或被淘汰出局。这样，可使前者获得预期中的更大利益，后者则相反。让利益导向决定市场主体选择诚信的行为。

3. 奶业经济发育程度的主要标志之一是诚信。奶业产业发育程度与诚信程度极其相关。奶业产业链的形成是分工和专业化的结果，这其中不仅是技术进步，更需要的是诚信制度的逐步健全。

5.3　奶业诚信与效益二维象限分析

奶业经济活动中的诚信行为源于对诚信收益的追求。也就是说，诚信存在的前提是对未来利益的预期收益大于预期成本。可见，诚信明确显示为利益主导特征，诚信是以利益追求为基础的诚信，诚信是利益追求的行为结果。

依此，我们建立起奶业诚信与效益二维象限：纵轴为诚信，横轴为收益。诚信和效益关系的表现类型基本显示在以下 4 个象限中：

5.3.1　诚信与效益的正相关区域

象限 1 和象限 3 从不同的角度显示了诚信与利益的正相关关系。

激励机制：

象限 1 显示了诚信的激励机制，也展示了奶业中诚信的良性链接。奶业主体因为高诚信获得了高收益，这个效益应该是双重的：不仅是经济上的，还有精神上的。

在此象限中，循环是良性的和可持续的：诚信度越高，环节之间重复交易中的成本越低，获取的诚信收益越高。这是奶业产业链中诚信发展的最终趋势。

具体表现为：奶业成熟度高，奶业产业链延伸和产业发展有力量。行业口碑好，奶业各主体受到社会普遍肯定。环节之间交易风险和交易成本较低，奶业主体比较容易获得财富增加的机会，收益相对较高。这样的良性运转的诚信环境下，奶业产业链各环节之间关联畅通，消费拉动强势。

当奶业的生产经营环境能促成诚信者获得实际收益同时获得精神收益时，诚信可以内化为奶业产业链各主体的自觉抉择。

惩罚机制：

象限 3 显示了失信的惩罚机制。奶业主体因为失掉诚信，减少了收益，包括精神上的收益减少和物质上的收益减少，展示了失信的不可持续性。与象限 1 正好相反，因奶业诚信度不高，影响了奶业的效益增加。

具体表现为：由于奶业主体失信，导致交易风险不稳定性，交易成本抬高，收益随之减少，主体获得财富的机会在减少，奶业产业链要素向下传递不佳，市场疲软，乳品消费乏力。

当奶业失信者失掉实际收益同时丧失精神收益时，或者说失信者所承担失信损失总是大于其失信所得时，奶业失信者摒弃失信的选择会成为必然。

5.3.2 诚信与效益的紊乱区域

象限 2 和象限 4 显现出诚信与利益的相关性的紊乱状态。

诚信失效反应：

象限2显示了诚信激励作用的失灵。表现出诚信与效益的扭曲，奶业主体遵守诚信规则，按诚信规范行为，却没有得到应该得到的诚信效益（主要是物质上的效益）。这种诚信对于追求诚信收益的奶业主体来说是难以持续的诚信。这种情况的出现，一定是奶业产业制度安排上出现了纰漏。

奶业生产经营环境条件缺乏促成奶业诚信主体产生收益时，主体会有可能选择放弃诚信准则。

诚信扭曲反应：

象限4显示了失信状态下的高收益，是典型的机会主义行为现象。奶业主体放弃诚信，不择手段，一味去追逐利益。可以肯定，这里显示的高效益，一定是短期的高效益。

这也从一个方面显示了奶业主体行为对近期利益的关注超过对长期利益的重视。当失信成本较低、失信的实际收益较高时，则选择失信。此时，奶业产业链会出现道德混乱和链条失衡。同样，也说明了制度安排的缺陷，使得机会主义者有表现空间。

上述四个象限显示了诚信与收益变化方向的非单一性，奶业产业链各主体的诚信度通常是各主体仅仅从自身角度权衡利弊后的结果。仅从经济角度而言，奶业主体理性抉择会有这样的行为表现：当诚信成本大于因失信带来的经济收益，主体的选择会是失信。而当失信成本较低，而失信实际收益较高时，主体也会选择失信。

一般而言，在比较完善的市场经济条件下，诚信和收益呈正相关。在不完善的市场经济条件下，诚信不一定带来更多的物质收益，失信却可以有物质收益。奶业经济制度建设的取向应该是让诚信者受益，让失信者无利可图。

5.4 各奶业主体的诚信需求度有差异

因为预期的不同，所面临客观条件的不同，所处的产业层次不同，所追求的需求结构不同，奶业产业链各主体对上述象限的选择会有所差异。重点强调追求精神收益、追求声誉和长期整体收益的主体会呈现较高的诚信需求，片面追求实际收益的主体则往往会在短期效益的驱动下，倾向于寻找制度空隙降低诚信度。

5.4.1 奶农户对诚信处于弱需求状态

奶业产业链上游主要为养殖主体。在这个主体中，奶农户占了大多数。统计资料显示，尽管我国奶牛存栏数日益增加，但是以小规模散养为主的养殖格局没有发生实质的改变。目前，虽然大量养殖户已进入养殖小区，或者说是进入了合作社，但其特征没有根本的改变。奶农户的经济基础仍然是小农经济。奶农户大多在观念上具有明显的小农特征。奶农户相互之间的利益关系程度相对较低，在他们看来实际收益主要取决于自然条件和单纯的生产环节，而诚信只是本良心账。

5.4.2 加工企业缺乏整个产业链视角的诚信需求

作为产业链中游的加工企业，经过近二十年的发展，已经逐步认识到利润来源是综合的，依赖技术、管理，同时更依赖于声誉。他们对于位于前一个交易环节的奶农、奶站表现在原奶质量上的诚信有着强烈需求。尤其其中的龙头企业越来越清楚地认识到了，在追求经济收益的同时必须塑造企业形象，并开始小心翼翼地对待诚信。但目前看来，这个环节的产业主体偏重着眼于自身的诚信利益，而对整个奶业产业链发展的诚信建设重视不够。

5.4.3 销售商表现出对诚信的强需求

作为产业下游的乳品销售商，对表现在产品质量和产品安全上的诚信较为重视，较为关注商品的口碑，关注商品的质量，希望诚信带来稳定收益。所以他们对于前一个环节的交易伙伴的选择时，较为注重企业资质、企业形象及其产品的口碑。

5.4.4 不同主体象限管理区间不同

基于不同奶业主体在产业链位置的不同、诚信需求程度的不同，对不同主体的象限管理区间有所区别。

对于奶农养殖户应该加强引导，防止他们进入象限 4 的机会主义行为之中。更要建立诚信激励制度和措施，不要使养殖环节的诚信主体出现象限 2 的诚信效益背离。

对于乳品加工企业引导他们避开象限 3 的失信陷阱，真正在象限 1 里做企业，着眼整个奶业发展，优化自身，注重品质，传递诚信。

对于奶业零售商，他们是这个链条的末端，他们与消费者直接接触，他们会直接感受到奶业诚信的重要性以及与效益的关系度。要引导他们在象限 1 里做好经营，树整个奶产业的口碑。

总之，对于诚信的管理要注重建立诚信与收益的正相关性，强化前述象限 1 中利益与诚信的正相关关系，弱化象限 2 中的诚信和利益的负相关关系。挖掘诚信作为奶业资本的内在价值。同时，要在自律性和制度建设上做相应的工作。要加强宣传诚信的内涵，将诚信作为奶业各主体的共同价值观。各主体对奶业的诚信有共识，诚信才可转变成真正的规范行为。奶业经济关系也是一种契约关系，各主体之间、各主体与消费者之间在一定的范围内要承担自己的责任、履行自己权利和义务。目前更要加大对奶业失信者的管理力度，大幅度提高失信成本。建立诚信评价体系、建立诚信档案和监管体系。

5.5　乳企与奶农户间诚信链接不平衡

在我国，奶业产业链上不同类型的经营主体的经济链接形式衍生出有差异的诚信链接。仅从养殖主体与加工主体的链接形式来看，目前，有公司＋奶农户、公司＋合作社（养殖小区）、公司＋规模化牧场等多种形式。其中，是乳企与奶农户之间的关系一直以来备受人们关注。

5.5.1　契约交易不对等：诚信失衡

在“公司＋奶农户”的经营形式中，奶农户和乳企的关系是一种松散性组织关系，多以合同契约为链接纽带。但是，我们的调研显示，合同契约格式和内容文本均由公司提出，合同签订过程缺乏第三方监督，奶农户只是被动签字，没有讨价还价的余地。公司与农户的诚信链接基础显示出不平等。这种不平等，难以形成诚信共识和持久的诚信。

本来签订合同的作用是在一定程度上保护签订双方的利益，包括了奶农户的利益。但是单由买方提出的合同文本会难免会显示出低买意愿，继而难以顾及奶农户高卖的愿望。有人这样描述：维护农户利益的合同变成了提高农户利益的最大障碍。我们调研中看到，奶源供需缺口较大，各大龙头企业在奶源方面的竞争一直较为激烈，尽管如此，出售原奶的农户在其中并未得到更多的利益。

农户与企业在交易或博弈中，企业的力量远远大于奶农户的力量。不平等的交易关系无论如何不会形成风险共担、利益均沾的链接机制。

作为奶牛专业合作社的经营形式，本应该是农户自愿合作、互助组织生产、加工、销售，形成利益共同体分享到下游的产品增值的好处。但目前看来，合作经济组织大部分还是奶农户在形式上的简单聚集，没有形成真正的利益链条合作机制。在奶业产业链条中的奶牛专业合作社组织化程度比较低，与加工企业不对称，如果加工企业在契约交易中采取无视奶农利益只顾自身利益的行为方式时，这种简单聚集起的奶农户多是难以自我保护。

这种诚信及其收益的不对等，很容易挫伤奶农的积极性，即便有诚信，也会容易进入象限 2 的不可持续境地。

5.5.2　交易关系不均等：诚信无动力

一直以来奶农养殖户与乳品企业的不平等交易关系成为履行诚信的障碍，

产业环个体理性与产业链整体理性之间产生冲突，龙头企业为了获得最大利益和奶农户追求最大收入两个目标之间没有建立起共同的、平衡的诚信通路，没有形成风险共担、利益均沾的诚信机制。

在产业链上奶农显示出弱势地位。奶业是一个资金投入密集型的行业，一头优质良种牛需要上万元资金。而中国奶农户的特点是多、散、小，基本上处于“三无”状态，即一无资金；二无技术；三无组织。这样使得奶农与拥有雄厚资金和技术的乳企相比先天处于一个劣势地位，在产业链各环节交易过程中不断收到挤压。

在供需上的季节性矛盾中奶价被波动。奶牛产出与乳产品的市场需求往往有季节性的矛盾性，冬天市场需求低时产奶量多，夏天市场需求高时产奶量少。在市场需求旺季时，企业会争抢奶源；在市场的需求淡季，企业产品积压时，企业会低价销售。一些企业会将这类产供需的矛盾转嫁到奶农身上，使得奶价产生波动。

原奶收购价格受企业利润压力屡屡被压低。现阶段我们的奶业市场条件还不成熟，乳制品加工企业相互之间在市场份额上的竞争十分激烈，期间更有一部分低水平的过度竞争。这些年，乳品加工行业的毛利润受到价格战和原材料涨价的双重压力，从 2002 年以后持续下滑，一些企业为了保证自身的生存和发展，不惜牺牲奶农的利益，极力压低原奶收购价格。

奶农在奶业产业链中的收益空间被动缩小。奶农在饲料交易中被动接受饲料价格的上涨，而原料奶价格增长缓慢，以致于奶农养殖户的收益下降。这种状况下，奶农要么在象限 4 的位置利用机会主义行为寻求利益补偿，要么就是毁约终止交易，卖牛、杀牛。

上述诸种现象伤及的不仅仅养殖环节，而是影响奶业产业链整体的诚信建立，最终会形成对所有产业主体都不利的结局。

5.5.3 诚信传递的压力点和诚信风险关键点表现错位

奶业产业链条诚信传递的压力点表现在消费终端。经过从养殖、加工到销售的逐个产业环节，乳品最终是要面对亿万消费者。消费者会对乳品精心地进行逐层的评判。第一层是看乳品的外部信息：包装上显示的商标、包装的色彩、包装的形状、标示的规格、显示的保鲜日期；第二层是品尝乳品本身特点：口感、味道、浓度等；第三层则是对乳品的指标特征的信任度。如有关食品安全指标和营养水平指标，这类是产品的内含信息，如蛋白质含量、脂肪含量、干物质含量、细菌总数、抗生素残留等。消费者靠品尝是得不到这类信息的。从这层意义而言，消费者肯否消费乳品，更取决于消费者对乳品的信任程度。一旦消费者否定或怀疑这类指标特征，就会减少或终止该乳品的消费。

但产品质量风险关键点在原奶生产环节。国际食品法典委员会（CAC）制定的《食品法典》（Codex Alimentarius）以及国际乳品联合会/国际标准化组织（IDF/ISO）颁发的国际标准中一个十分重要的领域就是原料奶的质量。符合质量要求的原料奶是按正常程序生产出符合质量要求的乳品的前提。加工环节对于有质量缺陷的原料奶的弥补能力是十分有限的。目前，原料奶本身的不安全因素被归纳为：原料奶生产过程中的残留物：如饲料农药的残留物、饲料变质的残留物、饲料不洁残留物、药物的残留物等等；微生物中的致病菌：如葡萄球菌、结核菌、溶血性链球菌、病原性大肠菌、沙门氏菌、布鲁氏菌、肉毒杆菌等等。这些不安全因素一旦存在于牛奶中，则会对人体的健康安全造成危害或不良影响。

奶业产业链条上诚信的压力点和关键点的错位状况，对整个奶业产业链的质量安全和诚信提出需求，要使消费者真正对奶业有信任度，要求从前端到终端的自始至终的诚信承诺和兑现承诺。

5.6　建立奶业产业链诚信链接机制的路径

目前问题的关键是如何处理好奶业产业链个体与奶业产业链整体的诚信关系，如何做到使每一个产业环节设计和运营中的诚信度选择顾及到整个产业链的诚信度和整个产业的发展。

实践显示，奶业一体化的诚信链接度明显高于非奶业一体化的诚信链接度。为此，努力提升奶业产业链纵向诚信链接关系成为解决问题的一个基本路径。

5.6.1　乳企向上游延伸，拉长内部诚信链接

单从诚信需求角度来看，企业将自己的范围或边界向上游延展行为是一种客观的必然。

一是乳品企业实力的增强，使之具备了跨界发展的实力。近年乳品加工的集中度不断提高，企业规模也在迅速扩展，销售收入和利润不断增加。

二是有助于减低养殖和原奶流通环节中的诚信损耗。以往，乳品企业与养殖主体的关系多为契约关系，但合同签订后的养殖环节的机会主义行为造成诚信损耗，表现为奶质、奶量不稳定。这种诚信损耗程度越高，乳企对诚信的内部链接的追求越强。再者，原奶交易的多次重复特性，资产的高度专用特性，乳企无形资产的增值需要，使得乳企业更倾向于追求内在链接，以减少交易上的诚信损耗。

特别是在“三聚氰胺事件”之后，乳企积极改变与上游产业环的松散关系，

建立自有牧场、参股牧场，自建奶站，加强对奶站的监控程度。将以往的外部链接为内部链接，将与上游产业的契约关系变成企业内部的组织关系，以便于对诚信链接的控制和监管，比较有效地避开了原奶生产中的机会主义问题。

目前看乳企的诚信需求使得企业的组织边界呈扩大的趋势还在加强。但是，这种诚信链接的内化行为，要求企业具有相当的实力，小型乳品企业还难以涉足。

5.6.2 建设奶农的纵向一体化诚信链接

当前，奶业产业链中的各个主体分别从属于独立的经济利益体，其更多的仅是生产上的链接，没有形成一体化的诚信链接及其在此基础上产生的价值链接。因此，奶业产业链各个环节之间利益分配不均衡、诚信连接缺乏动力的现象尤其明显。作为产业链的基础——价值链的错位紊乱必然影响到整个产业的合作效率，影响奶业产业的可持续发展。

我们的目标应该是，要从奶农、乳企特别整个奶业产业链的长远发展出发，奶农与乳企形成一个共同的利益主体，使诚信内化为奶业产业链各主体的利益需求。

产业链上最薄弱的主体是奶农户。当前要扭转奶农户的弱势地位，强化其在价值连接中的地位。这里前提是要求平等，使奶农与乳企形成对等的两个利益主体；在此基础上，才可能使奶农与乳企的松散型联系发展为一个紧密型的利益共同体。

要使奶农与乳企在利益上平等，重要的是组织起来，方可去改变奶农在产业链中的弱势地位。奶农是否有稳定的组织保障是判断奶业经营是否产业化经营的重要标准。奶农有组织地参与产业化组织后，可以与乳企共同制定制度，大大降低交易费用，提高奶农在市场交易中的地位和抗御市场风险的能力，提高奶农的收益。

奶农组织起来，可以提升其整体在产业链诚信链接中所占的分量。加强养殖主体与乳企之间产品交换中的诚信关系及利益分配的诚信关系，可以减少失信的行为。

这些年奶业得到快速发展，比较而言，企业得到的更多。长期来看，乳企与奶农间只有建立一个风险共担、利益均沾的利益机制，才能利于乳企持续发展。乳企与奶农之间的诚信，先有诚，后有信。这里要说的是，从乳企业既然是这个链条上的产业主导者，也应是这个链条上的诚信主导者。企业应主动创造条件，努力扭转奶业产业链利益不均衡的状态，使奶业的上游、下游各产业环之间所形成的相互诚信的链接关系。有了这种诚信链接关系，得到的是稳定的、高质量的原料奶，更重要的是保证了奶业持续稳定的发展。

参 考 文 献

涂争鸣.2007.市场博弈与“诚信经济人”的选择.科技管理研究，(9).

杨洪.2009.诚信的经济理性：决策模型与维护模式.湖北社会科学，(9).

罗成翼.2007.诚信的经济伦理价值.云梦学刊，(5).

关蓉晖.2008.论诚信的经济观.中国行政管理，(1).

王玉英.2004.论诚信的经济属性与诚信体系的建立.现代财经，(4).

何强，田瑞坡.2005.契约诚信的经济分析.科技与管理，(5).

杨伟民.2007.基于供应链的乳业“一体化”研究.农业经济问题，增刊.

侯淑霞，钟敏.2010.基于产业链视角的乳品加工企业与奶农关系研究.经济论坛，(2).

6 对我国规模奶牛养殖模式的思考

□ 周鑫宇 杨君香 黄文明 李胜利

6.1 "三鹿奶粉事件"后我国奶牛养殖业发展特点

6.1.1 2009 年我国奶牛养殖业出现结构性调整，散户数量减少

2009 年，在"三鹿奶粉事件"和国际金融危机带来的双重冲击后，生鲜乳价格持续在较低价位浮动，严重影响了奶农，尤其是散养户的收益，部分地区倒奶、杀牛现象时有发生。"三鹿奶粉事件"半年后，仍有奶农选择将奶牛转手，退出奶牛养殖业的情况。而部分规模化牧场选择在这个阶段买入市场上产量较高的奶牛，增加奶牛存栏量。随着 2009 年下半年奶业逐渐恢复，生鲜乳价格缓慢提升，奶农养殖信心恢复，倒奶、杀牛现象出现减缓，根据国家奶牛产技术体系调研结果显示，部分地区奶牛散养户数量出现明显下降，同时，据部分省（区、市）监测表明，2009 年底 100 头以上规模比例达到 23.1%，比 2008 年底提高了 3.3 个百分点。我国奶业出现了散户数量减少、规模化牧场增多、规模增大的趋势。

在我国奶业快速恢复过程中，有专家、学者和官员认为，发生"三鹿奶粉事件"的根源之一在于奶牛散养户分散和落后的生产方式，以及由此带来的奶牛疫病难以防控、个体奶站掺杂使假等一系列奶源质量安全隐患。只有合理规范散养户，使位于农村居民区、养殖规模小、生产水平低，环境污染严重的散养户退出奶牛养殖业、进入养殖小区或发展成家庭牧场，才能使我国奶业走出分散、低效和奶源监管难度大的困境，走上健康、可持续发展之路。

我们认为目前我国的散养户有三种发展模式可以选择，一是推出奶牛养殖业；二是进入养殖小区；三是继续养牛。对于散养户，由于其占我国奶牛养殖的绝大多数，在市场和产品质量监管的压力下，不重视科技，依靠老经验养牛的散养户的推出当然是件好事，可以节约出更多的资源让懂科技的奶农继续扩大规模。进入奶牛养殖小区的奶农继续饲养奶牛，如果这样的小区没有实现统一防疫、统一制作青贮、统一饲养管理、集中挤奶和牛奶统一销售等关键技术环节，而实际上只是将散养户原有的"分散饲养"改成了小区内"集中散养"，进入小区的养殖户还是按照原来的饲养方式和不设防的防疫设施，粪污随意堆放、人畜混居，此举不仅没有降低奶牛饲养的成本，反而增加了奶牛疫病爆发的风险。

6.1.2　地区间差异大、多种养殖模式并存

“三鹿奶粉事件”一年半后的今年，我国养殖模式依然是多种模式并存，地区间差异较大。在大城市周边及部分地区散户基本消失：据国家奶牛产业技术体系调查显示，北京、天津、上海等大城市及周边地区的散户基本消失。河北廊坊、保定、石家庄、以及辽宁、江苏、山东、宁夏的部分地区，散养奶农进入规模化小区的速度加快，部分地区实现了100%进入小区。而在内蒙古、新疆、青海、云南、四川等广大牧区、边远山区，散养户则占有较大比重。其中内蒙古、新疆、黑龙江作为三大牛奶主产区，其饲养量占全国奶牛存栏56%，散户养殖存栏470万头，且分布面积广。内蒙古2008年牧业年度，内蒙古奶牛养达到了318万头，其中荷斯坦奶牛270万头，占奶牛总数的85%，政府正在积极筹措资金，准备投资80亿建设2 000个规模化养殖小区，力争2012年，全区优质荷斯坦奶牛数量稳定在200万头，200头以上标准化规模养殖场（小区）奶牛存栏比重达到60%以上。由于这些地区经济不发达，政府财政支持力量有限，难以在短期内筹集巨额资金来建设小区，且地域广大，农户居住分散，交通不便，原来流动的奶站被取消后，新的奶站建设需要考虑区域养殖量、地理和交通、养殖户数量等条件，要实现一步到位进入规模化养殖，难度较大。

我国目前既有分散、低效的散养户仍然大范围存在，也有养殖水平很高的散养户，与此同时，家庭牧场、奶业合作社、奶联社、千头牧场、万头牧场、奶牛养殖小区等多种养殖模式也在快速发展。总体来看，我国现有千头、万头牧场单产较高、奶价较好，整体经济效益优于养殖小区和散养户，这也是规模化牧场的建设动力。但我国大多数的牧场在仿照外国模式建设过程中，仅仅学到了规模，而没有学到饲料生产、粪肥消纳、疾病防控等等一系列配套技术，由此产生了大量外购饲料，增加饲养成本；粪污处理难，对周边的环境污染大；疫病防控难，疾病风险大。那么，在大力倡导奶牛养殖规模化、专业化、产业化的时候，我国奶牛养殖业的出路在何方呢？

6.2　规模化奶牛养殖的优势

6.2.1　规模养殖受到饲料价格因素的影响更小

奶牛规模养殖业中，饲料成本约占其养殖成本的55%～65%，在某些日常管理水平较高，产奶量高、发病率低的牧场，饲料成本占养殖成本的比例将进一步提高，北京三元、上海光明部分大型规模牧场饲料成本可达到养殖成本的90%左右（国家奶牛产业技术体系调研数据）。奶牛小区与散养户的养殖水平较低，只有水电、兽药、配种等费用，人工管理等费用不计入总成本，因此

饲料成本约占其饲养成本的 70%左右。在原料奶价格不变的情况下，饲料价格的变动将直接影响奶农收益。

2009 年饲料价格上涨迅速，仅山东省 1－9 月份主要饲料原料价格中的玉米由 1.35 元/千克增长到 1.90 元/千克，上涨 40.7 %；麸皮次粉由 1.25 元/千克增长到 1.74 元/千克，上涨 39.2 %，而其他原辅料也出现了不同幅度的上涨。与此同时，乳品企业也根据乳制品市场以及饲料市场的情况对原料奶的价格进行了调整。为了解在饲料价格持续增长、原料奶价格调整后奶农的收益变动情况，国家奶牛产业技术体系进行了饲料成本及奶农利润的分析。由于奶牛饲料需要玉米、青贮等多种饲料配合，为更好的研究饲料波动对不同养殖模式效益的影响，拟定饲料成本增长 30%，并以此为基础进行探讨。由于规模化牛场奶质较好，乳品企业对其原料奶收购价格提高幅度较大，而对养殖小区、散户的提价幅度相对较小。从表 6.1 我们可以看出，三种模式在饲料成本上涨后，其占养殖成本的比例均有所上升，饲料成本上涨因素占原料奶价格的比例分别有所提高，如规模化牧场模式比例提高约 9%；养殖小区模式比例提高约 16%；散养户模式比例提高约 13%。受其影响，三种养殖模式的利润都分别下降，规模化牧场的养殖利润率从 33.3%下降到 23.9%，养殖小区模式的利润率从 25%下降到 15.6%，散养户模式利润率从 22.7%下降到 8.3%。由此可知，在乳制品企业提高原料奶收购奶价后，各种奶牛养殖模式仍受到饲料价格上涨的影响，利润率下降。

表 6.1　饲料涨价对不同奶牛养殖模式效益影响

	饲料涨价前			饲料涨价后（30%）		
	规模化牛场	养殖小区	散户	规模化牛场	养殖小区	散户
饲料成本（元/千克）	1.50	1.60	1.50	1.95	2.08	1.95
养殖成本（元/千克）	2.00	1.80	1.70	2.51	2.28	2.20
饲料成本占生产成本比例（%）	75.0	88.9	88.2	77.7	91.2	88.6
奶农获得价格（元/千克）	3.00	2.40	2.20	3.30	2.70	2.40
饲料成本占原料奶比例（%）	50.0	66.7	68.2	59.10	77.00	81.30
养殖者利润（元/千克）	1.00	0.60	0.50	0.79	0.42	0.20
利润比例（%）	33.3	25.0	22.7	23.9	15.6	8.3

数据来源：国家奶牛产业技术体系调研数据。

6.2.2　规模养殖获得更好的原料奶收购价格

2008 年“三鹿奶粉事件”后，原料奶市场价格迅速由平均 3.0 元/千克以上下降到 2.7 元/千克左右，平均下降 0.4 元/千克。2008 年 12 月份至 2009 年 2 月，原奶价格出现持续下滑，平均每月下降 0.2 元/千克，其中规模牧场下降幅度最小，奶站和散养户下降幅度最大，养殖小区小将幅度居中。在奶价最低时期，散养农户奶价最高为 1.5 元/千克，最低为 0.4 元/千克，且乳企拖欠奶款现象比较严重，有连续 4 个月未兑付奶款的现象。多数奶牛养殖场（小区）原奶价格在 2 元/千克、散养农户在 1.7 元/千克以上基本维持成本，多数奶牛养殖场、小区、散户处于微亏或微利状态，部分散养户严重亏损，奶农普遍存在维持养殖、等待观望的情绪，见图 6.1。

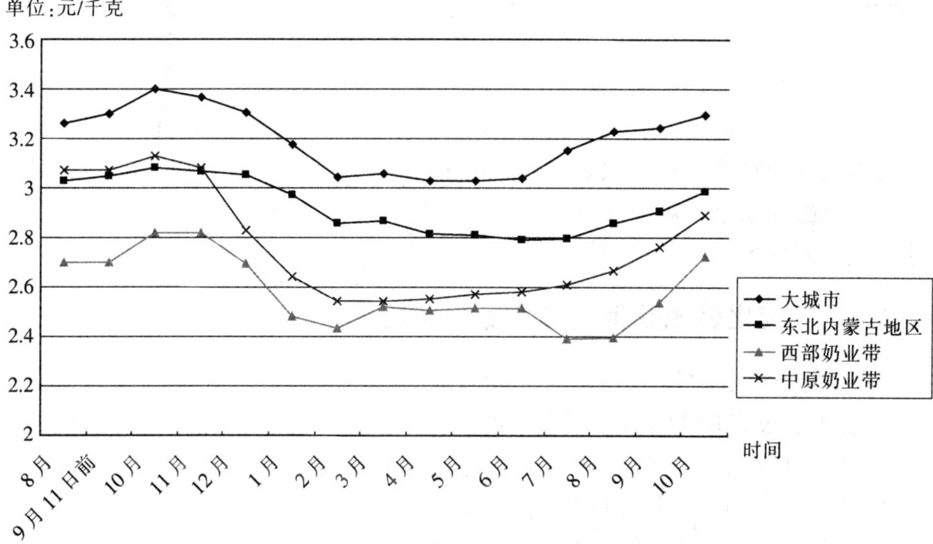

图 6.1　国家奶牛产业技术体系示范牧场奶价变化曲线图

数据来源：国家奶牛产业技术体系 统计数据

在 2009 年 7 月份，有大型乳品企业收购的区域，企业支付奶农的基准价是 2.4 元/千克，由于牛奶理化指标不达标等原因，奶户普遍能拿到 2.2～2.4 元/千克左右。

表 6.2　我国不同奶牛养殖模式与不同地区原料奶收购价格比较

（单位：元/千克）

我国不同奶牛养殖模式原料奶收购价格比较（以国内某企业在内蒙古收购价格为依据）						
时间	2009.1.21	2009.4.21	2009.8.20	2009.11.21	2009.12.11	平均
规模牧场	3.15	3.20	3.40	3.50	3.60	3.37
养殖小区	3.00	2.95	2.90	3.00	3.00	2.97
奶站	2.70	2.67	2.55	2.77	2.77	2.69
散养户	2.50	2.47	2.35	2.57	2.57	2.49

（续）

我国不同地区原料奶收购价格比较（以国内某企业在我国牛奶主产省份收购价格为依据）						
时间	2009.1.21	2009.4.21	2009.8.20	2009.11.21	2009.12.11	平均
大城市	3.22	3.10	3.15	3.38	3.50	3.27
中原	3.05	2.57	3.05	3.13	3.20	3.00
内蒙古	2.91	2.83	2.93	3.07	3.14	2.98
东北	2.78	2.80	2.75	2.80	2.85	2.80
西北	2.64	2.52	2.42	2.96	3.08	2.72

数据来源：国内某大型乳制品企业地区原料奶收购价。

进入 8 月后，奶价逐月回升，大部分地区规模化牧场 10 月份原料奶收购价格恢复到“三鹿奶粉事件”前水平，但由于受到奶质等原因的限制，养殖小区与小规模奶农的原料奶收购价格仍保持在 2.4 左右的较低水平，由于奶质好、理化指标稳定，规模牧场原料奶收购价可达到 3 元/千克以上，部分管理水平较高的牧场原料奶收购价达到 3.6～3.8 元/千克。

6.2.3 规模化养殖获得更高的原料奶质量

“三鹿奶粉事件”后，国家六部委出台了乳制品质量安全监督管理条例，起到了很好的效果，原料奶质量得到提升，各项指标得到大幅度提高，2009 年蒙牛乳业的原料奶质量综合合格率达到了 99%，与 2008 年相比提高了 3%。抗生素合格率达到 99.2%，与 2008 年相比提高了 38%。微生物合格率达到 95%，与 2008 年相比提高 20%。蛋白质合格率达到了 99.3%，与 2008 年相比提高了 22%。不同养殖规模之间质量差异较大，规模化程度较高的奶牛场、饲养管理水平高、饲料资源充足，牛奶质量较好，各项理化指标较高，乳脂率和乳蛋白率分别能达到 3.6%和 3.07%。而散养户由于饲料资源匮乏、饲养管理水平低、导致原料奶质量较差，乳脂率和乳蛋白率分别为 3.28%和 2.88%。养殖小区的饲养管理水平及原料奶质量均处于规模化牧场及散养户之间。据农业部今年生鲜乳质量安全监测结果，三聚氰胺含量全部符合临时管理限量值规定；生鲜乳收购站抽取的诸多样品中，皮革水解蛋白抽检合格率为 100%。

6.3 不同奶牛养殖规模间的收益比较

我们上面分析了规模化奶牛养殖的优势所在，下面我们以规模化奶牛场养殖与散养户养殖收益进行详细的分析比较。

6.3.1　规模化奶牛场养殖收益分析

牛群结构按犊牛：育成牛：产乳牛（高产：中产＝1：1）：干奶牛＝15：25：50：10 计算，根据调查结果，各阶段奶牛的采食量以及各种饲料原料的平均价格如表 6.3：

表 6.3　规模化牛场原料价格与养殖成本

		每头每天采食量（千克）	价格（元/千克）	每天成本（元）	365 天成本（元）
犊牛	精料	1.6	2.1	3.36	1 226.4
	青贮	1	0.25	0.25	91.3
	羊草	1.6	1.1	1.76	642.4
	苜蓿	1.7	2.5	4.25	1 551.3
后备牛	精料	2.8	2.1	5.88	2 146.2
	青贮	11.2	0.25	2.80	1 022.0
	秸秆	3.4	0.2	0.68	248.2
	羊草	1.3	1.1	1.43	522.0
	苜蓿	1.7	2.5	4.25	1 551.3
高产牛	精料	11.8	2.2	25.96	9 475.4
	青贮	20.9	0.3	6.27	2 288.6
	秸秆	2	0.2	0.40	146.0
	羊草	3	1.1	3.30	1 204.5
	苜蓿	2	2.5	5.00	1 825.0
	其他	3	0.3	0.90	328.5
中低产牛	精料	7.3	2	14.60	5 329.0
	青贮	18.1	0.25	4.53	1 651.6
	秸秆	4	0.2	0.80	292.0
	羊草	2	1	2.00	730.0
	苜蓿	2	2	4.00	1 460.0
	其他	3	0.3	0.90	328.5
干奶牛	精料	3.4	1.7	5.78	2 109.7
	青贮	13	0.25	3.25	1 186.3
	秸秆	5	0.2	1.00	365.0
	羊草	2	1	2.00	730.0
	苜蓿	1	2.2	2.20	803.0
	其他	3	0.3	0.90	328.5

注，该表使用的原料价格是自配精料、种植粗料的全国奶牛场平均价格。

以 100 头规模奶牛场为例：全年的饲料成本共 87.2 万元。每头每年的人工费、水电费、配种费、疾病治疗费以及其他费用分别是 1 080.0、160.9、165.7、161.8、286.3 元/年/头，奶牛场全年该部分的成本是 18.6 万元。成母牛 60 头，调研结果显示年总受胎率 84.43%，犊牛成活率按 95%计算，年产犊牛共 48 头。按公母各半，公犊牛按 500 元/头计算，母犊牛按 2 000 元/头计算，奶牛场犊牛的收益为：24×2 000 元/头＋24×500 元/头＝6 万元。因此该牛场全年的收支平衡之后，余额为：6－87.2－18.6 ＝－99.8 万元，盈亏平衡点因原料奶价格不同而变动，当奶价在 3.0～3.5 元/千克浮动时，盈亏平衡点的变动范围是 5.7～6.7 吨。规模化牛场随着原料奶价格和饲养成本变化的盈亏平衡吨数见表 6.4。

表 6.4　规模化牛场原料价格、养殖成本变动时的盈亏平衡点

（单位：吨）

奶价（元/千克）	全群每头牛饲料总成本（元/头）				（自配料、种植粗料的价格）				
	7 500	8 000	8 500	9 000	9 500	9 980	10 000	10 500	11 000
2.5	6.0	6.4	6.8	7.2	7.6	8.0	8.0	8.4	8.8
2.6	5.8	6.2	6.5	6.9	7.3	7.7	7.7	8.1	8.5
2.7	5.6	5.9	6.3	6.7	7.0	7.4	7.4	7.8	8.1
2.8	5.4	5.7	6.1	6.4	6.8	7.1	7.1	7.5	7.9
2.9	5.2	5.5	5.9	6.2	6.6	6.9	6.9	7.2	7.6
3	5.0	5.3	5.7	6.0	6.3	6.7	6.7	7.0	7.3
3.1	4.8	5.2	5.5	5.8	6.1	6.4	6.5	6.8	7.1
3.2	4.7	5.0	5.3	5.6	5.9	6.2	6.3	6.6	6.9
3.3	4.5	4.8	5.2	5.5	5.8	6.0	6.1	6.4	6.7
3.4	4.4	4.7	5.0	5.3	5.6	5.9	5.9	6.2	6.5
3.5	4.3	4.6	4.9	5.1	5.4	5.7	5.7	6.0	6.3
3.6	4.2	4.4	4.7	5.0	5.3	5.5	5.6	5.8	6.1
3.7	4.1	4.3	4.6	4.9	5.1	5.4	5.4	5.7	5.9
3.8	3.9	4.2	4.5	4.7	5.0	5.3	5.3	5.5	5.8
3.9	3.8	4.1	4.4	4.6	4.9	5.1	5.1	5.4	5.6
4	3.8	4.0	4.3	4.5	4.8	5.0	5.0	5.3	5.5
4.1	3.7	3.9	4.1	4.4	4.6	4.9	4.9	5.1	5.4
4.2	3.6	3.8	4.0	4.3	4.5	4.8	4.8	5.0	5.2
4.3	3.5	3.7	4.0	4.2	4.4	4.6	4.7	4.9	5.1
4.4	3.4	3.6	3.9	4.1	4.3	4.5	4.5	4.8	5.0
4.5	3.3	3.6	3.8	4.0	4.2	4.4	4.4	4.7	4.9

注：该表使用的原料价格是自配精料、种植粗料的全国农户平均价格。

6.3.2 散养户养殖收益情况

牛群结构按犊牛：育成牛：产乳牛（高产：中产＝1：1）：干奶牛＝15：25：50：10 计算，根据调查结果，各阶段奶牛的采食量以及各种饲料原料的平均价格如表 6.5。

表 6.5 散养户原料价格与养殖成本

		每天每头采食量（千克）	价格：元（千克）	每天成本（元）	365 天成本（元）
犊牛	精料	1.7	1.9	3.23	1 179.0
	青贮	4.5	0.2	0.90	328.5
	秸秆	4.2	0.1	0.42	153.3
后备牛	精料	3.4	1.9	6.46	2 357.9
	青贮	11.4	0.2	2.28	832.2
	秸秆	5.2	0.1	0.52	189.8
高产牛	精料	10.3	1.9	19.57	7 143.1
	青贮	19.8	0.2	3.96	1 445.4
	秸秆	10.3	0.1	1.03	376.0
中产牛	精料	7.4	1.9	14.06	5 131.9
	青贮	15.5	0.2	3.10	1 131.5
	秸秆	8.8	0.1	0.88	321.2
干奶牛	精料	4.2	1.9	7.98	2 912.7
	青贮	9.3	0.2	1.86	678.9
	秸秆	11.5	0.1	1.15	419.8

注：该表使用的原料价格是自配精料、种植粗料的全国农户平均价格。

以 10 头饲养规模的散户为例：

全年的饲料成本共 53 825 元。每头每年的水电费、配种费、疾病治疗费分别是 51.3、102.4、151.8 元/年·头，奶牛场全年该部分的成本是3 055元。

成母牛 6 头，调研结果显示农户年总受胎率 80%，犊牛成活率按 95%计算，年产犊牛共 4.6 头。按公母各半，公犊牛按 500 元/头计算，母犊牛按 2 000元/头计算，奶牛场犊牛的收益为：2.3×2 000 元/头＋2.3×500 元/头＝5 750元。

因此该牛场全年的收支平衡之后，余额为：5 750－3 055－53 825＝－51 130元，盈亏平衡点因原料奶价格不同而变动，当奶价在 2.0 ～3.0 元/千克浮动时，盈亏平衡点的变动范围是 5.4～3.6 吨。散户饲养场随着原料奶价格和饲养成本变化的盈亏平衡吨数见表 6.6。

表 6.6　散户饲养奶牛的原料价格、养殖成本变动时的盈亏平衡点

（单位：吨）

奶价（元/千克）	全群每头牛饲料总成本（元/头）				（自配料、种植粗料的价格）			
	4 000	4 500	5 000	5 382.5	5 500	6 000	6 500	7 000
1.5	5.3	6.0	6.7	7.2	7.3	8.0	8.7	9.3
1.6	5.0	5.6	6.3	6.7	6.9	7.5	8.1	8.8
1.7	4.7	5.3	5.9	6.3	6.5	7.1	7.6	8.2
1.8	4.4	5.0	5.6	6.0	6.1	6.7	7.2	7.8
1.9	4.2	4.7	5.3	5.7	5.8	6.3	6.8	7.4
2.0	4.0	4.5	5.0	5.4	5.5	6.0	6.5	7.0
2.1	3.8	4.3	4.8	5.1	5.2	5.7	6.2	6.7
2.2	3.6	4.1	4.5	4.9	5.0	5.5	5.9	6.4
2.3	3.5	3.9	4.3	4.7	4.8	5.2	5.7	6.1
2.4	3.3	3.8	4.2	4.5	4.6	5.0	5.4	5.8
2.5	3.2	3.6	4.0	4.3	4.4	4.8	5.2	5.6
2.6	3.1	3.5	3.8	4.1	4.2	4.6	5.0	5.4
2.7	3.0	3.3	3.7	4.0	4.1	4.4	4.8	5.2
2.8	2.9	3.2	3.6	3.8	3.9	4.3	4.6	5.0
2.9	2.8	3.1	3.4	3.7	3.8	4.1	4.5	4.8
3.0	2.7	3.0	3.3	3.6	3.7	4.0	4.3	4.7

适度规模、标准化奶牛养殖应是我国未来发展的主要方向。

综上所述，我国幅员辽阔且地区间差异明显，应该根据各地区的资源配置、奶牛发展历史、养殖传统、土地资源、加工企业的距离选择适合发展的养殖模式。在缺乏土地资源的山区和牧区发展，不适宜建设超出环境和防疫承载力的大型小区和牛场。在建设规模化牛场的过程中，全国不能一刀切；要避免脱离实际、盲目求大求洋；必须因地制宜，尊重客观规律与科学。建议重新核算我国合理的奶牛养殖数量，按照我国不同地区的环境条件、土地资源（包括饲料、饲草）、人口资源、市场消费能力等，进行调研和评估，制订出未来5～10年我国奶业优势区域的合理奶牛存栏量和养殖规模；同时大力鼓励通过减少奶牛头数，提高单产、减少氮、磷及温室气体排放的新养殖模式，引导奶业养殖模式的创新，探索适合我国奶业的养殖模式。从发展前景、盈利水平、奶源质量以及单产水平和政府扶持政策等方面综合考量，适度规模化、标准化奶牛养殖模式应是我国奶业未来的发展方向。

6.4　适度规模奶牛养殖的原则

那么何谓“适度规模”？适度规模应如何度量？适度规模的奶牛养殖既不是十几年前大家意识到的“养的越多越好”，也不是现在盛行的“养的越集中越好，规模越大越好”，奶牛养殖的规模应在保证周边环境能够消纳奶牛养殖粪便，保证环境可持续发展、保证牛奶质量安全的前提下，严格控制饲料成本，执行规范化、标准化的饲养管理，严格执行疾病防控措施，并以养殖效益最大化为目的的养殖模式。也就应当因地制宜，在适宜放牧的草原地区实行散养放牧；在山区、坡地发展小规模养殖；在饲草饲料资源丰富、环境消纳能力强的地区实行大规模养殖。总的来说，应遵循以下适度规模奶牛养殖的几个原则：

（1）环境消纳能力决定养殖规模。奶牛养殖业的粪污处理一直是困扰规模化养殖的问题，一头奶牛每天约产 50 千克粪便，一万头奶牛每天将会产生 500 吨左右的粪便，如果处理不当，势必污染环境、污染水源，而治理则需要投入更多的资金。而要想实现可持续的奶牛养殖业发展则应根据该地区粪肥消纳能力来确定奶牛养殖的规模。我国不妨可以借鉴欧盟标准，按照每公顷土地的氮排放量（施肥量）不超过 170 千克。

（2）饲料成本决定养殖规模。饲料成本占奶牛养殖成本的 50%左右，控制了饲料成本也就基本上保证了奶牛收益。奶牛养殖业属于土地密集型的产业，需要牧场周边提供足够的土地来生产优质的青、粗饲料来满足奶牛日常生产的需要，而只有通过青粗饲料的生产来控制饲料成本，才能使奶牛养殖业稳定发展。奶牛养殖的粗饲料标准是 1 年 1 头牛 1 吨牧草、5 吨青贮，牧草可以外购，但青贮必需就地解决，一般 1 头牛至少需要 2 亩青贮地。

（3）技术服务水平决定养殖规模。在签订中新自由贸易区时起，我国奶牛养殖者已经和新西兰的奶牛养殖者站在了同一起跑线上，仅掌握落后奶牛养殖技术的人将在这场竞赛中被淘汰，奶牛养殖的规范化、标准化势在必行。一个现代化的牛场，人牛比例一般为 1∶50。

（4）疫病防控能力决定养殖规模。目前我国已建成多座万头牧场，三万头、四万头的牧场也有在建设。而大规模养殖势必加大疾病防控的难度，一旦发生重大疫病，损失不可估量。而当地疾病防控的能力也是确定地区养殖规模必须考虑的一个重要因素，最好采用分区的办法建设大型牧场，把万头分散在 3～4 个单独的单元内，每个单元 2 000～3 000 头奶牛，相隔距离最好在 3 千米。

（5）盈利水平决定养殖规模。在建设牛场的过程中，要避免脱离实际、盲目求大求洋；必须因地制宜，尊重客观规律与科学。散养放牧不一定不好，集中大规模养殖不一定就是最好，只有当地环境下能够获得养殖效益最大化，才是适合的养殖规模和养殖模式。

总而言之，发展奶牛业就应当根据本地区的劳动力资源、土地资源、加工能力、粪污处理能力确定养殖规模，并根据跟地区资源特点发展适合当地资源特点的奶牛养殖盈利模式，并以此为依据才能探索出有地方特色的可持续的奶牛养殖业。

第六篇

奶业经济政策篇

1 奶源方面

2010年对我国奶牛养殖业来说是少有的好年景，尽管如此，我国政府仍然出台政策支持奶源健康发展，以保证健康发展的可持续性。

由于残留的三聚氰胺奶粉在2009年到2010年初不断重出市场，影响消费信心，我国各级政府加强了乳品质量安全工作，因此，2010年有关乳品加工业的政策侧重于监管及行业清理整顿方面。

2010年，地方政府加强了对乳品消费的政策支持，除新疆财政支持学生奶计划、内蒙古一杯奶生育关怀行动、陕西"蛋奶工程"继续外，重庆市也开始实施"蛋奶工程"，青海推进学生奶工作。

2010年，我国乳制品进口速度加快，在海关总署对新西兰产乳制品实施特保措施的第二个年头，海关总署对中新自由贸易协定规定的11个税号的乳制品全部启动特保措施。

以上这些政策措施主要包括：

2010年，对我国奶牛养殖业的政策基本上是以前政策的继续，包括奶牛良种补贴、挤奶机械补贴、保险补贴等补贴政策、对奶牛规模养殖提供补助以及加强生鲜乳质量监管等。

农业部等印发《全国奶业发展规划（2009—2013年）》

2010年6月8日，农业部、国家发展和改革委员会、工业和信息化部、商务部联合发出"关于印发《全国奶业发展规划（2009—2013年）》的通知"》（农牧发［2010］3号），将《全国奶业发展规划（2009—2013年）》印发给相关单位。"规划"分析了我国奶业当前的发展形势，明确了保障奶业持续健康发展的指导思想，从生鲜乳生产能力、质量、流通、消费等方面提出了奶业持续健康发展的基本目标，到2013年，全国奶牛存栏达到1 500万头，奶类产量达到4 00万吨，成母牛平均单产水平提高到5.7吨；100头以上奶牛规模养殖比例达到35％，生鲜乳收购站100％持证经营，产品质量全部符合相关法律和标准的要求。

具体任务包括优化产业布局、加强良种繁育及推广、发展奶源生产基地、完善乳品质量安全监管体系、提升乳制品加工与流通能力等几个方面。

"规划"还提出了保障奶业持续健康发展的主要政策和措施，为配合我国环境治理，还提出了环境保护的问题，推动粪便等废弃物污染防治和综合利用设施建设，实现奶业与生态环境的协调发展。

1.1 继续实施奶牛良种补贴

2010 年，我国继续对全国 796 万头荷斯坦牛（含娟姗牛），广西、云南等 9 省（区）43 万头奶水牛，内蒙古、吉林等 8 省（区、兵团）的 27 万头乳用西门塔尔牛，新疆和新疆生产建设兵团 26 万头褐牛，青海省 5 万头牦牛，以及内蒙古 5 万头三河牛实施良种冻精补贴。

与 2009 年相比，2010 年奶牛良种补贴资金仍然为 2.6 亿元，补贴品种及补贴标准也没变化，荷斯坦牛、娟姗牛每剂冻精补贴 15 元，其他奶牛品种每剂冻精补贴 10 元。

在种公牛的选择方面，2010 年 39 家种公牛站的 1 45 头种公牛进入补贴范围，种公牛数量超过了 2009 年。

1.2 奶牛标准化规模养殖建设资金保持 5 亿元

2010 年，国家发展改革委办公厅、农业部办公厅联合发出关于申报奶牛标准化规模养殖小区（场）建设项目投资计划的通知，奶牛标准化规模养殖小区（场）建设项目继续进行。

奶牛标准化规模养殖建设中央资金仍然为 5 亿元，主要用于养殖小区的水、电、路、防疫、挤奶等配套设施及饲草料基地建设等。

中央投资仍然分年存栏 200～499 头、500～999 头、1 00 头以上三个档次予以补助，标准也跟 2009 年一样。其中：

年存栏 200～499 头的养殖小区（场），每个中央平均补助投资 50 万元。

年存栏 500～999 头的养殖小区（场），每个中央平均补助投资 100 万元。

年存栏 1 00 头以上的养殖小区（场），每个中央平均补助投资 150 万元。

对项目地方配套资金不做硬性规定，由地方政府视财力情况酌情安排。

1.3 继续实施奶业机械的补贴

2010 年，国家农机补贴政策继续将挤奶机、贮奶罐正式列投入机械购置补贴目录，共选出挤奶机械和贮奶（冷藏）罐 304 种，其中，挤奶机械 232 种、贮奶罐 25 种、冷藏罐 47 种。

据悉，各地在实施过程中，仍然存在一些问题，导致国家补贴预算没有完全使用到位，该项政策没有收到预期的效果。

1.4　中央及各级财政继续提供奶牛保险保费补贴

2010 年，中央财政继续补贴养殖业保险保费，其中，奶牛补贴比例不变，财政部补贴 30%的保费，对于新疆生产建设兵团以及中央直属垦区，财政部为奶牛保险补贴 60%的保费，其余保费由农户承担，或者由农户与养殖企业、地方财政部门等共同承担，具体比例由补贴地区自主确定。具体工作事项和程序仍然按照《财政部关于印发〈中央财政养殖业保险保费补贴管理办法〉的通知》（财金［2008］27 号）等有关规定执行。

为提高奶农投保的积极性，在部分主产区，省、市、县三级地方财政拨付专款大力支持奶农参加奶牛养殖保险。

1.5　农业部安排生鲜乳质量安全监管项目资金 1 500 万元

为加强生鲜乳质量安全监管，保证生鲜乳质量，2010 年农业部发出通知，下达 2010 年生鲜乳质量安全监管项目资金，共 1 500 万元，用于开展生鲜乳质量安全监测、监管调研、技术规范制定和安全生产培训与宣传等。

1.6　农业部加强生鲜乳质量安全管理

为保证生鲜乳质量安全，农业部 2010 年发布通知对生鲜乳进行常规例行监测，共抽检生鲜乳样品 7 406 批次，奶站 4 778 批次，运输车 2 628 批次，三聚氰胺全部符合临时管理限量规定，没有检出皮革水解蛋白等违禁添加物质；安排 1 500 万元生鲜乳质量安全监管项目资金，用于开展生鲜乳质量安全监测、监管调研、技术规范制定和安全生产培训与宣传等；在全国开展生鲜乳收购站拉网式检查。

以上措施保证了生鲜乳质量处于较好水平，2010 年发生的乳制品质量事件均与当年原料奶质量无关。

2 加工方面

2010年年初，残留的“三聚氰胺奶粉”重现市场，国务院、农业部、工信部、发改委和国家质检总局都要求加强乳制品质量安全工作，乳业也迎来了最严厉的生产许可资格重审工作。

2.1 国务院要求加强乳品质量安全工作

国务院办公厅要求进一步加强乳品质量安全工作，从严把生产经营许可关、强化检验检测和监测评估、完善乳品追溯制度、强化婴幼儿配方乳粉监管、加大对非法生产经营乳品行为的打击惩处力度和严格落实乳品质量安全各方责任等方面加强乳制品质量安全工作。

2.2 财政部拨付1.9亿元用于乳制品企业收购原料奶贷款贴息

2010年，财政部拨付了1.9亿元用于乳制品企业收购原料奶贷款贴息。加上2009年已拨付的0.8亿元，财政部共拨付原料奶收购贷款贴息资金近2.7亿元，不仅有利于缓解乳制品企业资金压力，稳定乳制品企业生产经营，恢复生鲜奶收购，而且对稳定奶牛养殖，维护农民利益将发挥积极作用。

2.3 卫生部公布66项新乳品安全国家标准

2010年3月26日公布了66项新乳品安全国家标准，分为乳品产品标准（包括生乳、婴幼儿食品、乳制品等，共15项）、生产规范标准（2项）和检验方法标准（共49项），形成了统一的乳品安全国家标准体系，2010年6月1日起陆续施行。乳品安全国家标准的整合完善避免了标准间的重复、交叉和矛盾等问题，体现了标准的统一性，同时，符合中国国情和产业实际，注重可实施性。

2.4 国家质检总局发布新的乳品审查细则并要求乳企重新申请生产许可证

2010年11月1日，国家质检总局发布总局2010年第119号公告，《关于发布企业生产婴幼儿配方乳粉许可条件审查细则（2010 版）和企业生产乳制品许可条件审查细则（2010 版）的公告》，公布两项新细则外，同时要求现行所有获得乳制品及婴幼儿配方乳粉生产许可的企业，应当在提交能够证明其满足《乳制品工业产业政策（2009 年修订）》规定相关文书的基础上，于 2010 年 12 月 31 日之前重新提出生产许可申请。至 2011 年 3 月 1 日起，凡未重新获得生产许可的，依法停止生产乳制品及婴幼儿配方乳粉等产品。

新的细则提高了从事乳品生产的门槛，尤其是要求企业必备相关检测设备并配备相关技术人员，婴幼儿配方奶粉检验项目多达 64 项，普通乳制品检验项目 37 项。要求对购入的原料奶和原料奶粉批批进行三聚氰胺等项目检验，不得委托检验。企业必须符合 2009 年修订的乳制品工业产业政策和两项新细则的规定才有可能重新获得婴幼儿配方乳粉或乳制品生产许可。

2.5　工信部、发改委、质检总局要求开展乳品项目（企业）审核清理工作

2010 年 12 月 1 日，工业和信息化部、国家发展和改革委员会和国家质量监督检验检疫总局联合发出《关于在乳品行业开展项目（企业）审核清理工作的通知》，以淘汰落后乳制品加工生产能力，严格乳制品行业管理，提升乳品质量安全水平。

全面清理在建、拟建乳制品工业项目。重点审查项目核准、环保、土地、城市规划、信贷审批是否符合国家有关法律法规和政策。对不符合清理内容中任何一项的在建项目，要令其停止建设，限期整改；对符合规定要求的在建项目，要在项目建设条件落实的基础上，合理安排建设进度；对尚未开工的拟建项目，严格按照行业准入条件要求，重点加强对建设项目起始规模、配套奶源基地、布局合理性、出资人必备条件等方面的审核，防止盲目投资和重复建设，杜绝违规投资。对不符合准入条件的项目，不得核准。

对已建乳制品工业项目（企业）重新进行严格审核清理。要严格按照《乳制品工业产业政策（2009 年修订）》行业准入条件中关于工艺与装备、产品质量、能耗及水耗、环境卫生与保护、安全和社会责任等相关要求进行。对未达到规定要求的项目（企业）要限期整改，整改期限截至 2011 年 1 月底，逾期仍未达到准入条件要求的，质量技术监督部门要依法吊销或注销企业相关许可证照。

对已获得生产许可的乳制品生产企业重新进行生产许可条件审核。

3 消费方面

消费方面的扶持主要是各地方政府的支持，支持的内容主要是推动学生及特殊人群的免费饮用奶。2010 年，新疆财政继续支持推进“学生奶饮用计划”，陕西“蛋奶工程”继续实施，内蒙古“一杯奶”生育关怀行动在试点基础上扩大范围。除此之外，重庆也实施了蛋奶工程，青海学生奶工作也有了重大进展。

3.1 重庆 3.5 亿元实施“蛋奶工程”

2010 年，重庆实施“蛋奶工程”，截至年底，全市已经有 38 个区县（自治县）实施了“蛋奶工程”，免费为农村学校的孩子提供一盒牛奶、一个鸡蛋，涉及学校 5 196 所，惠及学生 247.57 万人次，总共投入资金 3.5 亿元。

3.2 青海省推进学生饮用奶工作

2010 年 5 月 20 日，青海省正式成立“青海省学生饮用奶计划协调领导小组”，并在当年 9 月确定了第一批学生饮用奶定点生产企业，学生奶工作还获得了财政资金支持。学生奶工作取得了重大进展。

4 贸易方面

2010 年，我国乳制品进口速度加快，在海关总署对新西兰产乳制品实施特保措施的第二个年头，海关总署对中新自由贸易协定规定的 11 个税号的乳制品全部启动特保措施，表明了形势的严峻性，但从实际来看，特保措施并没有起到特别大的效果。

4.1 海关总署就新西兰农乳制品进口关税问题发布 4 次公告实施特保措施

2010 年，我国进口乳制品增长速度加快。海关总署根据《中华人民共和国政府和新西兰政府自由贸易协定》（以下简称《协定》），中国对原产于新西兰的 11 个税号的农产品实施特殊保障措施。海关总署发布 4 次公告（第 23 号、第 25 号、第 36 号、第 52 号），将原产于新西兰的 11 个税号的乳制品实施特殊保障措施。

3 月 22 日，海关总署发布 2010 年第 23 号公告，至当年 4 月 8 日，脂肪含量大于 1%未浓缩的乳及奶油（税则号列 04012000、04013000）进口申报数量已达到 1509.5 吨，超过今年 1433 吨的特保措施触发标准。因此，自 4 月 9 日起，对《协定》项下进口的原产于新西兰的上述农产品按最惠国税率征收进口关税。对于在途农产品的税率适用和其他有关事宜，按照海关总署 2008 年第 91 号公告的规定执行。

4 月 12 日，海关总署发布 2010 年第 25 号公告，至当年 4 月 16 日，固状和浓缩非固状乳及奶油（税则号列 04021000、04022100、04022900 和 04029100）进口申报数量已达到 104 747.2 吨，超过今年 104 738 吨的特保措施触发标准。因此，自今年 4 月 17 日起，对《协定》项下进口的原产于新西兰的上述农产品按最惠国税率征收进口关税。对于在途农产品的税率适用和其他有关事宜，按照海关总署公告 2008 年第 91 号的规定执行。

6 月 11 日，海关总署发布 2010 年第 36 号公告，至当年 6 月 12 日，黄油和其他从乳中提取的脂和油（税则号列 04051000、04059000）进口申报数量已达到 10 463.9 吨，超过今年 10 364 吨的特保措施触发标准。因此，自 6 月 13 日起，对《协定》项下进口的原产于新西兰的上述农产品按最惠国税率征收进口关税。对于在途农产品的税率适用和其他有关事宜，按照海关总署公告 2008 年第 91 号的规定执行。

8 月 16 日，海关总署发布 2010 年第 52 号公告，至当年 9 月 1 日，乳酪及凝乳产品（税则号列 04061000、04063000、04069000）进口申报数量已达到 3 989.5吨，超过今年 3 969 吨的特保措施触发标准。因此，自 9 月 2 日起，对《协定》项下进口的原产于新西兰的上述农产品按最惠国税率征收进口关税。对于在途农产品的税率适用和其他有关事宜，按照海关总署 2008 年第 91 号公告的规定执行。

4.2 海关总署调整进出境个人邮递物品管理措施

7 月 2 日，海关总署发布 2010 年第 43 号公告——《关于调整进出境个人邮递物品管理措施有关事宜》，规定个人邮寄进境物品，海关依法征收进口税，但应征进口税税额在人民币 50 元（含 50 元）以下的，海关予以免征，该规定自当年 9 月 1 日起执行。

而公告同时废止的《海关总署关于调整进出境邮件中个人物品的限值和免税额的通知》（署监〔1994〕774 号），规定寄自或寄往港、澳地区的个人物品，每次限值为 800 元（人民币，下同），免税额为 400 元；寄自或寄往上述地区以外的个人物品，每次限值为 1 000 元，免税额为 500 元，超出的，仅征超出部分。

关税免征额度的调低，增加了邮寄的成本，从而邮购奶粉价格提高，有助于减少非正规渠道进口的婴幼儿奶粉数量。

4.3 海关总署调整进境旅客所携行李物品验放标准

8 月 19 日，海关总署发布 2010 年第 54 号公告——《关于进境旅客所携行李物品验放标准有关事宜》，规定进境居民旅客携带在境外获取的个人自用进境物品，总值在 5 000 元人民币以内（含 5 000 元）的；非居民旅客携带拟留在中国境内的个人自用进境物品，总值在 2 000 元人民币以内（含 2 000 元）的，海关予以免税放行，单一品种限自用、合理数量，但烟草制品、酒精制品以及国家规定应当征税的 20 种商品等另按有关规定办理。

进境居民旅客携带超出 5 000 元人民币的个人自用进境物品，经海关审核确属自用的；进境非居民旅客携带拟留在中国境内的个人自用进境物品，超出人民币 2 000 元的，海关仅对超出部分的个人自用进境物品征税，对不可分割的单件物品，全额征税。

该规定自发布日起生效，将对代购奶粉和“水客”（受雇于走私团伙，以赚取“带工费”为目的，用“蚂蚁搬家”的形式，将奶粉等涉税货物化整为零，转往内地市场赚取利润的人）起到一定的遏制作用。